# 旅游度假区开发模式变迁研究

——以三亚市海棠湾、亚龙湾为例

陈钢华　著

东南大学出版社

·南京·

**图书在版编目(CIP)数据**

旅游度假区开发模式变迁研究:以三亚市海棠湾、亚龙湾为例/陈钢华著. —南京:东南大学出版社,2014.10

ISBN 978-7-5641-5205-5

Ⅰ.①旅… Ⅱ.①陈… Ⅲ.①旅游区—旅游资源开发—研究—三亚市 Ⅳ.①F592.766.3

中国版本图书馆CIP数据核字(2014)第214699号

国家旅游局规划项目(重点项目)"中国旅游度假区开发模式演化及其影响机制"(13TAAK001)的主要成果

国家"985"三期"哲学社会科学创新基地"研究成果

出版发行:东南大学出版社
社　　址:南京四牌楼2号　邮编:210096
出 版 人:江建中
责任编辑:刘庆楚
网　　址:http://www.seupress.com
经　　销:全国各地新华书店
排　　版:南京星光测绘科技有限公司
印　　刷:南京玉河印刷厂
开　　本:700mm×1000mm　1/16
印　　张:15
字　　数:294千字
版　　次:2014年10月第1版
印　　次:2014年10月第1次印刷
书　　号:ISBN 978-7-5641-5205-5
定　　价:48.00元

本社图书若有印装质量问题,请直接与营销部联系。电话:025-83791830

# 序

保继刚

陈钢华在我已毕业的博士生中是最勤奋的学生之一，他的本科和硕士就学于旅游研究和教学都很不错的华侨大学，考博士面试的时候，发现他掌握文献的程度是考生中最好的，博览群书，博闻强记，梳理有序。他在博士期间和毕业之后保持着同样的勤奋。我总认为，做研究不是一场赛跑比赛，是一项长途跋涉的终身旅行，能读到博士的人谁比谁聪明不了多少，取得比较多成就的人都是非常勤奋的，无人例外！

功夫不负有心人，毕业短短 2 年，钢华在国际最好的旅游刊物发表的文章是同辈人中最多的！这从一个侧面再次验证勤奋是最好的老师。

想起一事，钢华博士毕业时曾申请另一"985"大学的工作，他的能力得到了旅游系领导的认可并报到学校审批，但学校有一项规定，申请者本科必须是"985"或"211"大学的毕业生，否则不予录用！就因这样一项"机械"的规定，钢华没有被这所大学录用。对钢华而言，可能是塞翁失马，而对于某校则将一部分好学者拒之门外了，实为可惜！我在中山大学的引进人才专家组任职多年，中大也很看重第一学位的毕业学校，但不是数学上说的"充分必要条件"，而是主要看个人的研究表现，因此才有我们前几年引进的本科非"985"或"211"的青年学者获得了杰出青年基金，成长为学术带头人。

钢华的论文选择了一个不太容易做的问题，以三亚市海棠湾、亚龙湾为例，从多重制度逻辑的视角，研究当下中国旅游度假区开发模式的变迁。大家知道，改革开放 30 多年，特别是 1992 年之后的 20 年，中国旅游度假区，特别是以三亚为代表的滨海旅游度假区开发速度之快、规模之大和档次之高，出乎任何人的意料，国内外任何理论都无法解释这种现象。在钢华之前，我的另一名博士生刘俊，选择三亚亚龙湾和北海银滩作为典型案例研究了中国海滨旅游度假区发展历程及影响因素，有很好的发现。钢华则以旅游度假区开发模式变迁作为具体的切入点，借用并拓展"制度变迁的多重逻辑"分析框架，通过对案例的分析与理论解释，透视了海南省经济社会各领域的制度变迁，从而推进了旅游学界和业界对转型期中国制度变迁的理解，得出了一些新的结论。

他主要的研究贡献可以归纳为以下几点：

首先，对具有方法论意义的理论框架——"制度变迁的多重逻辑"进行了拓展，具体讨论了国家（中央政府）、地方政府、企业和社区居民等主体在旅游度假区开发模式变迁的场域中的微观行动逻辑及其互动。

其次，通过政府能力、合法性资源是如何影响度假区开发模式变迁的研究，以及对开发模式变迁路径依赖的生成机制的解释，都在一定程度上打开了旅游度假区开发模式变迁的"黑箱"，增进了我们对海南乃至整个转型期中国制度变迁的解释，丰富和推进了转型期中国制度变迁的案例研究与理论解释。

第三，通过对海棠湾和亚龙湾这两个典型案例的分析和理论解释，丰富和推进了国内旅游度假区的理论研究。

中国正在从旅游大国向旅游强国转变，旅游学术研究也要从旅游发表论文（数量）大国向旅游强国（质量）转变。我们不仅要对世界旅游学术界提供有知识贡献的研究成果，也要对其他学科有知识溢出。

博士论文是知识创新的重要力量！

我们一起努力！

**2014 年 8 月 3 日于广州**

# 摘　要

中国自1978年以来30多年的发展经历，为海内外社会科学界聚焦于中国的研究提供了丰富的素材。众多研究都致力于解开中国发展之谜，为过去30多年中国发生的种种现象与存在的问题提供一个普遍的解释模式。然而，转型期中国地方制度的复杂多变以及改革开放进程中"文化堕距"的存在，使得我们很难用一个简单的答案来描绘中国市场化改革与发展的复杂景象。中国转型期所具备的"国中之国"的客观现实，必然要求社会科学研究者更多地开展基于不同区域和背景的经验研究与理论提升。在大变迁、大转型的时代，社会科学研究需要对这些大小不一、领域各异的纷繁复杂的变化提出令人满意的解释。因此，在关注转型期中国的研究中，对制度变迁的关注一直是热点。在这一领域，制度变迁的多重逻辑及其互动亟待更多的学术关注。海南作为中国改革的"试验田"，在过去20多年中发生了诸多影响深远的制度变迁，然而现有的社会科学研究并没有对此给予应有的理论关注和解释。

因此，本书尝试着以旅游度假区开发模式变迁作为切入点，借用并拓展"制度变迁的多重逻辑"分析框架，以海南省三亚市海棠湾国际休闲度假区和亚龙湾国家旅游度假区为例，试图通过对案例的分析与理论解释，来透视海南省经济社会各领域的制度变迁，从而推进我们对转型期中国制度变迁的理解，推进社会科学研究从"制度变迁的多重逻辑"这一分析框架/研究取向出发对制度变迁作出理论解释。

在上述理论与现实背景下，本研究想要回答的问题是：在多重制度逻辑视角下，旅游度假区开发模式变迁是如何可能的呢？再进一步，作者将研究

问题细化为四组研究子问题。通过实地调研(深度访谈法、观察法、政府文献分析等方法),得出以下研究发现:

(1) 海棠湾国际休闲度假区的开发模式经历了由政府主导、企业配合模式向政府主导模式的转变。三亚市政府在海棠湾开发模式变迁中的行为逻辑经历了理性化逻辑到合法性逻辑的转变。亚龙湾国家旅游度假区开发模式经历了由政府主导模式、到企业主导模式再到政府主导、企业配合模式的转变。三亚市政府在亚龙湾开发模式变迁中的行为逻辑经历了理性化逻辑/合法性逻辑到理性化逻辑,再到理性化逻辑/合法性逻辑的转变。

(2) 以海棠湾国际休闲度假区开发模式变迁为例的研究发现:其一,政府能力影响制度变迁的途径是双方面的。一方面,政府能力的欠缺(资源的匮乏)驱使地方政府推动旅游度假区的开发建设向政府主导模式转变,以便抓住度假区开发建设的主动权,最大化土地财政收益、提升政府能力。另一方面,政府能力的提升,尤其是源自于土地财政和土地开发专项贷款的财政汲取能力的提升,不但增加了地方政府的调控能力,也明显地改善了地方政府的自主性,从而使得旅游度假区的开发建设向政府主导模式的转变成为可能。其二,合法性资源影响制度变迁的过程也是从两条途径展开的。一方面,制度扩散的合法性机制驱使地方政府推动旅游度假区的开发建设向政府主导模式转变。另一方面,合法性资源的拓展,也促成了政府主导开发模式的确立和不断推进。

(3) 为对亚龙湾国家旅游度假区开发模式变迁的路径依赖的生成机制进行解释,本研究整合了路径依赖理论和制度费用理论,提出旅游度假区开发模式变迁路径依赖生成机制的基本命题并进行了检验。研究发现:在关键性节点上,对开发模式选择及变迁具有影响力的行动主体(各级政府、企业、社区居民等)在多重制度逻辑下,面临着诸多选择。制度费用的存在从两个方面约束/结构化了潜在的选项:一方面,开发模式的选择必须考虑到放弃之前制度安排的机会成本;另一方面,必须考虑到选择新的制度安排的潜在新增成本。制度遗产、利益集团讨价还价能力等均不同程度地、不同方向地影响了旅游度假区开发模式的制度费用和制度收益。

(4) 通过比较海棠湾国际休闲度假区和亚龙湾国家旅游度假区(二期)新的开发模式的实施进展发现,开发模式的推进存在显著的差异。虽然行政管理约束、政治约束可以部分地解释两个旅游度假区开发模式实施进展的差异,但其中根本原因是地方政府在两个旅游度假区开发建设中面临着不同的激励。三亚市政府在两个旅游度假区开发建设中所面临的不同的激励，解释了即便是同样地面临着行政管理约束/监管约束（征地拆迁和安置难题）和政治约束（政治精英与经济精英之间关系），哪个度假区的开发建设被提上议事日程并强势推进，哪个度假区的开发建设被“束之高阁”。亚龙湾二期在新的模式下开发建设进展缓慢的现实，不是偶然，而是转型期中国地方政府基于科层制逻辑的必然选择。

本研究的贡献主要体现在以下三个方面：首先，本研究对具有方法论意义的理论框架——“制度变迁的多重逻辑”进行了拓展，增加了企业作为制度逻辑主体及其所遵循的市场逻辑和商业逻辑等，并具体讨论了国家（中央政府）、地方政府、企业和社区居民等主体在旅游度假区开发模式变迁的场域中的微观行动逻辑。其次，本研究通过上述关于政府能力、合法性资源是如何影响制度变迁的研究发现，以及对开发模式变迁路径依赖的生成机制的解释，都在一定程度上打开了旅游度假区开发模式变迁的“黑箱”，增进了我们对海南乃至转型期中国制度变迁的解释，丰富和推进了转型期中国制度变迁的案例研究与理论解释。第三，通过对海棠湾国际休闲度假区和亚龙湾国家旅游度假区这两个典型案例的分析和理论解释，丰富和推进了国内旅游度假区的理论研究。

**关键词**　旅游度假区　开发模式变迁　制度变迁　多重制度逻辑　政府能力　合法性资源　路径依赖

# ABSTRACT

The development experience of China in the past over 30 years provides many research opportunities for both domestic and overseas scholars focusing on China studies. Many of the existing studies tried to find an answer to the puzzle of the growth of China and provide a universal explanation to the experiences in the past over 30 years. However, due to the complexity of local institutions and the existence of "cultural lag" in transitional China, it is not easy to give a simple answer to the above mentioned questions and to give a clear picture of the development during China's reform of marketization. China is typical as described as "the state of the state", which suggests that we need more empirical investigations and theoretical explanations based on different local developments. During the era of tremendous transformation, it is requested that social sciences research conduct more satisfactory theoretical explanations of the changes in all kinds of areas. Hence, institutional changes in transitional China have always been the heated topic. However, the multi-logics in institutional change expect more academic attention. Hainan, which has been an experimental field for China's reform in the past over 20 years, has experienced many influential institutional changes in many aspects, yet without enough theoretical explanations from domestic and international social sciences research.

Therefore, this present research chooses the changes of developmental pattern of tourist resorts as research objects. Adapting the framework of "multi-logics in institutional change", this book seeks to promote the understanding of institutional changes in transitional China and contribute to the literature of explanations on institutional changes from the approach of "multi-logics in institutional change", by analyzing and explaining the changes of developmental pattern of two famous and typical coastal tourist resorts in Sanya, the only tropical city in Hainan and China. The case study areas chosen are Yalong Bay National Tourist Resort (hereafter, YBNTR) and Haitang Bay international leisure resort (hereafter, HBILR).

The research question is how possible are the changes of developmental patterns from the perspective of multi-logics in institutional change? Specifically, the author elaborates the general research question into 4 clusters of questions. Through on-site survey (for instance, in-depth interview, observation and content analysis), this book concludes:

(1) Haitang Bay international leisure resort (HBILR) experienced a developmental pattern change from one with the local government in dominant position but in coordination with a main developer, to one with the local government in dominant position in almost all dimensions, especially in land development. The former one can be called the government-developer partnership (GDP), while the latter can be called the government-fully-dominant pattern (GFD). The developmental pattern change reflected the shift of logic of the municipal government of Sanya from rationality logic in the government-developer partnership stage to legitimacy logic in the government-fully-dominant stage. Yalong Bay National Tourist Resort experienced developmental pattern changes from one with the local government in an all-dimensionally dominant position to one where the main developer is the dominating actor, and finally to one with the local government in dominant position while keeping in coordination with a main developer. The shifts from the government-fully-dominant pattern to the main-developer-dominant pattern and now the government-developer partnership reflected the shifts of the logics of the municipal govern-

ment of Sanya from rationality and legitimacy logic to rationality logic and finally back to rationality and legitimacy logic.

(2) Firstly, the approaches of government capacity influencing institutional change are two-fold, as seen in the case of Haitang Bay international leisure resort. On the one hand, scarcity of capacity and resources drives the local government to transform the developmental pattern of tourist resorts, so as to have the initiative and/or leadership in the development and construction, and maximize the land-based financial income and hence government capacity. On the other hand, increase of the financial capacity of Sanya municipal government stemming from the so-called land-based finance and the dedicated loan for the land development of HBILR from China Development Bank, and hence the corresponding increase of the capacity for supervision and macroeconomic management and the autonomy of Sanya municipal government provided sufficient resource for promoting and enabling the developmental pattern shift. Secondly, the approaches of legitimacy influencing institutional change are also two-fold due to the features of this institutional change. On the one hand, legitimacy mechanism drives the municipal government of Sanya to follow and adopt a pattern where the local government is in dominant position in almost all dimensions. On the other hand, the expansion of legitimacy stemming from utilizing the institutional space of China's legal and administrative system in a transitional period, following the business and market logics, expanding the value resources and the political opportunities, enables Sanya municipal government to adopt and advance a pattern where the local government is in dominant position in almost all dimensions.

(3) It is confirmed that the evolution of the developmental pattern in Yalong Bay National Tourist Resort displayed path dependency. The forming mechanism of this path dependence is theorized as follows by integrating path dependency theory and institutional cost and testified: in the key junctures of deciding the developmental pattern, the influential actors such as the local government, the developers and the nearby com-

munities, were provided with many choices. The existence of the transition cost or in this research context the institutional cost, structured the potential options, so that the opportunity costs of giving up the former institutional arrangements and the added costs of adopting the new institutional arrangements should be taken into account. Institutional legacy, the bargaining capacity of the interest groups influenced the institutional costs and returns in different directions and to varying extent, hence conditioning and restricting the future directions and trajectories of institutional changes (developmental pattern changes).

(4) The administrative constraints and the political constraints (power relations) could partly explain the differences in terms of development progress in the two resorts both under new developmental patterns. However, the fundamental reason for this situation is the remarkably diverse incentives received by the local governmental officials in these two resorts. The strikingly different incentives both political and financial faced by the municipal government of Sanya, explains which resort's development can be put on the agenda and forwarded quickly, and which resort's development were set aside when in the two resorts the municipal government of Sanya was similarly confronted with problems of land acquisition, settlement of the land-deprived peasants and with almost the same power relations. The current development situation of the second phase of the YBNTR and the quickly promoted construction of the HBILR, are no means accidental but the inevitable results of the decisions made by the local government which is restrained by the bureaucracy logic in transitional China.

The contributions made by this book can be summarized into the following three aspects. Firstly, this research adopted and expanded the analytical framework of "multi-logics in institutional change" by adding the enterprise as an actor to this framework and discussing the micro action logics of the actors involved in the changes of developmental pattern in tourist resorts, such as the central government, the local government, the communities and the enterprises. Secondly, to some extent this research opened the "black box" of the changes of developmental pattern in tourist resorts, by explaining how government capacity and legitimacy influence the changes of developmental patterns, and the mechanism of the path dependency of developmental pattern changes, therefore contributed to the literature and our theoretical explanations and understanding of the institutional changes in Hainan and transitional China, by adding typical case-based studies. Thirdly, this research enriched and promoted domestic studies on tourist resorts in China by analyzing and explaining theoretically the typical case areas.

**Keywords**: tourist resort  developmental pattern change  institutional change  multi-logics  government capacity  legitimacy  path dependency

# 目　录

# 第一章　绪　　论

本章的主要任务是简要地介绍研究的选题背景、所欲回答的理论问题及本书的章节安排。下文中，作者将指出：中国转型期所具备的“国中之国”的客观现实，必然要求社会科学研究者更多地开展基于不同区域/背景的经验研究与理论提升。在制度变迁研究领域，制度变迁的多重逻辑及其互动亟待更多的学术关注。海南作为中国改革的“试验田”，在过去的20多年中发生了诸多影响深远的制度变迁，亟待社会科学研究给予理论关注和解释；旅游度假区开发模式变迁作为理解海南制度变迁的一面“镜子”，对其的分析与解释可以透视海南省经济社会各领域的制度变迁，从而推进我们对转型期中国制度变迁的理解，也有助于推进社会科学研究从“制度变迁的多重逻辑”这一分析框架/研究取向出发对制度变迁做出的解释。

## 1.1　理论背景

(1) “转型中国”研究(*Studies on China in Transition*)：多样化的地方发展实践和制度景象

中国自1978年改革开放以来30多年的发展经历，为海内外学界聚焦于中国的研究提供了丰富的素材。也正是由于1949年之后、1978年之后所分别经历的在经济、政治和社会等诸多方面的重大变迁，促使海外学界对中国的学术研究实现了从传统的汉学(*Sinology*)至中国研究(*China Studies*/*Studies on China*)的转变。总体上来说，传统的汉学主要集中于对中国历史、文化、哲学等领域的研究，即所谓的人文研究；而兴起于二战之后的美国的中国研究，则更多地将视角转向了正在发生重大变迁的中国社会，包括政治、经济、文化等诸多领域。1978年改革开放之后的中国，一方面，由于经历重大的社会变迁吸引了海内外学者的研究兴趣，另一方面可进入性的增加也为海外及港澳台地区的学者进入中国大陆开展实地调研提供了条件和便利。不论是在经济学界、政治学界还是在社会学界，对转型期中国的研究成为海内外中国研究的焦点[1]。从海外尤其是英文学界的中国研究来看，这一变化尤其值得关注。首先，在英文主流的社会学、政治学和经济学期刊上，越来越多的关注中国社会的研究成果得以发表。对此，海外著名中国研究学者周雪光教授、边燕杰教授均进行过系列的评述[2]，详见周雪光(1999)，周雪光、赵伟(2009)，边燕杰等(2002)。其次，一系列专注中国的英文学术著作得以出版。例如，Routledge 出版社的“转型中国研究”系列《*Routledge Studies on China in Transition*》，截止 2011 年底，已经出版了 42 本，汇集了海内外中国研究学者，既包括海外华人华侨学者、中国大陆本土学者，也包括国外本土学者，在政治、社会、文化等诸多领域的研究成果，如芝加哥大学扬大利(Dali L. Yang)的 *Beyond Beijing：Liberalization and the Regions in China*(《超越北京：中国的自由化与区域发展》)、澳大利亚迪肯大学何包钢(Baogang He)的 *The Democratisation of China*(《中国的民主化》)、我国台湾大学石之瑜(Chih-yu Shih)的 *Negotiating Ethnicity in China：Citizenship as a Response to the State*、北京大学张建君(Jianjun Zhang)的 *Marketization and Democracy in China*(《中国的市场化与民主》)、美国科罗拉多大学欧克斯和罗格斯大学谢恩(Oakes & Schein)主编的 *Translocal China：Linkages，identities and the reimagining of space*、我国台湾“中研院”陈至柔(Chil-Jou Chen)的 *Transforming Rural China：How Local Institutions Shape Property Rights in China*(《乡村中国的转型：地方制度如何形塑产权？》)、根本哈根商学院罗斯高(Brødsgaard)的 *Hainan-State，Society，and Business in a Chinese Province*(《海南：国家、社会与企业》)等。此外，Routledge 出版社的“当代中国研究”系列(*Routledge Contemporary China Series*)和哈佛大学出版社的“哈佛当代中国研究”(*Harvard Contemporary China Series*)系列，截至 2011 年底也都已经分别出版了数十种著作，其中不少也涉及中国当代社

〔1〕 对“中国”作为对象的学术研究是中国本土学者的主要学术领域和学术职责所在。国内的中国研究，在过去 30 多年中取得了有目共睹的成就。因此，下文将主要介绍海外学术界或英文学术平台上发表的中国研究成果。

〔2〕 边燕杰(2002)曾以社会学为例指出，在美国三份专业社会学期刊(*American Sociological Review*，*American Journal of Sociology*，*Social Forces*)中，有关中国的论文在 1949 至 1987 年之间只有 19 篇，而自 1988 年之后同样的刊物发表了 47 篇关于中国的研究与评论性论文，每一年平均有 3 篇文章。

会的转型。第三，专注于中国研究的系列学术刊物得以创立，例如首刊于1975年的*Modern China*：*An International Journal of History and Social Science*、澳大利亚国立大学中国研究中心于1979年创办的*China Journal*（前身为*The Australian Journal of Chinese Affairs Studies*）、美国普林斯顿大学当代中国研究中心创办（1992年首发）的*Journal of Contemporary China*、由香港中文大学2001年创办发行的*The China Review*：*An Interdisciplinary Journal on Greater China*、新加坡国立大学东亚所2003年创办发行的*China*：*An International Journal*以及由香港理工大学主办、2005年开始发行的*Journal of China Tourism Resaerch*。其中，对转型期中国社会诸多方面的研究也成为众多焦点之一。

在所有关注转型期中国的学术研究成果中，不论是社会学者、政治学者还是经济学者，都在尝试着在田野调查与统计数据中寻找蛛丝马迹，试图解开中国发展之谜，都试图为过去30多年中国发生的种种现象与存在问题提供一个普遍的解释模式（耿曙，2005）。在这些试图提供普遍解释"模式"的理论中，典型的理论模式有戴慕珍（Oi，1992）的"地方法团主义"（*Local State Corporatism*），魏昂德（Walder，1995）的"地方政府即厂商"理论（*Local Governments as Industrial Firms*），林南（Lin，1995）的"地方性市场社会主义"理论（*Local Market Socialism*），杨善华、苏红（2002）的"谋利型政权经营者"理论，张弘远（2001）的"嫁接式市场化改革" 理论等。然而，诚如我国台湾政治大学耿曙（2005）在评论陈至柔新著*Transforming Rural China*：*How Local Institutions Shape Property Rights in China*时指出的那样，试图解释转型期中国发展与社会变迁的每个模式的出笼，都只能提供对问题的部分解答，并在答案的背后留下了充满疑惑的谜团。因为这些理论模型的出台大多建立在少数几个案例地，尤其是农村地区或乡镇作为案例地的实证研究上，其理论的可推广性仍亟待更多的来自不同案例地的经验实证。如戴慕珍（Oi，1992）的"地方法团主义"理论的提出主要是基于对山东省和天津市农村地区的田野调查；魏昂德（Walder，1995）的"地方政府即厂商"理论也主要是基于在山东省某县以及中国其他七个城市的田野调查；林南的"地方性市场社会主义"理论的实证则主要通过对天津市大邱庄的案例研究来完成；杨善华、苏红（2002）所指"谋利型政权经营者"均指乡镇政府。

中国各地多样化的客观实践，尽管扑朔迷离，但却都在印证一个基本的事实：中国绝非"铁板一块"，中国是个"国中之国"（*the state of the state*）

(Baum & Shevchenko,1999),地方制度的复杂多变以及改革开放进程中"文化堕距"(奥格本,1922/1997)的存在,使得我们很难用一个简单的答案,来描绘中国市场化改革发展的复杂图像(耿曙,2005;吴介民,2009)。正如我国台湾清华大学社会学研究所/当代中国研究中心吴介民教授(2009)在为《台湾社会学》的"中国研究专题"做题为《"中国模式"或多重复杂的制度形构》的导论时指出的:

> 将地方制度分析扣连于全国性政策变化以及国际政经压力的脉络下,可以清晰观察到:所谓的"市场转型"实际上是在中国各区域并生了多样化的面貌。"市场转型"既非单一而统合的历史过程,则对于"中国模式"的描绘与分析,就需要格外细心而谨慎了。(pp. 1~3)

"国中之国"客观现实的存在以及与市场化、现代化相伴随的"文化堕距",告诫社会科学研究者尤其是关注转型期中国制度变迁的学者,我们亟需更多的基于不同区域和背景的经验研究与理论提升。因此,与其一味地争论是否存在一个放之四海而皆准的具有普遍意义的模式,不如从中国"国中之国"的现实出发,基于各地区经济社会发展的实践,去探索典型区域的发展实践、发展模式与制度变迁,从而通过不同案例的积累与理论对话的开展,来汇集和推进我们对转型期中国发展经验的理论探索与提升。各个案例的还原与阐述,以及相应的理论解释和理论对话,犹如拼图板上的单个拼图,汇集在一起,就有可能描绘出一幅相对完整的画卷,描绘出中国过去 30 多年经济社会发展的图景。

(2) 解释中国的制度变迁:制度变迁的多重逻辑

毫无疑问,我们所处的中国社会经历了、正经历着并将继续经历大规模的制度变迁。"转型中国"(*China in Transition*)本身就意味着改革开放 30 多年来的中国社会各领域都经历了并正在发生着各种各样深刻的制度变迁。大变迁、大转型的时代呼吁社会科学研究来对这些大小不一、领域各异的纷繁复杂的变化提出令人满意的解释(周雪光、艾云,2010)。如前文所述,关于中国转型过程中的种种现象,海内外学者提出过诸多旨在提供满意解释的理论模式/模型,其中大部分涉及制度变迁,如倪志伟(Nee,1989)的市场转型理论、魏昂德(Walder,1995)的"地方政府即厂商"理论、杨瑞龙(1998)的"中间扩散型制度变迁方式”、周雪光（Zhou，2000）的“国家（政治）—市场共生演化”等。然而，诸多理论解释在为我们认识中国社会变迁提供独特的研究视角和分析概念的同时，也存在一些亟待改进之处。周雪光、艾云（2010）就曾对目前海内外学界关于中国制度变迁提出的理论解释给予了尖锐的批评：

> 但是，社会科学为认识社会变迁所提供的理论范式和分析工具却是苍白无力的。大规模的制度变迁涉及多重过程和各种制度要素间的安排组合。但社会科学主流的研究思路和风格趋向于关注某一种机制并在研究过程中将其“孤立分化”以供解析，而不是从各种机制之间的关系中理解、认识其作用。……但制度变迁很少只有某一机制在起作用，而常常涉及多重制度逻辑和过程。而且，在与其他机制的相互作用中，某一具体机制影响的程度和方向也可能发生很大变化。社会科学追求简约（*parsimonious*）理论模型的倾向限制了研究者的理论视野和想象，对这些已有模型与实际发生过程之间的偏差和距离视而不见。正因为此，社会科学诸多理论对于正在发生的制度变迁过程没有令人满意的解释能力，也没有对制度变迁研究起到有益的指导作用。这一领域中的学者在其研究中常常不得不勉为其难，临时拼凑分析工具和理论观点来解释这些现象。（p. 133）

既然，目前国内外学界对中国制度变迁的理论解释存在明显的有待改进之处，那么究竟应该如何来更好地理解和解释中国已经发生和正在发生的大规模的制度变迁呢？周雪光、艾云（2010）提出了“多重制度逻辑”这一旨在更好地解释中国当下制度变迁的分析框架。“多重制度逻辑”分析框架首先强调了多重制度逻辑之间的相互作用，并强调制度变迁是一个内在性过程，多重逻辑和主体之间的相互作用影响并制约了随后的发展轨迹。作者认同周雪光、艾云（2010）的以上观点。然而，诚如周雪光、艾云（2010）本人所指出的，“我们在这里提出的不是一个具体的理论模型或因果机制，而是一个有关制度变迁研究取向的分析框架”（p. 150）。因此，这一分析框架或曰方法论意义上的研究取向，还亟待更多的经验研究来对之加以运用、检验和拓展。本研究将在后续研究中对这一“多重制度逻辑”分析框架/研究取向进行拓展和修正，以期更加适合于回答本研究所提出的研究问题。

## 1.2 亟待关注的经验现实

(1) 海南制度变迁：被理论研究遗忘的角落

2009年12月31日，国务院办公厅发布了《国务院关于推进海南国际旅游岛建设发展的若干意见》(国发〔2009〕44号)，这让2001年12月即被提过的"海南国际旅游岛"建设思路，终于上升为国家战略。2010年，被视为海南国际旅游岛建设基本蓝图和行动纲领的《海南国际旅游岛建设发展规划纲要》(下简称《规划纲要》)获国家发展与改革委员会正式批复。《规划纲要》明确了海南产业发展的方向，主要发展旅游业、文化体育产业、房地产业、金融保险业、商贸餐饮业和现代物流业、热带特色现代农业、新型工业和高新技术产业、海洋经济等八大产业。实际上，建设海南国际旅游岛，并不意味着海南今后的方向是单一地发展旅游业，而是以旅游业为主导，带动其他产业的发展乃至整个海南省经济社会的全面快速发展。

"海南国际旅游岛"建设上升为国家战略这一关键事件激起了学界和业界的广泛关注和热烈讨论。海南是我国建省(1988年)最晚的省，虽然资源丰富，但经济社会发展却明显滞后于全国平均乃至西部地区水平。海南自1949年之后的经济社会发展历程，可谓波澜起伏。关于海南发展定位、发展战略以及发展模式的思考及实践中的不断调整，成为业界和学界关注海南发展的主要焦点之一。回顾海南在1988年建省和被开设为经济特区之后的发展历程可以发现，这个中国最大的经济特区，始终在梦想与现实、期待和失望的焦灼中蹒跚前行。从"海南热"、"免税汽车事件"、"十万人才下海南"、"洋浦风波"、"楼市狂潮"、"三年低迷"再到"工业复兴"——海南人的致富梦想，在国家宏观战略意图变动、产业发展定位的举棋不定和左右摇摆中，过去了二十多年的宝贵光阴。

殊不知，海南建省本身就凝聚了中央政府和许多国家领导人进行政治、经济和社会诸多领域试点改革的心血和期望。海南自1988年建省以来，就一直是中国改革的"试验田"，承担着大量的制度创新与体制转型的试点工作，如在全国首次提出的经济开发区"成片开发模式"("洋浦模式")、首次试点的"小政府、大社会"改革、率先进行的"省级机构改革试验"(实行省直管市县体制)、率先实行的"公司法人注册登记制度改革"(推进企业规范化股份制改造)，等等。在海南波澜起伏的经济社会发展现状与所首创、所经历的诸多制度变革中，我们不禁要问，究竟这些制度变迁是如何发生的呢？这些制度变迁是如何影响海南经济社会发展的呢？然而，令人不无遗憾的是，海内外社会科学界对海南建省20多年来的发展历程尤其是其中所发生的重大的制度变迁，还缺少应有的理论关注(Brødsgaard，2009)[1]。大量的研究都集中于回顾过去的发展历程、存在的问题以及未来的出路。这些研究固然能够帮助我们理解海南在过去的20多年中发生了什么，但我们对这些制度变迁背后的发生原因、过程和机制依然知之甚少。关于海南制度变迁的研究，尚需更多理论建构的尝试和努力。

(2) 旅游度假区开发模式变迁：理解海南制度变迁的一面"镜子"

所谓"经济开发区"，是一个泛指的说法，是经济技术开发区、高科技工业园、高新技术开发区、产业工业园(比如农业开发区、化学工业园、汽车工业园等)的一种通称。旅游度假区从本质上来说也是一种经济开发区。

旅游度假区在海南经济社会发展中一直扮演着十分重要的角色(海南全省4个国家级开发区中，就有1个是旅游度假区——亚龙湾国家旅游度假区)，旅游度假区的发展在一定程度上见证并折射出海南全省经济社会发展的巨大变迁，如万宁石梅湾旅游度假区、三亚亚龙湾旅游度假区(见本书第七章)、三亚湾海坡旅游度假区和三亚海棠湾休闲度假区[2](见本书第五章)等在过去的20多年中，就经历了开发模式的多次重大变迁，值得引起学界的关注。

旅游度假区开发模式的变迁，一方面是整个海南经济社会制度变迁的产物；另一方面，透过对旅游度假区开发模式变迁的分析也能从一定程度上理解海南在过去的20多年中所经历的诸多制度变迁。因此，分析和解释海南省内旅游度假区开发模式的变迁就成为我们理解海南制度变迁的一面"镜子"。在海南全省诸多县市中，三亚市以其得天独厚的自然资源条件和区位优势，在旅游度假区开发建设方面一直处于领先地位，如海南唯一的国家级旅游度假区——亚龙湾国家旅游度假区，海南省重点工程、国家海岸——海

---

〔1〕 丹麦根本哈根商学院教授、欧洲著名中国研究专家罗斯高(Brødsgaard，2009)的《海南：国家、社会与商业》一书(*Hainan-State, Society, and Business in a Chinese Province*)，应该算是海外中国研究学界第一本专注于海南的著作。

〔2〕 旅游度假区和休闲度假区，均对应英文的"*resort*"(度假区)，在本研究中通用。考虑到特定用法和习惯，例如，海棠湾国际休闲度假区这一称呼沿用自海南省政府、三亚市政府及其下属的海棠湾管委会正式出版的各种文字材料，本书采用亚龙湾旅游度假区、海棠湾休闲度假区的叫法。

棠湾国际休闲度假区，以及三亚湾海坡旅游度假区，均位于三亚市境内。因此，从研究的可操作性和案例的典型性方面考虑，三亚市成为我们理解海南旅游度假区开发模式变迁乃至整个海南制度变迁的典型区域(关于案例选择及其典型性的阐述，见本书第三章)。

## 1.3 研究问题

然而，需要指出的是，除刘俊(2010;2011)，刘俊、保继刚(2008)等学者对亚龙湾旅游度假区的开发模式进行过较为深入的个案研究，刘俊(2007)对中国旅游度假区治理结构的变迁进行过整体性的考察外，目前尚无关于旅游度假区开发模式选择及变迁的解释性研究，遑论具体到海南省、三亚市等特定地域的旅游度假区开发模式变迁的理论解释。从作者实地调研的发现来看，近年来，海南全省范围内的经济开发区(包括旅游度假区)普遍经历了开发模式的变迁(典型的区域有洋浦经济开发区、石梅湾旅游度假区、海棠湾休闲度假区、亚龙湾旅游度假区等)。旅游度假区开发模式变迁，犹如其他经济制度变迁一样，都是嵌入在特定的社会、政治和文化结构之中的。那么，摆在社会科学研究者面前的问题是，我们如何来理解、解释这些林林总总的制度变迁呢?"科学研究的终极目标是理论解释，对现象的描述和分类是前科学阶段"(彭玉生，2011);在社会科学界，对理论解释的追求已经成为诸多社会学家对中国社会科学发展的急切呼吁(周雪光，2003;2009;彭玉生，2011)。因此，在目前国内关于旅游度假区开发模式的描述性研究\应用性研究已经取得一些成果的背景下，亟待更多的理论解释来加深我们对旅游度假区开发模式选择/开发模式变迁的理解。

基于以上背景，本研究尝试着以三亚市境内的旅游度假区开发模式变迁作为切入点，试图通过对开发模式变迁何以可能的回答，来透视三亚市乃至海南省经济社会领域的制度变迁，从而尝试着推进我们对转型期中国制度变迁的理解，也试图推进社会科学研究从"多重制度逻辑"这一分析框架/研究取向出发对制度变迁所做出的解释。

需要指出的是，正因为本研究坚持制度变迁涉及多重逻辑，不同的逻辑必然有不同的主体，因此，毫无疑问会涉及不同的学科及相关理论。本研究并不试图基于某一特定学科或理论视角，对旅游度假区开发模式变迁(制度变迁)做出解释，而是尝试着从具体的研究问题出发，坚持制度变迁的多重逻辑这一理论框架和研究取向，整合社会科学的相关理论，对研究问题进行回答。例如，本研究将主要借鉴并整合组织社会学的新制度主义学派、经济社会学的新制度主义学派和新制度经济学（经济学的新制度主义）[1]的相关研究成果。

本研究想要回答的基本问题是：多重制度逻辑视角下，旅游度假区开发模式的变迁是如何可能的呢？具体而言，本研究将致力于回答以下四组研究子问题：

(1) 作为一种制度安排的旅游度假区的开发模式经历了什么样的变迁？开发模式的变迁带来了什么样的政治、社会与经济后果？

制度变迁是指新制度（或新制度结构）产生，并否定、扬弃或改变旧制度（或旧制度结构）的过程。制度变迁意味着新旧制度或制度结构的更替。因此，开发模式的变迁意味着一种新的开发模式替代原有开发模式。那么，作为一种制度安排的旅游度假区的开发模式经历了什么样的变迁？新的开发模式带来了什么样的政治、社会与经济后果？

(2) 作为转型期中国制度变迁的主体，地方政府是如何转变旅游度假区开发模式的呢？也就是说，旅游度假区开发模式的变迁是如何可能的？

在市场化改革日渐推进的背景下，旅游度假区的开发建设，尤其是土地一级开发与招商引资工作，完全可以通过市场机制来自发调节，为什么地方政府还要借助行政力量来全方位主导、强势推进旅游度假区的开发建设呢？地方政府主导旅游度假区开发建设所需要的能力从何而来？政府能力又是如何影响开发模式变迁的？地方政府推动开发模式变迁的合法性从哪里来？合法性资源是如何影响开发模式变迁的？地方政府如何运用、拓展合法性资源来消解合法性危机？

(3) 旅游度假区开发模式变迁的路径依赖是如何生成的？

制度变迁会存在路径依赖，这已经为诸多研究所证实。那么，旅游度假区开发模式的变迁是否也存在路径依赖的特征？如何来理解旅游度假区开发模式变迁的路径依赖？这种路径依赖是如何生成的？

(4) 旅游度假区开发模式实施进展的显著差异，是如何产生的？

比较旅游度假区新的开发模式的实施现状，我们往往发现，大致类似的制度安排，却在不同的地域出现了明显不同的实施进展。因此，究竟是什么因素，

[1] 上述学科均是新制度主义在社会科学各传统学科中的体现，详见本书第二章。

决定了旅游度假区开发模式实施进展的显著差异？这种差异是如何产生的？

## 1.4 理论框架

### 1.4.1 “制度变迁的多重逻辑”：一个分析框架

制度变迁涉及多重逻辑，这是本研究的基本立足点。周雪光、艾云（2010）曾提出过一个具有方法论意义的研究制度变迁的理论框架——“多重制度逻辑”，或曰“制度变迁的多重逻辑”。毫无疑问，制度变迁涉及多重逻辑并非周雪光教授及其团队首次提出，而是已经在诸多的制度变迁文献中有过相关或者类似的表述（例如，Kim，Shin，Oh & Jeong，2007；Parish & Michelson，1996；Reay & Hinings，2009；Walder，1995；Zhou，2000）。近年来，在中国组织与制度研究领域，多重制度逻辑也开始引起广泛的关注。例如，折晓叶、陈婴婴（2011）在以“项目进村”为例分析项目制作为一种治理模式的分级运作机制和逻辑时，也指出：“项目运作中的多重视角和逻辑，来源于行动主体多重利益的分化”。在她们的研究中，中央政府、地方政府和村庄是三个有着不同制度逻辑的行动主体。

第二章的文献综述将对这一分析框架进行简要介绍。这一分析框架涉及以下三个基本命题（周雪光、艾云，2010，pp. 134～135）。其一，“制度变迁涉及多重制度逻辑，必须从这些制度逻辑的相互关系中认识它们的作用和影响”（p. 134）。这里，所谓的制度逻辑是指“某一领域中稳定存在的制度安排和相应的行动机制”（p. 134）。由于任何一种逻辑都必须有其行动者载体，而行动者的行为也必然反映了这种逻辑，因此所谓的制度逻辑，也就是参与某种制度安排、或者某种制度安排下各行为主体的行动逻辑，是这些行动者“一以贯之的思维、行为方式以及他们对这样的思维和行为方式的解释框架”（齐晓瑾、蔡澍、傅春晖，2006）。斯科特等（Scott *et al.*，2000）也曾指出“某项制度逻辑是由场域参与者所承载的认知地图和信念系统构成的，以便指导参与者的行动并赋予这些行动以意义”。因此，例如所谓的国家逻辑，其实是指国家作为一个行动者、或掌握国家权力的群体/个人的行动逻辑。上述这一命题比较好理解。例如，在中国改革开放过程中，社会分层与流动往往成为学界关注的焦点。越来越多的学者认识到，市场和国家是影响社会分层与社会流动的两种不同机制，彼此并非截然对立，而是共生演化的（Zhou，2000；陈那波，2009；冯仕政，2007）。这其中就涉及国家（中央政府）的逻辑、地方政府的科层制逻辑以及市场逻辑等。再比如，在乡镇企业改制进程中，也不难看到各种制度逻辑的出现与运作，例如国家加速市场化改革的逻辑（曹正汉、史晋川，2009），地方政府“甩包袱”的逻辑，乡镇企业经理人等既得利益集团的行动逻辑、名义上作为企业所有人的社区居民的行动逻辑等（张建君，2005）。其二，“制度逻辑诱发了具体的可观察的微观行为；因此，对特定领域中制度逻辑的认识可以帮助我们把握和预测这些行为”（p. 135）。“不同群体的行为方式及其相互作用有助于认识这些行为背后的制度逻辑，从而使得对制度变迁的研究建立在实证的基础上”（p. 135）。这样一个命题也不难理解，正是由于在各领域制度变迁过程中，不同的逻辑主体会基于各自的逻辑表现出各种不同的行为，从而影响制度变迁，社会科学研究才有可能观察、了解到背后不同的制度逻辑。其三，“需要关注制度变迁的内生性过程，才能对制度变迁提出令人满意的解释”（p. 135）。不同的制度主体带着各自不同的利益参与到制度变迁过程中，反映了各自领域的制度逻辑；这些制度主体之间的相互作用和状况以及这种互动的时间性也制约了随后制度演变的轨迹和途径，例如造成制度变迁路径依赖的出现（冯仕政，2007）。

### 1.4.2 开发模式变迁的多重逻辑：理论框架的拓展

“制度变迁的多重逻辑”这一分析框架的提出，为我们理解制度变迁提供了一个整合的框架，有着重要的理论和实践意义。然而，不同场合/领域中的制度变迁，涉及不同的参与主体，因而也涉及不同的制度逻辑。在中国乡村政治选举实践中，尤其是周雪光、艾云（2010）研究的村庄中，中央政府及其国家逻辑、地方政府及其科层制逻辑、村庄村民及其乡村逻辑，固然是主要的参与主体和逻辑，但在其他领域中，比如南街村的集体化和政治化过程（冯仕政，2007）就主要涉及国家（这里是指各级政府）逻辑和市场逻辑；而周雪光（Zhou，2000；2004）在研究中国城市社会分层与流动时的理论框架——“国家与市场的共生演化”[1]，也主要是涉及国家逻辑（再分配逻辑）和市场逻辑。因此，今后的研究还需要针对不同场域的实际情况，深入分析制度变迁中不

---

〔1〕 从理论发展的脉络来看，“制度变迁的多重逻辑”分析框架和“国家与市场的共生演化”分析框架是一脉相承的关系。“制度变迁的多重逻辑”分析框架是在“国家与市场的共生演化”分析框架之上的进一步拓展，即在关注国家逻辑、市场逻辑的基础上，将更多的制度逻辑引入制度变迁的分析框架中，如科层制逻辑等。因此，“制度变迁的多重逻辑”分析框架具有更大的理论弹性和解释力度。“国家与市场的共生演化”分析框架则是“制度变迁的多重逻辑”分析框架的一个雏形抑或基础。

同主体及其逻辑。诚如周雪光、艾云(2010)所指出的,"我们在这里提出的不是一个具体的理论模型或因果机制,而是一个有关制度变迁研究取向的分析框架"(周雪光、艾云,2010,p. 150)。因此,基于本研究想要回答的具体的研究问题,作者对这一"多重制度逻辑"分析框架进行了拓展,增加了企业作为制度逻辑主体及其所遵循的逻辑;并基于本研究的具体场域,对这些逻辑主体及其行为逻辑的微观意义进行了进一步的阐述。具体如下:

(1) 国家的逻辑

在本研究中,"国家"包括中央政府各部门(例如,财政部、国土资源部等)以及全国性立法和执法机构(例如,全国人大)的决策部门以及国家领导人。这样一个界定,主要参考周雪光、艾云(2010)以及王宁(2009a)等的研究。这一界定,显然与陈那波(2009)、冯仕政(2007)等的界定不同,在他们的研究中,"国家"泛指包括中央政府以及各级地方政府的整个政府层级。由于改革开放之后,尤其是1994年分税制改革之后,中央政府与地方政府之间的关系以及利益格局发生了显著变化,地方政府已经成为具有独立利益诉求和行为能力的行政主体,其所遵循的逻辑并不完全与中央政府一致,因此本研究将之分别对待。

在中国"上下分治的治理体制"[1]下(曹正汉,2011),包括旅游度假区在内的众多经济开发区的开发模式,一般都是由地方政府来决策。中央政府一般不会出台与旅游度假区开发模式直接相关的政策。然而,土地、财政等领域的全国性政策对旅游度假区的开发模式不无影响。例如,国土资源部出台的关于土地出让的法令,财政部出台的关于土地出让收益归属和使用的法令,都对旅游度假区开发模式的选择产生过深远影响。因此,谢淑丽(Shirk,1993;亦可参见:周雪光、艾云,2010;折晓叶、陈婴婴,2011)曾指出,中国改革时期的政治逻辑表现在政府各个部门之间多种利益的平衡、妥协和达成一致。在旅游度假区开发模式这样一个相对微观的领域,中央政府各个部门出台的相关政策可能是矛盾的、冲突的,也可能是一致的。例如,在2002年国

〔1〕 曹正汉(2011)认为,中国治理体制的基本特征是治官权与治民权分设;中央政府主要执掌治官权,即选拔、监督和奖惩官员的权力;至于实际管治各地区民众的权力(简称"治民权"),则交给地方官执掌。只要地方官不违背中央政府所定大政方针,均可以因地制宜地行使其治民权,灵活地处置所管辖地区的民众事务。这种体制包含着降低执政风险的两个机制——分散执政风险的机制和自发调节集权程度的机制。这一论点与改革开放以来中国中央政府在经济领域、行政领域的放权改革的实践是基本一致的。

土资源部出台国有土地使用权出让的“招拍挂”制度之前，全国各地普遍推行“协议出让”方式。协议出让难免导致土地出让的暗箱操作和寻租腐败，也直接促成了成片开发区（如经济开发区）主开发商在土地一级市场和二级市场上实行联动开发的现象（见第七章的亚龙湾案例）。因此，为了进一步促进国有土地使用权出让的市场化、公平化和透明化，2002 年，国土资源部出台了国有土地使用权出让的“招拍挂”制度并在 2007 年出台法令使之更加完善，使得所有经营性建设用地的出让都必须采取招标、拍卖或挂牌出让中的一种方式，从而使得至少在理论上成片开发区的主开发商实施土地一、二级联动开发难以为继（见第七章的亚龙湾案例）。同时，始于 1994 年的分税制改革，对城市国有土地使用权出让收益的归属和使用做出了明确的规定（城市国有土地使用权出让收益由地方政府统筹支配，从 2007 年起缴入国库预算管理）。在海南省，省级财政与下属市县财政之间的分税制改革直到 1998 年才正式开始实行（见第四章）。也就是说，在 1994 年至 1997 年之间，海南省政府与市县政府基本上是一种“财政包干”的体制。自 1998 年之后，海南省上下级政府之间分税制的实施，自然激发了海南省各市县政府不断增加土地相关的财政收入，以便缓解财政约束的渴望。在这一领域，中央政府的相关政策是一致的，对地方政府不断“攫取”土地财政收益提供了某种形式的激励和政策保障。然而，这一系列政策的出台，在不断恶化地方政府土地财政依赖的同时，也间接地不断加剧了土地一级开发中城市政府与社区居民/村民的矛盾和冲突。地方政府在土地一级开发中，一方面不断地通过压低被征地拆迁居民/村民的补偿和安置标准，降低土地一级开发的成本，另一方面通过所谓的市场竞争来提升土地的出让收益（间接地增加了房价等），增加土地财政收入。因此，包括度假区开发在内的各种形式的城市土地开发，在来自社区居民、第三方团体的各种形式的运动中，开始面临着合法性危机（陈映芳，2008）。这种实践本身也有违中央政府一直以来大力倡导的落实科学发展观、建设和谐社会、保障民生等政策意图。由此可见，与成片开发区土地开发有关的中央政府各部门政策总是在矛盾、冲突与达成一致之间变动不居。

因此，国家的逻辑意味着：有关旅游度假区开发的国家政策受制于不同政府部门之间多重不一的目标和利益之间的互动、竞争和妥协，因而总是在互相矛盾、冲突与达成一致中变动不居。

（2）科层制（地方政府）的逻辑

本研究中所谓的科层制逻辑也就是转型期中国地方政府的行为逻辑。

本研究所指地方政府一般是指县市级政府，偶尔将省政府也纳入分析之中，但这取决于具体的分析情境。在本研究中，由于海南省实施“省直管县”的体制（截至 2011 年底，海南省下辖海口、三亚、文昌、万宁等市，陵水、澄迈等县），因此地方政府尤指县市级政府。在科层制下，中央政府的政策是经过各级地方政府来加以贯彻和实施的。如前文所述，中央政府一般不会直接规定各地经济开发区的开发模式。因此，地方政府在选择经济开发区的开发模式时往往具有决定性的作用。

那么，在自己辖区内的经济开发区究竟如何来开发呢？这取决于地方政府的行为逻辑。转型期中国地方政府的行为背后遵循着什么样的逻辑？现有组织相关理论（包括行政管理学、组织社会学、政治经济学）对此曾开展了大量的研究。诸多研究成果表明（周雪光、艾云，2010；周雪光，2003；张丙宣，2011；周黎安，2008），尽管不同地方的地方政府在不同的时空背景下的行为各不相同，但其背后却遵循着科层制逻辑。如果将地方政府看作是一种组织，那么可以发现，中央政府与地方政府之间构成一种委托—代理关系（周黎安，2008；郁建兴、高翔，2012）。地方政府内部的激励机制和外部的环境诱致了相应的政府行为；也就是说，地方政府行为是对其激励机制和环境适应的结果（Milgrom & Roberts，1992）。在转型期中国，一方面，地方政府承担“代理型政权经营者”的角色，即面临着诸多自上而下的行政指令以及由此引致的诸多任务。在中国特定的行政体制下，作为下一级的政府官员的任命取决于上一级政府官员的决策，而这种决策通常情况下取决于上级对下级执行命令、完成任务的判断和考核，因此下级政府官员完全有激励来不断地展现自己的政绩。在这种“压力型体制”（周黎安，2008）、“分权化威权主义”（Landry，2008；转引自：郁建兴、高翔，2012）之下，地方政府官员之间也就形成了所谓的政治晋升锦标赛（周黎安，2008）。另一方面，在政治晋升压力下，地方政府不会只是简单地完成上级政府交代的任务、执行相应的政策，而是会不断地拓展行政作为空间以便在上级政府官员考核下级政府官员时关注的领域中，掌握工作的主动权，突显政绩。然而，我们并不能想当然地以为地方政府是无所不能的组织，地方政府行为同样要面临着各种资源（能力）和合法性的约束。政府能力的约束，尤其是财政汲取能力的约束在 1994 年分税制改革之后变得尤为突出。1994 年的分税制改革“改变了中央政府和地方政府的财政关系格局，但并未有效地均衡地区间因经济发展不平衡而带来的区域差异”（周飞舟，2006），因而分税制带来的集权效应引起了地方政府行为的一系列变化，在越来越紧的财政约束下，地方政府开始积极地从预算外尤其是从土地开发中聚集财力（周飞舟，2006；2007），以期在彰显政绩的领域有所作为。合法性约束，则主要来自于与度假区开发相关的利益主体，如开发企业、社区居民/村民、上级政府等的认同和实践中的支持。

因此，依据地方政府行为所受的政治晋升约束和政府能力和合法性约束，（科层制）地方政府的逻辑意味着：地方政府介入旅游度假区开发建设的态度、行为和方式，一方面取决于其在政治晋升锦标赛中受到的激励，另一方面也受到自身能力和合法性的约束。

（3）企业的逻辑

企业的逻辑是指企业作为行动主体参与制度变迁时的行动逻辑，是这些行动背后所体现出的企业“一以贯之的思维、行为方式以及他们对这样的思维和行为方式的解释框架”（齐晓瑾、蔡澍、傅春晖，2006）。企业是以营利为目的的商业组织，因此其一切行为的最终目的都是追求利润的最大化。因此，企业的逐利逻辑也成为理解企业行为的关键之一。然而，企业也并非无所不能、不所不忌，其逐利的行为也必须符合市场的逻辑。所谓市场的逻辑，张维迎（2010）将之形象地描述为：“如果一个人想得到幸福，他（或她）必须首先使别人幸福。更通俗地讲，利己必先利人。比如说，生产者想要获得利润，就必须提供消费者满意的产品或服务，为消费者创造价值”。那么，企业的利润来自何处呢？奈特（1921；转引自：张维迎，2010）提出了一个很重要的观点：利润来自不确定性，没有不确定性，就没有经济学意义上的利润。因此，企业（企业家）的主要任务就是应对不确定性、推动社会的创新。经济学意义上的不确定性是指对于未来的收益和损失等经济状况的分布范围和状态不能确知。不确定性主要分为市场的不确定性和政策的不确定性（张维迎，2010）。在中国转型经济发展中，市场并非唯一的、占主导地位的资源配置机制，国家权力仍然在经济事务中扮演着重要角色，依旧延续了计划经济年代的残余力量和角色。因此，与西方市场经济不一样的是，中国的企业（企业家）不仅面临着市场的不确定性，需要进行深入的市场预测、产品创新等，而且还面临着来自政府部门在政策、管制等领域的不确定性，从而需要不断地进行所谓的“制度创新”，设计一些新的、可能和政府博弈的制度安排，来应对政府的干预。也正是由于市场经济发育的不充分和政府过度管制的存在，才导致了企业与政府之间的多重复杂的博弈关系，也为腐败、寻租等埋下了制度根源。因此，在转型期的中国，企业一方面要遵循市场的逻辑、商业逻辑，来通过提供消费者满意的产品或服务、为消费者创造价值来获取利润，另一方面也要竭尽所能与政府部门保持一种紧密的关系，从而应对政策的不确定性。

因此，在转型期中国，企业的逻辑意味着：企业参与旅游度假区开发建设的态度、行为和方式，一方面受制于其在市场逻辑/商业逻辑约束下的利润导向，另一方面也受制于其与政府之间的权力关系。

(4) 乡村的逻辑

旅游度假区的开发建设之所以涉及乡村社区，是因为大部分的开发建设需要征用度假区所在地的农村集体用地，需要拆迁地上附着物(如青苗、房屋)，需要对被征地的村民进行安置和补偿。因此，虽然在中国现行的政治环境下，乡村社区可能成不了度假区开发建设乃至开发模式选择的主导者，但作为世世代代在这片土地上生存的群体，旅游度假区的开发建设，尤其是征地和安置过程中的制度安排，均有可能使其陷入"边缘化"的境地，因此他们的生产、生活需要政府部门和开发企业的关注和关怀。相应地，社区居民/村民对政府或开发企业在征地拆迁和安置补偿乃至后续的就业协助、生活补助等方面的感知和反馈，会在一定程度上影响到度假区开发建设进展，也因此会影响到特定开发模式的推进。本研究接受黄少安(1999)的观点，即认为制度变迁的主体包含所有与制度变迁相关、表示了相应态度、施加了相应影响和发挥了相应作用的主体，也包括反对者和阻挠者在内。因此，从这种意义上而言，社区居民/村民也是度假区开发模式变迁的主体，其背后的逻辑值得关注。

那么，乡村的逻辑究竟是什么呢？这是一个难以一言以蔽之的问题，因为中国的乡村治理非常复杂和多样化，不同领域中的乡村逻辑会有不同的表现形式。但如果我们以某个具体场域，来探讨乡村的逻辑，问题或许要简单一些。例如，在税费改革前后，乡村的行动逻辑，例如维权的方式和对象，有着显著的差异。《南方周末》于2004年9月2日刊载的长篇报道[1]，指出"农民维权重心重大变化：从税费负担到土地纠纷"。文章引用了于建嵘的调研报告，指出："于建嵘的调查报告表明，从税费到土地——农民维权议题的转变背后隐藏着一些鲜明的特征变化，'税费时期'控告方多为村民个体或群体，其目标对象是乡村一级。而'土地时期'，虽然村民联名仍是主要形式，但村级组织已经成为重要的控告方"。"这主要是由于在强行非法征地的争议

---

〔1〕 转引自：贺雪峰：《农民维权的变化》，见：三农中国网(www. snzg. cn)。

中，村级组织往往与农民的利益是一致的”。于建嵘在《瞭望东方周刊》也撰文指出[1]，“调研发现，在农民的税费争议中，上访、宣传和阻收是最主要的抗争形式，而到了农民的土地纠纷，冲突程度变得激烈”。“课题组认为，相对于税费争议，土地争议更具有对抗性和持久性”。

更进一步，以目前群体性事件频发的征地拆迁和安置补偿（即上文所说的土地争议）为例。我们往往可以发现，在地方政府强势推进征地拆迁的过程中，村民作为弱势群体的利益得不到保障的情形比比皆是（土地补偿、安置标准过低甚至没办法到位；后续生计无法保证等），这时候农民是“可怜”的、是值得同情的，是需要关怀的。我们也往往看到，成千上万、成群结队的村民聚集在一起，或阻碍施工，或在政府机关前静坐示威、请求政府给予“公道”，或者向更高一级的政府部门上访（所谓“会哭的孩子有奶喝”的逻辑）。我们也经常可以发现，在征地拆迁“风生水起”之前疯狂的“抢建、抢种”现象，这时候我们发现，这部分“投机主义”农民是可嫌的、甚至是可恶的。然而，我们也不得不承认，不管是令人可怜还是可嫌的行为，都是村民对于政府征地拆迁和安置补偿行为的一种回应，其背后的基本逻辑和出发点都是为了维护自身的利益，抑或争取更多的但也许并不属于自己的利益；并且这些努力抑或乡村逻辑的兴盛与否，是与当时所处的宏观政策环境和社会舆论导向密切相关的，也取决于乡村社区自身掌握的资源和能力。因此，在旅游度假区以及其他诸多形式的经济开发区的开发建设中，被征地农民以及由此“被边缘化的乡村社区”从最初的“寂然无声”，到现如今的激烈抗争抑或各种“弱者的武器”的运用，都体现了乡村逻辑的逐渐兴盛。

综上所述，当乡村参与或者“被”参与到旅游度假区开发建设之中，乡村的逻辑意味着：随着时间的推进、外部环境的变化，乡村社区维护权利的意识会更加强化；维护权利的行动和方式也会发生相应的变化。

## 1.5 章节安排

本书除第一章对研究的理论背景、现实背景和研究问题等进行阐述之外，余下章节的安排如下：

第二章，文献回顾。第二章首先指出，本研究所指开发模式是各主体互

〔1〕 转引自：贺雪峰：《农民维权的变化》，见：三农中国网（www.snzg.cn）。

动关系意义上的开发模式，尤其是指政府、市场、社会的互动关系模式。在这一基本的概念界定和阐释的基础上，第二章对社会学、新制度经济学等两大学科中关于制度变迁的研究进展进行介绍，尤其是重点介绍组织社会学领域制度变迁研究的主要理论进展以及新制度经济学中关于制度变迁动力来源、模式和影响的研究成果。目前关于旅游度假区开发模式的研究还停留在对开发模式进行简要描述与介绍的层面，缺少对开发模式选择与变迁的理论解释。

第三章，研究过程与方法。在第三章中，作者首先介绍案例地选取的原因、调研过程以及研究所采用的具体方法，并简要地阐述如何解决研究可进入性难题。

第四章，国家与市场的共生演化：对三亚市发展的历时性阐述与解释。第四章主要是展现三亚市自 1988 年以来的城市发展轨迹与"心路"历程，并挖掘三亚市发展中诸多历史信息。因为在历史的长河中，正是那些关键性的事件和过程影响了三亚市发展道路选择及相应的政治、经济和社会后果。也正是在这样的相对宏观的历史进程及其政治、经济和社会后果中，作为旅游城市发展重要支撑和载体的海滨旅游度假区的开发模式，才经历了诸多变迁。第四章指出，三亚市自 1988 年以来的城市发展历程与现实，充分地体现了区域发展过程中国家(政治)与市场的共生演化。

第五章，海棠湾国际休闲度假区开发模式变迁。第五章对海棠湾国际休闲度假区的开发建设历程及开发模式的变迁进行了梳理，指出其经历了由政府主导、企业配合模式向政府主导模式的转变；并分析了政府主导模式的特点，即分析了新的开发模式下海棠湾休闲度假区的开发建设进展以及相应利益主体之间关系的显著变化。

第六章，政府能力、合法性资源与开发模式变迁：对海棠湾案例的解释。本章从政府能力和合法性资源的理论视角，对海棠湾国际休闲度假区开发模式变迁何以可能这一问题进行了回答。研究指出：(1) 政府能力影响制度变迁的途径是双方面的。一方面，政府能力的欠缺(资源的匮乏)驱使地方政府推动旅游度假区的开发建设向政府主导模式转变，以便抓住度假区开发建设的主动权，最大化土地财政收益、提升政府能力。另一方面，政府能力的提升，尤其是源自于土地财政和土地开发专项贷款的财政汲取能力的提升，不但增加了地方政府的调控能力，也明显地改善了地方政府的自主性，从而使得旅游度假区的开发建设向政府主导模式的转变成为可能。(2) 合法性资源影响制度变迁的过程也是从两条途径展开的。一方面，制度扩散的合法性机制驱使地方政府推动旅游度假区的开发建设向政府主导模式转变。另一方面，合法性资源的拓展，也促成了政府主导开发模式的确立和不断推进。

第七章，亚龙湾国家旅游度假区开发模式变迁。第七章对亚龙湾国家旅游度假区开发模式的变迁进行了梳理，指出其经历了政府主导模式到企业主导模式，再到政府主导、企业配合模式的转变，并分析了各模式下政府与主开发商、主开发商与其他外来企业以及主开发商与社区居民之间关系的变化，即分析了开发模式的转变导致的利益主体之间关系的变化。

第八章，制度费用与开发模式变迁的路径依赖：对亚龙湾案例的解释。本章首先明确了亚龙湾旅游度假区开发模式变迁存在路径依赖。其次，探讨了理解制度变迁路径依赖的两种不同模式，并基于一种发展型的模式来理解亚龙湾旅游度假区开发模式的变迁。本章整合路径依赖和制度费用理论，提出了理解开发模式变迁路径依赖的生成机制的基本论点，并进行了检验。本章的分析展现了国家(中央政府)、地方政府(海南省市两级地方政府)、企业和社区各主体涉入亚龙湾国家旅游度假区发展与开发模式变迁中的逻辑出发点和行为。这些理论解释有助于增进我们对制度变迁路径依赖生成机制的认识，也能推进从多重制度逻辑及其互动视角对制度变迁所做出的理论解释。

第九章，官员激励与开发模式实施：海棠湾与亚龙湾的比较。第九章指出，尽管行政管理约束、政治约束可以部分地解释亚龙湾与海棠湾开发建设进展的差异，但其中根本原因是地方政府在两地开发建设中面临着不同的激励。三亚市政府在两地开发建设中所面临的不同激励，解释了即便是同样面临行政管理约束/监管约束(征地拆迁和安置难题)和政治约束，哪个度假区的开发建设被提上议事日程并强势推进，哪个度假区的开发建设被“束之高阁”。亚龙湾二期开发建设进展缓慢的现实，不是偶然，而是转型期地方政府基于科层制逻辑的必然选择。

第十章，结论与讨论。第十章对本研究的主要结论和贡献进行总结。其中，结论部分主要阐述“多重制度逻辑”的分析框架，并简要地总结对各研究子问题的回答。同时，还阐述了本研究的主要贡献。最后，讨论了本研究的不足之处和对后续研究的展望。

# 第二章　文献回顾

第二章的主要目的是对与本研究提出的问题密切相关的国内外理论进行回顾。作者将首先指出，本研究所指开发模式是各主体互动关系意义上的开发模式，尤其是指政府、市场、社会的互动关系模式。在这一基本的概念界定和阐释的基础上，第二章将对社会学、新制度经济学等两大学科中关于制度变迁的研究进展进行介绍，尤其是重点介绍组织社会学领域的制度变迁研究的主要理论进展以及新制度经济学中关于制度变迁动力来源、模式和影响(以分税制改革为例)的研究成果。在简要介绍两大学科的理论成果之后，本章还将重点介绍制度/制度变迁视角下的发展模式研究成果，并以温州模式、苏南模式为例介绍区域发展模式变迁研究领域内的主要研究成果。最后，聚焦于制度变迁视角下的旅游发展模式变迁，本章将简要地介绍国内外学界在社区参与旅游发展制度变迁、旅游管理体制变迁和度假区开发模式变迁等方面的研究进展。需要指出的是，本章并不试图对本研究所涉及的所有研究文献进行一一梳理。只与本研究部分章节相关的概念及其研究进展，会在后续章节中另行阐述。

## 2.1　作为一种制度(安排)的开发模式[1]

制度(*institution*)，可能是目前社会科学研究领域最为常用，但界定也最为宽泛的概念之一。关于什么是制度，不同的学科有着不太一致的界定与阐释。但基本的宗旨都是将制度视为人类社会活动的一系列规则。在新制度

〔1〕关于“*develop*”这一英文概念对应的“开发”与“发展”在中文语境中的异同，参见陈映芳(2008)。本研究中，开发更多是指城市和开发区的土地开发行为，包括土地一级开发和二级开发。下文将在不同场合分别使用“开发模式”、“发展模式”等。但涉及度假区时，使用“开发模式”。

经济学代表人物诺思(1992/2008a)看来,“制度是一个社会的博弈规则,或者更规范地说,它们是一些人为设计的、形塑人们互动关系的约束。从而,制度构造了人们在政治、社会或经济领域里交换的激励”。诺思(1992/2008a)进一步将制度划分为非正式制度和正式制度,前者是指没有正式规定的游戏规则,包括习惯、行为准则、风俗和意识形态等;后者则是人类设计和制定出来的规则,包括政治规则、经济规则和契约等。然而,非正式制度和正式制度的划分是相对的,并非截然的对立。

所谓模式(*pattern/model*),其实就是解决某一类问题或追求某一目标的方法论。因此,开发模式即进行发展之过程、实现发展之目的的方法论。然而,不同的学科从不同的视角,对模式有着不同的界定和理解。在经济学中,通常所说的经济发展模式是指在一定地区、一定历史条件下形成的独具特色的发展路子。在制度经济学尤其是制度变迁的研究中,国家(政府)与市场通常被认为是形塑制度变迁乃至区域经济发展的两股基本力量(杨瑞龙,1994;1998;黄少安,1999;青木昌彦,2001;Zhang,2003),因而不同的发展模式也经常被理解为不同的政府与市场关系模式。如张建君(Zhang,2003)的博士论文选择了两个截然不同的地区发展模式作为比较案例,一个是政府主导型的发展模式(苏南模式),另一个是企业家/人民主导型的发展模式(温州模式)。在他看来,苏南模式的典型特点是政府在这个地区早期的农村工业化过程中扮演了非常重要的企业家角色,集体所有制(乡镇企业)是它主要的所有权形式;在第二阶段(20 世纪 90 年代中后期),苏南地区经历了政府主导下的不公平的私有化。在温州模式中,人民或者说企业家是发展的主要动力,私有的企业产权和相对完整的市场化导向是它的主要特点。青木昌彦(2001)也曾指出,不同的经济发展模式,与经济体制改革或制度变迁密不可分,经济发展模式就是各地根据习俗、习惯形成的一种发展经济的制度。当一个区域所有参与主体(政府、市场、社会)在经济发展的博弈中形成了共同的理念时,就达成了一种纳什均衡,从而一种新的经济发展模式就此诞生。在旅游研究领域,王汝辉、幸岭(2009)更加明确地指出,“(旅游)开发模式本质上就是要解决谁参与旅游开发(即确定利益相关主体),如何参与到旅游开发,如何界定利益相关主体之间的责权利关系问题”。

本研究所指的开发模式,正是各主体互动关系意义上的开发模式,尤其是指政府、市场、社会的互动关系模式。开发模式在本研究中是作为一种制度/制度安排来理解的。

既然开发模式被理解为一种制度/制度安排，那么对开发模式变迁进行基于制度变迁视角的解释也就十分合乎情理和自然了。在社会学、制度经济学尤其是制度变迁研究领域，目前对开发模式变迁的解释多从制度、制度变迁的视角展开。因此，回答"开发模式为什么会发生变迁?"、"开发模式变迁的动力何在?"、"开发模式变迁何以可能?"等基本的问题，必须回到制度变迁研究的文献中。在制度变迁研究领域，已经积累了许多关注制度变迁的理论解释。因此，下文将首先回顾制度变迁领域目前所取得的理论进展(分别从社会学和新制度经济学的视角)；然后，在此基础上回顾那些专门从制度、制度变迁视角对开发模式变迁做出理论解释的文献。

## 2.2 社会学的制度变迁理论[1]

### 2.2.1 社会学的制度变迁研究：一个概述

制度作为一个经典的概念，很早就进入了社会学家们的视野。早在1901年，迪尔凯姆(Durkheim)就把社会学称作"研究制度的科学"(转引自：傅晓，2006，p.4)。韦伯(2010)在《经济与社会》一书中着重对法律、组织和经济行动进行了比较历史分析。韦伯(2010)认为，必须从特定的社会历史背景与特定的制度框架下来理解理性和选择。在韦伯看来，"这些制度框架包括正式制度和非正式制度所包含的习惯、社会规则、传统、家庭关系、宗教文化信仰、亲属关系、组织、社团、伦理约束、阶级、身份等级、市场、法律和国家"(2010)。傅晓(2006)指出，虽然不同学科的学者研究制度的角度和切入点不尽相同，但是不同的学说还是构成了社会学的一个基本假设："经济制度绝不是从外部环境、更不是从'真空'中自动产生的，而是社会性的"。从目前社会学的分支学科和领域来看，对制度以及制度变迁做出过较为系统和深入的研究的有经济社会学、组织社会学和社会分层与社会流动领域。下文将分别简要地介绍各领域学者关于制度及制度变迁的主要观点和研究进展。

---

[1] 近年来兴起的新制度主义(*New Institutionalism*)席卷包括政治学、经济学和社会学等学科在内的社会科学。曾有学者将新制度主义划分为三类，即历史制度主义、理性选择制度主义和社会学制度主义。对其的评述参见林文斌(2004)、周雪光(2003)。考虑到研究主题的相关性以及章节安排的需要，本研究选择从社会学(社会学的新制度主义，例如新经济社会学、组织社会学、社会分层与社会流动)和经济学(经济学的新制度主义)两个方面对有关制度变迁的文献进行梳理和综述。

(1) 经济社会学的制度与制度变迁研究

据斯梅尔瑟(1989)的定义,经济社会学"研究社会生活中经济方面和非经济方面之间的关系,即两者是怎样交叉重叠,怎样相互影响"。"嵌入性(*embeddedness*)"、"经济(制度)的社会建构"等成为20世纪80年代新经济社会学的核心关键词。尤其是1985年,格兰诺维特(Granovetter,1985)在《美国社会学杂志》(*American Journal of Sociology*)上发表的《经济行动与社会结构:嵌入问题》一文标志着利用社会结构或社会网络分析经济行为和经济秩序的新经济社会学的诞生。最早提出"嵌入性"理论的是匈牙利著名社会学家波兰尼(Polnayi)。波兰尼(2007)认为:"人的经济活动总是被淹没在他的社会关系中,个人的行动并不是为了保护他在物质产品占有方面的个人利益,而是为了保护他的社会地位、社会权利以及社会资产",因此"经济制度是靠非经济动机来运转的"。通过对前工业社会的分析,波兰尼进一步指出,经济过程嵌入于不同的制度中。格兰诺维特对"嵌入性"这一概念进行了扩充和发展。格兰诺维特(Granovetter,1985)指出,"所谓'嵌入'的含义是,个人和大的经济事物的经济行为,如价格的决定和经济制度等,都受到社会网络的重要影响"。因此,任何一种经济制度都"嵌入"于一定的社会结构之中。制度的变迁与转轨毫无疑问地要受到制度所处特定的政治、经济和社会等结构因素的影响和制约。如王宁(2007;2009a;2009b)在研究自上世纪50年代至90年代中国城镇居民消费制度的转型时指出,"消费制度的演变并不是一个独立自足的过程,而是嵌入在中国社会的总体结构、治理模式和意识形态的背景中,并受到这些条件的约束的"。王宁(2007;2009a;2009b)认为,在中国实施赶超战略的特定思潮之下(林毅夫,2008),中国当时的政治、社会和经济结构均因之改变,对劳动的激励与对消费的抑制之间形成了某种紧张的局面,因此国家采取了神圣化的激励机制来化解这种紧张的局面。然而,随着市场转型的逐渐深入,原有的神圣化激励机制随之逐渐失效,世俗化的激励机制开始发挥功效。王宁(2007;2009a)进一步指出,伴随着神圣化机制转向世俗化机制的还有私人消费制度由理性化逻辑到合法性逻辑的转型以及集体消费制度由合法性逻辑到理性化逻辑的转型。这样一系列机制和逻辑的转型,也暗含着中国经历了并正经历着由"苦行者社会"向"消费者社会"的转型。

(2) 组织社会学的制度变迁研究

按照组织社会学家周雪光(2003)的观点,组织社会学就是从社会学视角对组织现象进行分析和解释的学科。那么什么是社会学的角度呢，周雪光(2003)继续援引迪尔凯姆的论点，认为社会学的角度应该是从群体的层次来研究群体(社会)现象。在组织社会学的制度/组织变迁研究中，迪马奇奥、鲍威尔(DiMaggio & Powell，1983)曾进行过过开创性的研究。他们的研究问题是：为什么不同的组织会同时采纳类似的管理经验和组织模式呢？通过研究，迪马奇奥、鲍威尔(1983)发现，强迫性机制、模仿机制、社会规范机制等三个机制导致了制度的趋同性或者说组织形式、组织行为的趋同性。另一项在组织/制度变迁领域中占据重要地位的研究是由托尔波特、朱克(Tolbert & Zucker，1983)完成的，他们的研究提出了两个相互竞争的理论，即理性选择和合法性机制。通过对 1885 年至 1934 年间美国城市采纳公务员制度的过程的分析，托尔波特、朱克(Tolbert & Zucker，1983)发现，在早期阶段一些美国城市采纳公务员制度是理性选择的结果(即这种制度符合这些城市的政治、经济与社会特质)；在后一阶段，随着公务员制度的逐渐蔓延，越来越多的城市采纳了公务员制度，这是合法性机制发挥作用使然。

在关于中国制度变迁的组织社会学研究中，冯仕政(2007)曾对 1981 至 2000 年南街村的集体化与政治化这样一个组织社会学意义上的制度变迁进行过研究，他指出，“高度政治化和高度集体化的南街村体制是国家与市场互动演化的产物，亦即国家与市场之间相互竞争、制约、强化和改变的结果”。在转型期中国，刘玉照、田青(2009)指出这样一些非常有趣的现象：某项“自下而上”经过“变通”被创造出来的新制度，或直接由中央政府或地方政府进行的制度变革，往往要经过一系列改革或改制运动“自上而下”地推广下去。刘玉照、田青(2009)从这些现象出发指出，这样的一个过程可以被称为“通变”，其本质上是一种制度变迁的新机制。周雪光(2008；Zhou，2010)在分析基层政府间的“共谋”现象时指出，在中国现行的行政体制中，基层政府间(例如地级市政府与县市政府、县市级政府与乡镇政府之间)的“共谋”行为已经成为一个制度化的(*institutionalized*)非正式行为；这种“共谋”行为是其所处制度环境的必然产物，因而也有着广泛而深厚的合法性基础。

在组织社会学研究中，关于市场化进程中地方政府行为的理论解释还有许多，学者们一直都在努力地对中国过去 30 多年来的市场化进程和经济发展中地方政府的角色及其演变做出全面的解释。近年来，在此领域，曹正汉、史晋川(2009)提出的“抓住经济发展的主动权”的理论假说值得引起关注。他们指出，1980 年之后，中国地方政府(主要是指县市级地方政府)在市场化进程中决定其工作重心时，具有显著的“抓住经济发展的主动权”的特征，亦即：不论是1992年之前地方政府经营“一家一户”的企业（如苏南地区的乡镇企业，例如苏州、无锡和常州），还是1992年以来中央政府陆续出台大量旨在推动市场化改革的政策之后，地方政府陆续把整个辖区当成一家企业来经营，地方政府的行为逻辑都是为了抓住经济发展的主动权，只是方式不同而已。因为在中国特有的行政管理体制下（即属地管理、行政逐级发包等，参见周黎安，2008），地方政府想要推动地区经济发展，就必须要找到切实可行的“抓手”，并希望抓住经济发展的主动权。

应该承认的是，“抓住经济发展的主动权”着实深刻揭示了部分地区（如案例研究的杭州市萧山区）政府角色的转变，但尚存在诸多疑惑之处有待回答：其一，既然地方政府转向“将整个所辖区域当做一个企业来经营”是为了“抓住经济发展的主动权”，那么它们为什么要抓住经济发展的主动权？这一问题，在曹正汉、史晋川（2009）的研究中，并没有给予详细的回答。其二，中国改革开放以来各地区发展经验的千差万别已经见证了“国中之国”的客观存在，不同地区由于市场化、现代化进程的差异而导致了千差万别的经济发展状况和制度景象，很显然，“抓住经济发展的主动权”的假设没办法解释20世纪90年代席卷海南全省的企业主导开发区建设的浪潮（洋浦开发区、海口金盘开发区、石梅湾旅游度假区、亚龙湾旅游度假区等）。为什么在海南全省范围内，诸多经济开发区（旅游度假区）的土地一级开发不是由当地政府承担，而是由外来企业主导开发呢？这种地方政府“放弃”开发区发展主动权的行为，显然不符合曹正汉、史晋川（2009）的理论假设。因此，“抓住经济发展的主动权”理论假说，尚需更多以及不同尺度地域上的经验观察来加以实证。或者我们也可以这样说，我们固然能够找到诸多证据来证明在县（市）层面，地方政府应对中央政府推动的市场化改革的策略是通过将整个辖区当作一家企业来经营，从而继续掌握对地区经济发展的主动权。然而，在更小尺度上，如经济开发区、旅游度假区等，这一理论假说的检验还有待更多的经验证据。

（3）社会分层与社会流动领域的制度变迁研究

社会分层与社会流动一直是国内外社会学关注的焦点。制度变迁往往成为学者们寻找中国改革开放后社会分层与社会流动深层次原因的关键所在。在现有的文献中，最大的制度变迁就是中国逐步由计划经济（再分配经济）逐步转入市场经济，即倪志伟教授所言的“市场转型”（*market transition*）。现有研究多聚焦于：① 市场转型期的中国所发生的各种各样的制度变迁，是如何影响城市居民/农村居民以及其他社会群体的分层与流动的，比如教育机会的获得（李煜，2006）、收入不平等（林宗弘、吴晓刚，2010）、职业选择/流动（梁玉成，2006；2007）等（具体参见陈那波，2006；2009；2010）。② 以及在这些制度变迁过程中，国家与市场的关系如何（详见后文将要阐述的“市场转型论”、“地位权力论”和“国家—市场共生演化论”等）。

### 2.2.2 市场转型论与地位权力论：国家与市场关系的论争

如前文所述，国家和市场通常被认为是形塑制度变迁的主体和力量。那么，在制度变迁过程中，国家与市场究竟体现了什么样的关系呢？冯仕政（2007）认为，从目前国内外的理论争论来看，可以划分出两种不同的观点。一派可以称为“市场转型论”（以倪志伟为代表；参见：Nee，1989，1996；Nee & Matthews，1996；Nee & Su，1990）。“市场转型论”认为，新兴市场的扩张，一方面不断地削弱国家（政府）的资源分配权力；另一方面，新兴市场在国家（政府）主导的政治经济体制之外，向劳动者提供了新的刺激、机会和社会流动的渠道，从而成为推动制度变迁的主要力量。另外一些学者则刚好持相反的观点，他们被冯仕政（2007）称为“地位权力论”。坚持“地位权力论”的学者认为，国家在改革过程中仍然保持甚至提高了自己相对于新兴市场力量的权力，因而仍然主导着整个制度变迁——因其强调社会成员在体制内的地位所具有的凌驾于市场之上的权力（Oi，1992；Logan & Bian，1993；Walder，1995）。林益民（Lin，2004）则对“市场转型论”提出了其他的批评，他认为关于“*market*”这一概念的使用，学界存在混乱。他以“市场转型论”为例指出，如果“*markets*”是指具体的物品与要素交易场所，那么“地位权力论”的诸多学者已经对此提出了批评。如果这一概念是指理想意义上的市场机制（*ideal-typical image of full-fledged market mechanism*），那么这一论述存在同义反复之嫌，因为市场机制本身就暗含着市场不受行政性再分配的影响因而无法导致行政再分配权力的式微。

### 2.2.3 国家—市场共生演化：一种整合的尝试及其改进

在综合上述两种理论进路的基础上，周雪光（Zhou，2000）提出了“市场——政治共生模型”（*a market-politics co-evolution model*），指出政治和市场是互动演化（*co-evolve*）的：“在某些领域，它们相互竞争和制约；在某些领域，它们相互加强；在另一些领域，它们则相互适应和改变对方”。周雪光（Zhou，2000）进一步指出，国家（政治）与市场的互动演化有着以下几个机制：第一个机制是倪志伟（Nee，1989）“市场转型论”阐述过的，即：现有的再分配经济制度(计划经济制度)和新兴的市场制度之间的竞争(这一机制承认了"市场转型论"的观点)。其次,另外一个同等重要的机制就是政治竞技场里的利益争斗(利益政治,*politics of interests*):任何制度变迁的过程都最终取决于政治竞技场中的利益分配。相对那些伴随着市场出现的新利益(集团)而言,已有政治和经济制度的既定利益(集团)也得到了相当的回报。这些回报,既包括政治权威、政策制定和实施权力的获得,也包括保护和发展他们利益的组织的能力提高。第三,在周雪光(Zhou,2000)的这个模型中,国家的角色处于中心位置:包括市场在内的经济活动是在政治权威所设定的制度规则之内运作的(这一点诺思很早就有论述,见:诺思,1992/2008a)。尽管从市场制度逻辑出发,市场制度的比较性优势将促使国家和国家政策倾向于市场制度以及与之相联系的利益并最终为后者所掌控。但是,国家也具有一些独特的利益需求,这些需求并不必然是和市场联系的,如对政治稳定性、合法性和历史传统的考虑同样会促使国家倾向于对市场进行限制(陈那波,2006)。

冯仕政(2007)曾对周雪光(Zhou,2000)的"国家(政治)——市场共生演化观"这样评论道:相对于市场转型论和地位权力论,互动演化论在理论上有两点重要的改进。"第一,它并不认为国家与市场之间的权力游戏完全是此消彼长、你得我失的零和博弈,相反,国家与市场之间除了相互竞争、削弱和制约以外,还可以相互加强,甚至相互适应和改变对方";"第二,相应地,在经验研究中,除了静态地研究国家和市场谁赢谁输、谁赢多少谁输多少之外,还要动态地研究国家与市场之间的互动过程及其机制"。在以南街村为案例的考察中,冯仕政(2007)进一步指出了国家(政治)——市场互动演化模型的亟待改进之处。首先,"国家(政治)——市场共生演化论"没有注意到国家、市场以外的诸多周边环境;其次,国家(政治)与市场之间互动演化形式远远不止"市场"与"再分配"(计划/指令)的二分法那么简单,而是存在诸多实践形态,但"国家(政治)——市场共生演化论"并没有给予充分论述;第三,共生演化论虽然概括了市场竞争、利益政治和国家管制等三种国家与市场的互动机制,但仍然显得不够完整和简洁,亟需在不同的解释中进行修正。陈那波(2006)在评述海外学界关于中国市场转型理论的论争时也指出,在2000年的《美国社会学评论》上,曹洋、倪志伟(Cao & Nee,2000)对周雪光(Zhou,2000)的"国家(政治)与市场共生演化"模型提出了批评,认为该模型具有强烈的"模型不确定性(*model indeterminacy*)",因为它并没有清楚地说明国家政策或者市场安排为什么或者在什么意义上是国家(政治)与市场之间互动的产物。曹洋、倪志伟(Cao & Nee,2000)举例说,这个模型并不能解释例如“国家为什么重新强调教育的重要性”这样的问题,尽管这个措施有可能是为了留住较高素质的人才以免他们被市场机遇所吸引而流失,但也可能是国家为了提高行政官僚的运转效率,而不是起因于和市场经济之间的竞争。因此,曹洋、倪志伟(Cao & Nee,2000)认为,所谓的“国家(政治)——市场互动演化”模型,仍然存在着一个“黑箱”。因此,在后续对农民生活机遇的研究中,陈那波(2010)通过对广东省三个案例地的民族志考察,对“国家(政治)——市场互动演化”模型进行了运用,详细地阐述了国家(政治)与市场的共生演化是如何影响农村地区个体的生活机遇的。这项研究也算是对打开“国家——市场互动演化”模型“黑箱”的一种尝试。“国家——市场互动演化”模型所引致的诸多正面评价和批评,一方面肯定了其在制度变迁研究中的解释力,另一方面也昭示着该理论模型进一步修正和完善的空间。

### 2.2.4 多重逻辑下的制度变迁:一个新的分析框架

“多重逻辑下的制度变迁:一个分析框架”是周雪光、艾云(2010)发表在《中国社会科学》上的文章的标题。这篇论文介绍了周雪光教授及其团队在深入研究中国制度变迁上的最新思考和实证努力。诚如文章标题指出的,该文的贡献在于提出了一个理解制度变迁尤其是中国乡村地区政治实践制度(农村选举制度)变迁的分析框架。周雪光、艾云(2010)指出,制度变迁很少只有某一种机制在发挥作用,而通常涉及多重制度逻辑和过程。因此,他们提出了多重逻辑下的制度变迁的分析框架。该框架包含三个基本命题:其一,“制度变迁涉及多重制度逻辑;必须从这些制度逻辑的相互关系中认识它们的作用和影响”。其二,“制度逻辑诱发了具体的可观察的微观行为;因此,对一个特定领域中制度逻辑的认识可以帮助我们把握和预测这些行为”。其三,即“需要关注制度变迁的内生性过程,才能对制度变迁提出令人满意的解释”。在对中国华北某村庄2000年至2008年四次选举方式的变迁进行分析时,周雪光、艾云(2010)指出了在村庄选举实践及其制度变迁中存在的国家逻辑、科层制逻辑和乡村逻辑。

应该指出的是,制度变迁涉及多重逻辑并非周雪光教授首次提出,而是已经在诸多的制度变迁文献中有过相关的表述(例如,Parish & Michelson,1996;Walder,1995;Zhou,2000)。周雪光(Zhou,2000)本人提出的“国家—市场共生演化”模型也考虑到国家逻辑和市场逻辑。但这一分析框架的提出,着实为我们理解制度变迁提出了一个整合的框架,有着重要的理论和实践意义。然而，有一点需要引起重视：不同场合/领域中的制度变迁，涉及不同的主体，因而也涉及不同的逻辑。在中国乡村政治选举实践中，尤其是周雪光、艾云(2010)研究的村庄中，中央政府及其国家逻辑、地方政府及其科层制逻辑和村民及其乡村逻辑，固然是主要的参与主体和逻辑。但在其他领域中，比如南街村集体化和政治化的制度变迁(冯仕政，2007)，还涉及市场的逻辑。因此，今后的研究还需要针对不同场域的实践，深入分析制度变迁中不同主体及其逻辑。

### 2.2.5 小结与启示

首先，尽管周雪光(Zhou，2000)的"国家与市场共生演化"模型得到了国内外学界的认可和运用，然而必须指出的是，在目前国内的研究中，关注的焦点仍然聚集在中国农村地区的制度变迁(如对南街村的集体化与政治化进行的组织社会学研究)、城市社会分层和社会流动、农民生活机遇(农村社会分层和流动)等领域，其在其他领域的解释力尚有待进一步的验证。其次，正如曹洋、倪志伟(Cao & Nee，2000)，陈那波(2010)以及冯仕政(2007)等指出的，"国家与市场共生演化"模型尚存在一个"黑箱"，亦即国家与市场的互动演化动机、过程以及机制尚需要更多的经验实证。第三，制度变迁的多重逻辑框架，对理解中国村庄选举实践形态的演变具有充分的解释力，但在不同场域的制度变迁中存在不同的主体和逻辑，需要深入挖掘和分析；且各逻辑之间的互动关系及其互动机制尚需更多的经验研究来证实和提升。例如，在本研究中，三亚海棠湾和亚龙湾的开发建设经历了开发模式的演变，其中就涉及中央政府、地方政府(海南省政府、三亚市政府)、企业、乡村社区等诸多利益主体及其逻辑，这些主体/逻辑之间的互动关系和机制亟待深入系统的实证研究与理论解释。

## 2.3 新制度经济学的制度变迁理论

所谓新制度经济学(*New Institutional Economics*)，用其创始人科斯的话说，就是用主流经济学的方法来分析制度的经济学。迄今为止，新制度经济学的发展初具规模，已形成交易费用经济学、产权经济学、委托代理理论、公共选择理论和新经济史学等几个支流。新制度经济学包括四个基本理论：交易费用理论、产权理论、企业理论和制度变迁理论。新制度经济学对制度变迁理论探索的努力和成果应该居目前各学科前列。在汗牛充栋的制度变迁研究文献中，下文将尝试着重点从制度变迁的动力、制度变迁的模式、制度变迁的影响、制度变迁的研究方法/方式等四个方面进行文献的梳理。

### 2.3.1 制度变迁的动力

制度变迁的主体，从狭义来看，是指制度的直接变革者或创新者。广义上的制度变迁主体，则“包括所有与制度变迁相关、表示了相应态度、施加了相应影响和发挥了相应作用的主体，也包括反对者和阻挠者在内”（黄少安，1999）。本研究采纳黄少安（1999）的上述观点，即接受广义上的制度变迁主体的论述。那么制度变迁的各主体为什么要发动、组织、影响制度变迁呢？其动力/动机/原因何在呢？同样，下文将主要从形塑制度变迁的两大主要力量——国家和市场两方面，对此进行简要的文献梳理。

（1）国家/政府为什么要进行制度变迁/制度创新呢？

首先，国家/政府为什么要进行制度变迁/制度创新呢？回答这样的问题，首先必须明确回答政府的角色是什么。尽管关于政府角色的观点因研究领域和立场而异，但基本的共识是：政府是由官员构成的，政府官员有着内容多样化、形态各异的利益追求（周黎安，2008）。因此，政府/政府官员进行制度创新的背后必然有着强大的激励。从政治维度来看，周黎安（2008）在许慧文的“蜂窝式结构”理论、钱颖一等的“中国特色的财政联邦主义”理论、荣敬本的“压力型体制”以及朱光磊和张志红的“职责同构”理论的基础上[1]，提出了中国地方政府官员激励的“行政逐级发包”理论和“政治锦标赛”模式，指出在这种激励机制下，地方政府官员为了政治上的锦标赛式晋升而不断地进行或推动制度变迁/制度创新，以推动经济发展。当然，这种模式毫无疑问带来了巨大的社会和经济成本。在经济利益方面，众多研究指出，在财政分权的背景下，地方政府官员获得了不断进行制度创新以获取体制外资源（预算外财政收入、寻租机会）的激励。例如，周飞舟（2007）的研究发现，土地收入已经成为东部沿海地区众多地方政府的主要预算外收入来源，这种依赖土地收入的“第二财政”，对地方政府预算内的“第一财政”的贡献都非常明显。吴建南、马亮、杨宇谦（2007）通过对“中国地方政府创新奖”的多案例文本分析指出，地方政府的内在动力（获得晋升、声誉、名利等）和外在压力（来自上级部门、企业、居民的压力，应对“合法性”）是创新的首要原因。近年来，随着

〔1〕“蜂窝式结构”理论、“中国特色的财政联邦主义”理论、“压力型体制”“职责同构”理论，均转引自：周黎安（2008）。

学界对地方政府竞争关注的增加，也开始有学者尝试着从地方政府竞争的角度来理解政府制度创新的动力来源(胡彬，2008；江静、陈柳，2009)。

(2) 市场/企业的制度变迁/创新动力来自哪里呢？

市场/企业的制度变迁/创新动力来自哪里呢？在此领域，对民营企业(民营企业行会等)的制度创新/变迁的研究较多。《中国制度变迁的案例研究(浙江卷)》第五集专门就民营企业以及民营企业行会等的制度变迁及其动力机制的研究进行了系统展现。其中，曹正汉(2006)指出获得政治合法性、消除政治歧视和增加政治谈判能力，是温州民营大企业不断地进行诸如“借红帽子”、“建立党委”等制度变迁/创新的动力。黄少卿、余晖(2006)则通过对温州烟具协会应对欧盟打火机反倾销诉讼的案例，揭示出声誉机制、社会性激励机制等在这次重要的集体行动(制度变迁)中发挥了关键性作用。此外，姚洋(2008)指出，国有企业改制是中央意识形态演变和地方制度创新相互作用的结果。中央政府意识形态是为整个国企改制系统带来动力的变量。

### 2.3.2 制度变迁的模式/路径

林毅夫(1994)对制度变迁的模式/路径进行了开创性的划分，他将制度变迁划分为“诱致性制度变迁”和“强制性制度变迁”两类。杨瑞龙(1998)在林毅夫的“诱致性制度变迁”和“强制性制度变迁”的分析框架的基础上，提出了“中间扩散型制度变迁方式”的理论假说，并指出：诸如中国这样的中央集权型计划经济有可能成功地实现向市场经济体制渐进转型的现实路径是，由改革之初的“供给主导型”制度变迁方式逐步向“中间扩散型制度变迁方式”转变，并伴随着排他性产权的逐步确立，最终过渡到“需求诱致型”制度变迁方式。杨瑞龙、杨其静(2000)在上述的“制度变迁三阶段论”的基础上指出，中国的市场取向改革是在中央治国者、地方政府官员和微观主体之间的三方博弈中向市场经济制度渐进过渡，三个主体在“供给主导型”、“中间扩散型”和“需求诱致型”的制度变迁阶段分别扮演着不同的角色，从而使制度变迁呈现阶梯式渐进过渡的特征。

黄少安、刘海英(1996)指出，林毅夫提出的制度变迁方式的划分存在许多令人疑惑之处(本研究对此也深表赞同)，例如林毅夫(1994)的定义如下：“诱致性变迁是指一群(个)人在响应由制度不均衡引致的获利机会时所进行的自发性变迁；强制性变迁指的是由政府法令引起的变迁”。然而，政府法令引起的制度变迁必然是强制性的吗？其难道不能作为政府部门(由政府官员组成)在响应制度不均衡引致的获利机会时所进行的自发性变迁吗？因此，当政府官员为了获得由制度不均衡引起的获利机会而进行的制度变迁，同样属于“需求诱致型”制度变迁。那么，将制度变迁方式划分为“诱致性变迁”和“强制性变迁”，究竟有没有意义呢？黄少安、刘海英(1996)的答案是肯定的，解决方案是：与诱致性变迁相对的“强制性变迁”，只能是制度变迁主体不以自身利益为目的，而是为了别的目的而强制自己发动的制度变迁。以利己为目的、追求自身利益最大化的制度变迁则是诱致性的；以利他或利公为目的，不为自身谋利益，甚至甘冒风险的制度变迁是强制性的，也就是自己强制、说服自己发动制度变迁。

针对杨瑞龙(1998)所谓的“中间扩散型制度变迁方式”和“制度变迁三阶段论”，黄少安(1999)也提出了质疑和商榷。他指出中国制度变迁的不同阶段和不同领域，其主体始终是多样的，只是各主体的角色定位不尽一致，且随着阶段和领域的转化，这种角色也处于动态的变化之中，因而提出了其所谓的“制度变迁主体角色转换假说”。同时，黄少安(1999)还指出，杨瑞龙(1998)提出的“中间扩散型制度变迁方式”和“制度变迁三阶段论”并不能很好地解释现有的一些制度变迁现象，中国的制度变迁历程和趋势基本上不存在所谓的“三个阶段”，在每个阶段，不同主体的角色都是动态变化并且极其复杂的。黄少安(1999)认为，在杨瑞龙(1998)提出的“中间扩散型制度变迁方式”中，地方政府是介于中央治国者和微观行动主体之间的制度变迁主体，但这个主体也同样是相对于其行政区域而言的“权力中心”，类似于中央治国者之于全国；因而也可能是强制性制度的需求者和供给者。因此，在逻辑上就不能与供给主导制度变迁方式和需求诱致制度变迁并列。在后续的研究中，黄少安(2000)提出了关于制度变迁的三个假说，并进行了检验。这三个假说分别是“同一轨迹上制度变迁的边际效益先增后减”、“政府以行政手段推进市场化进程”和“制度变迁主体角色定位与角色转换”。

### 2.3.3 制度变迁的影响评价：以财政分权研究为例

在新制度经济学的理论中，制度一直是经济发展的内生变量而非新古典经济学研究中的外生因素。因此，制度变迁究竟会对区域经济的发展带来什么影响呢？新制度经济学对此进行过诸多实证研究，尤其是诺思(1992/2008a)的《制度、制度变迁与经济绩效》更是成为经典。对制度变迁进行影响评价，可以从宏观维度的制度变迁和微观维度的制度变迁的角度展开。中国自改革开放以来30多年的发展，本身就是一个充满了制度变迁的历程。其中，影响了整个发展历程的重大制度变迁主要有家庭联产承包责任制、价格双轨制、财政分权（专指20世纪80年代的"分灶吃饭"式的财政改革）和分税制改革（1994年）和国有企业改革等。想要对新制度经济学中关于制度变迁的影响评价的汗牛充栋的文献进行全方位的综述，几乎不太可能。因此，下文主要参考现有述评性文献，就制度变迁影响研究领域中具有争议的话题进行简要介绍。

（1）财政分权与经济增长

关于上世纪80年代的"分灶吃饭"式的财政改革和1994年始的分税制改革的影响，众多领域的学者进行了相应研究。1994年分税制改革之前的中国财政体制的一大特点是中央和省级地方政府之间多种多样且频繁变动的"大包干"制度。1994年开始的分税制改革，将所有税种分为三类，即中央税（资源税和特种消费税）、中央地方共享税（如增值税，中央75%，地方25%）和地方税（个人所得税、企业所得税和农业税）。毫无疑问，财政制度的变革对经济发展（主要通过中央——地方关系、地方政府——企业关系产生影响）产生了深远的影响，但这些影响是正面的，还是负面的，不同学者的研究莫衷一是。例如，林毅夫、刘志强（2000），张晏、龚六堂（2005）分别通过对1970～1993年和1986～2002年的省级面板数据的分析发现，财政分权与经济增长之间确实存在正相关关系。然而，张涛、邹恒甫（Zhang & Zou，1998）利用1978～1992年的省级面板数据进行的分析却发现，财政分权与经济增长之间并不存在正相关关系。关于财政分权与经济增长之间的关系的争论一直还在延续。不同的学者采用不同年段的统计数据、不同的计量方法进行着计量分析，结果是大家众说纷纭，犹如"盲人摸象"。在最近的一篇总结性的文献中，陶然、陆曦、苏福兵等（2009）指出，在1994年实行分税制之前，中央与地方之间的财政关系是典型的"财政承包制"。因此，地方政府有强烈的激励去大力扶持、甚至参与和主导地方工业经济的发展，甚至产生严重的"地方保护主义"行为。在分税制之后，地方政府所受到的激励发生了根本性的变化。分税制改革是典型的"财政收入权力集中而财政支出责任不变"的制度变迁。在此约束下，从理论上来看，地方政府应该会减少对地方工业经济的扶持力度。然而，实际的情况远非如此。以"低价出让工业用地"、"补贴性基础设施"、"放松劳工管制"为主要特征的"竞次"式发展模式（*race to bottom*）依旧延续（陶然、陆曦、苏福兵等，2009）。陶然、陆曦、苏福兵等（2009）在分析了中国土地出让制度后指出，工业经济（工业企业）和服务经济（商业贸易等企业）对地方税收乃至地方财政收入贡献的结构性差异，导致地方政府即便是仅能获得少量工业用地出让金的条件下，仍愿意压低土地出让价格以"竞次"式地招商引资，是因为工业经济的发展具有持续性，对地方财政收入（在分税中，地方政府能够获得的财政收入）有着持续的贡献，且能够带动相关的制造服务业的发展。商业贸易经济对地方财政收入的贡献主要体现在短期之内的土地财政收入。因此，地方政府更有动力来垄断土地一级市场，抬升土地出让价格。因此，认真分析不同制度背景下地方政府所受激励的结构变动，具有深远的意义。

(2) 财政分权与官员腐败及违法行为

陈抗、Hillman、顾清扬(2002)的研究指出，在90年代中期伴随分税制而来的财政集权加剧了地方政府从"援助之手"到"攫取之手"的行为转变。在研究财政分权对地方政府角色与行为转变方面，同样地，吴一平(2008)的实证研究也表明，1994年起实施的分税制改革实际上加剧了中央政府的财政集权，的确恶化了地方政府的腐败问题。周黎安(2008)指出，在分税制下，由于增值税的75%上缴中央，因此，制造业所创造的大部分税收将流入中央财政。相比之下，由于城市扩张和土地占用所带来的税收以及其他的行政性收费收入，将全部为地方所有，这就直接激励了地方政府以土地出让为主要方式的所谓的"经营城市"行为，其间寻租行为层出不穷。周飞舟(2007)指出，正是由于分税制改革，使得地方政府更加专注于在财政预算之外谋取资源，典型的手段就是"圈地"、"卖地"行为。受到分税制改革的影响，地方政府的土地违法行为(梁若冰，2010)和腐败问题(吴一平，2008；吴群、李永乐，2010)都日益加剧。

### 2.3.4 制度变迁的研究方法

目前，制度变迁研究的主流方法/进路(*approach*)有两大类(不是截然不同的类型，有时候结合一起使用)。其一，案例研究，通过翔实的民族志般的深刻描述，记录制度变迁发生的完整过程，然后用现有的理论去解释制度变迁何以可能；如果现有的理论能够完全解释这一过程，那么理论创新的空间极为有限；如果现有理论不能很好地对这一过程进行解释，则也许可以通过新概念、新理论的引入，进行理论解释的创新。其二，通过博弈论等信息经济学常用方法进行模拟和计量分析。在许多新制度经济学家(如青木昌彦，2001)看来，制度实际上是博弈主体均衡的结果，因此制度变迁必然涉及博弈主体之间为各自利益采取策略、最终达成均衡。因此，在刻画、分析各利益主体的策略选择及其均衡中，博弈论等信息经济学、演化经济学常用的分析工具/方法就大显身手。

### 2.3.5 小结与启示

新制度经济学在制度变迁的动力、制度变迁的模式、制度变迁的影响等领域进行了大量富有成效的探索，取得了诸多研究进展，增进了我们对制度变迁的理解。如“供给主导型”制度变迁与“需求诱致型”制度变迁的划分、市场化进程中中国地方政府的“政治锦标赛”理论等，均能有效地解释部分经验观察。然而，就新制度经济学研究制度变迁的方法/方式而言，尚有一些需要引起注意之处。诚如彭玉生(2011)在比较社会科学研究的个案研究和定量分析时指出的，统计模型抑或模拟模型是以发现显著相关关系为目的的，其关注焦点是统计显著的概念和变量，受随机因素左右的个案只能是数据点而已。这种变量导向的统计分析不能详尽地描述事件过程，那些被统计模型“扔到”随机误差项的偶然因素，很可能是至关重要而且富有趣味的故事。同时，也如周雪光、赵伟(2009)在回顾和反思英文文献中对中国组织/制度现象的研究时指出的，目前大多数的研究：其一，仍然拘泥于现有的抽象理论模型，或依赖长距离观察和定量分析的研究手段，缺少对微观过程的细致观察；其二，许多研究由于追求“简约”(*parsimonious*)的理论模型，例如有选择性地选择抑或忽视某些机制，因而导致提出的理论解释出现偏差。当然，作者也赞同他们的批评，即并不是说定量研究的取向本身存在问题，而是，任何理论抽象均需建立在对研究对象深入、细化的了解和掌握的根基上，而不是简单机械地套用现有模型和经验数据。因此，如新经济社会学所强调的“嵌入性”一样，经济制度是嵌入于社会总体结构中的，离开了这些看似偶然的小事件和社会背景，鲜活的历史也会变得索然无味(彭玉生，2011)。因此，在制度变迁的研究中，基于详细过程描述、展示的个案研究以及理论对话的进路亟待引起更多的学术关注。

## 2.4 制度/制度变迁视角下的发展模式及其变迁

### 2.4.1 要素禀赋结构、比较优势与中国发展模式选择

中国改革开放30多年以来的经济和社会发展过程，引起了全球关注。尤其是近几年来，对是否存在“中国模式”、“中国模式”的基本内涵与特征是什么、“中国模式”何以可能、“中国模式”能否持续和复制等基本问题，国内外学界存在不同的看法。对是否存在一种独特的“中国模式”，许多学者持怀疑

态度，如黄亚生(2011)在新著《"中国模式"到底有多独特?》中强调：

> 中国学术界有一种主流观点认为，中国高度集中的政治体制、高速增长的经济增长率以及独特的儒家文化传统，共同构成了"中国模式"的重要特征。我反对这种观点。在我看来，中国的经济发展模式并不独特。无论是中国的成功经验还是发展困境，都不是中国特有的，都可以在其他国家身上找到影子(Ⅵ—Ⅷ)。

然而，就我们目前所能经验观察到的现象来看，中国自改革开放30多年以来，确实走过了一条不平凡的道路，不管这条道路是否独特，但总归历经风雨，一路走来。在林毅夫(2008)等经济学家看来，中国自改革开放之后取得的经济发展成绩都归功于走上了一条基于比较优势的道路，从而纠正了之前赶超战略中的内生性制度扭曲，使得作为经济发展主体与核心的企业有了自生能力。那么，为什么当时的中国会走上一条基于比较优势的道路呢？林毅夫(2008)指出，发展战略/道路/模式的选择，是受到当时思潮(*thought trends*)影响的。例如，在1949年中华人民共和国成立之初，全世界流行的思潮是民族主义，中国也概莫能外。因此，当时的全国重点就是"以优先发展先进的大型重工业作为现代化的前提"。然而，先进的资本密集型的重工业和由此而生的赶超战略并不符合当时中国的要素禀赋结构(要素禀赋结构指的是资本、劳动力和自然资源的相对丰裕程度)所决定的比较优势。力图极力扶持重工业发展的政府政策则实际上造成了激励的扭曲。这部分企业在开放、竞争的市场中，实际上是没有自生能力的，因而中国的经济一直处于崩溃的边缘。时至20世纪70年代末，基于比较优势理论的发展战略，使得日本、中国台湾和香港、新加坡等国家和地区走上了快速的经济发展之道，比较优势也成为当时主要的发展思潮。当时的中国也正是在邓小平等领导人基于比较优势、实事求是、与时俱进等理念的改革下，才走上了经济快速发展之道。

### 2.4.2 "国中之国"与多样化的地方发展模式

在社会学界，中国自1978年改革开放之后的发展历程，被美国康奈尔大学的倪志伟教授(Nee，1989)概括为市场转型(*market transition*)。然而，谁也未曾料到，这篇1989年发表于《美国社会学评论》(*American Sociological Review*)的论文，会引发海内外学界关注中国发展历程的持续20多年的论争(参见：陈那波，2006；耿曙，2005)。当时争辩的核心围绕在一个看似简单却不容易回答的问题：中国经济发展的动力到底为何？整个上世纪90年代，社会学者都在田野事实与统计数据中寻找灵感，试图提供普遍的解释"模式"（耿曙，2005）。每个模式的出笼，都提供问题的部分解答，但是在答案的背后也留下充满疑惑的谜团。在这些试图提供普遍解释"模式"的理论中，典型的就有"地方法团主义"（Oi，1992）、"地方政府即厂商"理论（Walder，1995）、"地方性市场社会主义"理论（Lin，1995）、"谋利型政权经营者"理论（杨善华、苏红，2002）、"嫁接式市场化改革"（张弘远，2001）等。

然而，诚如我国台湾政治大学耿曙（2005）在评论陈至柔新著 *Transforming Rural China: How Local Institutions Shape Property Rights in China*（《乡村中国的转型：地方制度如何形塑产权？》）时指出的那样，虽然试图解释中国发展与变迁的每个模式的出笼，都只能提供对问题的部分解答、在答案的背后也留下了充满疑惑的谜团。但是，扑朔迷离的客观事实却都在印证一个基本的判断：中国绝非"铁板一块"，中国是个"国中之国"（*the state of the state*），地方制度的复杂多变，使得我们很难用一个简单的答案，来描绘中国市场化改革与发展的复杂图像（Baum & Shevchenko，1999）。因此，与其一味地争论是否存在一个放之四海而皆准、具有普遍意义的模式，不如从中国"国中之国"的现实出发，基于地区经济社会发展的实践，去探索典型区域的发展及其模式，从而通过不同案例的积累与理论对话的开展，来汇集对于中国发展经验的理论探索与提升。

在此领域，社会学及新制度经济学的诸多案例研究与理论解释，为我们理解中国典型区域的发展模式提供了经验材料和理论框架。温州地区和苏南地区是我国经济发展的典型地域，上述两地的发展经验被分别总结为"温州模式"和"苏南模式"，分别是市场化/企业家主导发展模式和政府主导发展模式的代表。因此，考虑到发展模式的典型性，下文将主要以"温州模式"和"苏南模式"为主来分析国内外学界对发展模式选择与发展模式变迁所进行的理论解释。

(1) 温州模式：市场化/企业家主导发展模式

"温州模式"从字面意义上涉及温州市自改革开放以来经济、社会和生态环境等诸多方面的发展经验的总结与提升，是一种对温州的实践经验的规律性总结和特征的高度概括。史晋川等（2002）将"温州模式"理解为一个具有自身鲜明特色的区域经济制度变迁和经济发展模式。

从区域经济发展模式的角度，史晋川等（2004）在《制度变迁与经济发展：

温州模式研究》(修订版)中明确指出,"温州模式"是一种典型的利用民营化和市场化来推动工业化和城市化的区域经济社会发展模式,质言之,"温州模式"的基本内涵可以概括为五个字:"两化"推"两化"。从区域经济制度变迁模式的角度,"温州模式"其实就是一种"准需求诱致型"制度变迁模式,即在"需求诱致型制度变迁"模式中引入了"政治因素"的考虑,以减少制度变迁引致的政治成本。因此,作为一种制度变迁模式的"温州模式"是随着全国制度环境变化条件下,追求"解放思想"方面的摩擦成本最小化(即政治成本最小化)改革方案而推进的以"准需求诱致型"制度变迁为主要特征的渐进式改革道路(金荣祥,1999;金荣祥、朱希伟,2001)。那么,温州为什么会走上一条通过民营化和市场化来推动工业化和城市化的区域经济社会发展道路呢?为什么会选择以"准需求诱致型"制度变迁为主要特征的渐进式改革道路呢?也就是说,"温州模式"是如何产生的呢?

金荣祥(1999),金荣祥、朱希伟(2001)在分析为什么温州会在全国范围内率先发生"准需求诱致型"制度变迁时指出,温州人特有的冒险、务实与创新的"温州精神",人口与土地(耕地)之间存在长期持久的紧张关系,恶劣的交通条件等是温州发生"准需求诱致型"制度变迁的初始条件。这种资源禀赋(*resource endowment*)抑或资源约束(财政约束、信息约束、监管约束)的观点,在现有研究文献中较为普遍(参见:Whiting,2001;中文版参见:白苏珊,2009)。然而,改革开放前后的中国,"穷山恶水"之地何其多?为什么唯独是温州率先走上了一条利用民营化和市场化来推动工业化和城市化的区域经济社会发展道路?而没有走上一条政府主导乡镇企业来促进区域发展的道路?

因此,很显然,资源禀赋仅是区域经济发展模式选择的必要条件,而非充分条件。那么究竟应该如何来解释为什么温州会走上了一条民营化和市场化的道路呢?张建君(2005)发表在《社会学研究》上的文章《政府权力、精英关系和乡镇企业改制——比较苏南和温州的不同实践》兴许可以给我们一些启示。他在比较苏南和温州两地在上世纪90年代初的乡镇企业改制时指出,出现不同的实践及其社会政治后果最根本的原因在于两地权力关系的不同,即政治约束;人民与政府之间、经济精英与政治精英之间不同的权力关系解释了谁可以参与、谁被排除在外,谁的利益得到考虑、谁的利益可以牺牲。

(2)"苏南模式":政府主导发展模式

"苏南模式",通常是指江苏省苏州、无锡和常州(有时也包括南京和镇江)等地区通过发展乡镇企业实现非农化发展的方式。"苏南模式"由费孝通在20世纪80年代初率先提出。“苏南模式”主要特征是：农民依靠自己的力量发展乡镇企业；乡镇企业的所有制结构以集体经济为主；乡镇政府主导乡镇企业的发展。苏南模式是“地方政府法团主义模式”(Oi，1992)，本质上是“政府超强干预模式”。那么，苏南地区为什么会走上一条通过乡镇政府主导乡镇企业的发展从而来实现非农化发展的道路的呢？

**表2-1 苏南模式与温州模式的初始条件与特征比较**

| 项目 | 苏南模式 | 温州模式 |
|---|---|---|
| 形成时期 | 1952年至1978年形成模式的雏形 | 20世纪80年代中期 |
| 初始条件 | 1. 农业基础良好，素有“鱼米之乡”的美誉<br>2. 交通便利，临海临江，且紧临上海等大工业城市<br>3. 中国近代民族资本主义发祥地<br>4. 良好的人文环境和居民素质<br>5. 搞集体经济的传统，经验、资金和人才积累 | 1. 人均耕地很少，农业发展条件差<br>2. 交通不便，远离大中工业城市<br>3. 不被国家重视，没有制度倾斜<br>4. 农村集体经济较为薄弱<br>5. 受传统体制束缚少 |
| 模式特征 | 1. 乡镇集体企业为主<br>2. 地区政府主导乡镇企业发展(地方政府法团主义)<br>3. “离土不离乡” | 1. 家庭传统小工业和专业市场为主<br>2. 民间资本自发发展演化的“小商品，大市场”<br>3. “离土又离乡” |
| 核心要素 | 乡镇集体经济 | 民营私有经济 |

注：来源于刘国良，2006；Zhang，2003；张建君，2006；有整理。

张建君(2006)指出，与“温州模式”的民营化和市场化发展特征不一样，在改革开放初期的政治与经济环境下，有着优良集体经济传统和经验的苏南地区(尤其是经过1949年之后集体主义改造)，一直以来都受到国家“集体主义”的眷顾和影响，在农业基础良好、交通便利且紧临上海等大工业城市、中国近代民族资本主义工商业发祥地、良好的人文环境和居民素质等自身资源禀赋优势的基础上(刘国良，2006)，在全国兴办乡镇企业的浪潮中，苏南地区很容易地就走上了一条通过乡镇政府主导的乡镇企业的发展来实现非农化发展的道路。很明显的是，对苏南地区选择一条乡镇政府主导乡镇企业来实现非农化发展的道路的理论解释也大多集中在对苏南地区所拥有的资源禀赋上(如区位条件、工商业发展历史、集体主义传统等)。

(3) 两种发展模式的社会政治后果比较

任何一个区域的发展模式都是在特定的政治、经济与地理背景下的产物，因此具有明显的区域特征。不同的发展模式体现了政府、市场与社会的不同关系与实践逻辑，因而也会导致不同的政治与经济后果。同样以典型的温州模式和苏南模式为例。在前文的分析中已经基本明确，温州模式代表的是一种民营化和市场化的发展道路，可以被称为企业家主导（*entrepreneur-initiated*）/市场化（*market-led*）的发展模式。与之相反，苏南模式则是一种以政府主导乡镇企业发展的模式，可以被称为政府主导（*government-led*）的发展模式。张建君（Zhang，2003；2005）以温州模式和苏南模式的对比为例指出，不同的发展道路直接导致两地（苏南地区和温州）人民同政府之间权力关系的变化。苏南地区乡镇企业的发展导致权力的集中，而温州地区民营企业的发展则迅速导致权力的分散。这种不同的权力关系决定了两个地区在20世纪90年代乡镇企业转制中采取了截然不同的方式。苏南地区采取了精英操控的、暗箱操作的私有化，而温州地区则采取了相对透明的方式来处理他们的乡镇企业。随后，张建君（2006）继续分析了两种模式如何影响经济平等和阶级结构。在温州由企业家和市场主导的经济发展中，由于机会大致均等，结果是造就了更多的经济平等和相对均衡的阶层结构；而政府主导型的苏南模式（以无锡为例）则由于前期政府对机会的控制和后来不公平的企业私有化，反而产生了更多的不平等和两极分化的阶层结构。

（4）“苏温模式”的变迁及其趋同

前文所述的“温州模式”和“苏南模式”均产生及逐步成形于上世纪80年代，是特定历史阶段的产物。随着我国社会主义市场经济的发展，温州地区和苏南地区的发展实践也经历了转型。上世纪90年代末至21世纪初，以无锡、苏州为代表的苏南地区，在经济日趋国际化的背景下重塑了地区发展目标与路径，形成了所谓的“新苏南模式”。新苏南模式实际上就是原有“苏南模式”的传承与发展。例如，顾松年（2005）指出，苏南地区利用承接全球产业资本大转移的历史机遇，不断地强化城市的现代功能，加强都市圈建设，将苏南带入了工业化、城市化、市场化、国际化、信息化互动并进的城乡一体化新时期。苏南地区这种在创新过程中发展外向型经济、规模经济和混合经济的新动向，也在温州地区悄然兴起，并影响着政府战略导向的转变。针对内源性资本过于封闭的弊病，温州正式提出了“以民引外、民外合璧”的经济发展战略，推动温州地区民营企业与国外资本的嫁接，通过培育开放型经济来改造和提升传统优势产业（中国社会科学院课题组，2006）。从发展实践的转型来看，温州地区和苏南地区正逐渐趋同，被学界称为“苏温合流”、“苏温趋同”

(胡彬,2008;江静、陈柳,2009)。那么,苏南地区和温州地区的发展实践为什么会趋同呢?或者说,为什么苏南地区的发展模式的演变会朝着与温州地区发展模式演变的方向迈进呢?

胡彬(2008)尝试着从制度学习的视角对苏南地区和温州地区发展模式的"趋同"现象进行制度经济学的解释。她指出,发展模式的"趋同"可以被解释为在感知外部竞争压力增大的前提下,两地的地方政府为更好地服务企业、产业和市场发展而不断进行"制度学习(*institutional learning*)"的结果。那么,地方政府为什么要进行制度学习呢?胡彬(2008)进一步指出,地方政府进行制度学习的动机是存在差异的。就苏南地区和温州地区而言,以竞争为目的的制度学习可以解释近年来两地发展实践趋同的现象。无独有偶,江静、陈柳(2009)借用周黎安(2008)提出的"政治锦标赛理论",同样以地方政府竞争的角度切入,认为:地方政府官员在我国转型期的特殊政治背景下,为了政治晋升而展开招商引资(尤其是外资)和经济体制改革等方面的竞争,并最终导致了发展模式的趋同。因此,应该说,地方政府竞争理论和"政治锦标赛"理论在苏南地区和温州地区发展模式"趋同"的现象上,还是颇具解释力的。

**表 2-2　苏南模式与温州模式新近发展特征与趋同现象**

| 项目 | 苏南模式 | 温州模式 |
|---|---|---|
| 外条件变化及模式本身的局限 | 1. 经济体制与政策变化<br>2. 市场竞争加剧,外部环境恶化<br>3. 资源约束不断强化<br>4. "模糊产权"问题开始显现<br>5. 利益和权力的条块分割,低水平的重复建设和过度竞争 | 1. 传统的松散合作和分散经营模式阻碍企业扩张<br>2. 家族式经营管理不适应企业的成长<br>3. 专业市场和购销员"包打天下"的时代消不复存在<br>4. 传统劳动密集型产品面临激烈竞争 |
| 新内容及模式补充 | 1. 发展外向型经济<br>2. 调整企业规模和结构<br>3. 乡镇政府逐渐退出企业,推进产权制度改革,明晰企业产权制度<br>4. 城市化进程加速 | 1. 股份合作制企业<br>2. 民营企业质量和规模逐渐提高<br>3. 建立现代企业制度的努力<br>4. 区域经济向现代市场经济靠拢 |
| 发展趋势 | 1. 建立共同的企业制度:明晰的产权,规范的竞争<br>2. 经济发展的主要走向:企业混合所有制,市场统一开放,产业结构优化升级,工业化、城市化和国际化水平不断提高<br>3. 经济增长主要动力:外资、民营资本协调发展,投资、消费净出口均衡拉动 | |

注:来源于刘国良,2006;Zhang,2003;张建君,2006;有整理。

## 2.5 制度变迁视角下的旅游发展模式变迁

### 2.5.1 社区参与旅游发展的制度变迁研究

社区参与旅游发展是目前国内学界的热点领域之一，许多研究者将目光集中在社区居民参与旅游发展的制度安排及其变迁上。位于云南省德庆藏族自治州德钦县云岭乡西当村（行政村）的雨崩村，因其在社区参与旅游发展方面独特的制度安排及其多次变迁历程，引起了旅游学界的广泛关注。保继刚、孙九霞（2008）最早对雨崩村的社区参与制度安排及其变迁进行过深入调查。他们指出，雨崩村的社区参与制度安排由住宿经营/收入分配制度、马匹租用的经营分配制度、环境卫生管理制度和向导服务制度四部分组成。其中，住宿经营/收入分配制度经历了三次变迁。在此之后，陈飙、杨桂华（2008），陈志永、杨桂华（2009），刘相军、杨桂华（2009）和张骁鸣（2011）也都对雨崩村这一较为成熟的社区参与旅游制度安排进行过介绍。其中，值得指出的是，张骁鸣（2011）采用社会学中的“再研究”进路，对雨崩村的社区参与制度安排进行了调查，指出在之前不同的研究中，无论是在制度变迁的时间认定方面，还是在制度变迁的具体内容方面，基本事实的相关表述却出现了显著的分歧。张骁鸣（2011）根据实地调查得到的一手访谈记录和辅助性的二手材料，着重探讨了出现这些分歧的原因，并指出研究者对待研究社区的基本事实应该有更严谨的态度。然而，在关注雨崩村社区参与制度安排及其变迁时，我们不禁要问：雨崩村的这些制度安排是如何形成与演化的呢？也就是说，这种制度变迁何以可能？除了关注到藏族传统文化深层次的“公平”传统（保继刚、孙九霞，2008；刘相军、杨桂华，2009）以及雨崩村全体居民在传统权力机构“家长会”上围绕着“公平”这一藏族传统价值观所进行的权力斗争（刘相军、杨桂华，2009）之外，不无遗憾的是，尚未有研究对雨崩村社区参与制度变迁“何以可能”及“为什么”的问题进行过深入的理论解释。在雨崩村研究以之外，郭华（2011）对乡村旅游社区的制度分析，关注到了制度变迁的路径依赖，并对此做出了解释。她以江西省婺源县为案，通过对乡村旅游社区制度变迁的路径分析，指出“乡村旅游社区制度变迁过程中存在路径依赖”。这种路径依赖的生成主要缘于“体制壁垒形成的路径依赖”、“政府的偏好及有限理性”、“制度变迁本身存在着报酬递增的自我强化机制”以及“乡村旅游社区传统文化和意识形态中潜存着一些与新制度安排不协调的特征”。

针对目前国内社区参与旅游发展失败的三方面原因（权利失败、机会缺失与能力匮乏），左冰、保继刚（2012）以马克思地租理论为起点并结合现代产权理论，通过对云南西双版纳州傣族园这一典型案例的研究指出，目前普遍存在的社区参与之症结在于制度安排的缺陷导致社区居民的权利失败。因此，变革社区参与旅游发展的土地权利是实现社区制度性增权的有效保障。

### 2.5.2 旅游经营管理体制/开发模式/政策变迁研究

治理（*governance*）、政策（*policy*）、政治（*politics*）、权力（*power*）等是英文学界近年来切入旅游研究的主要关键词（Bramwell & Cox，2009；Gill & Williams，2011；Yan & Zhang，2010；Sofield & Li，2011；Hall，2011）。例如，布拉姆维尔和卡克斯（Bramwell & Cox，2009）以英国某国家公园的旅游开发合作模式的演化为例，探讨了“分阶段进路”（*stage approach*）和“路径依赖与路径创造进路”（*path dependence and path creation approach*）在解释力度上的差异。霍尔（Hall，2011）则将关注点放在对治理类型的类型学划分及其对旅游政策研究的启示上。从我国改革开放 30 多年来的旅游发展来看，毫无疑问，制度变迁是影响区域旅游发展差异的关键变量（余凤龙、陆林，2010）。近年来，随着国外旅游学界对中国旅游发展历程中出现的种种问题与现象的关注激增（陈钢华、保继刚，2011），从制度角度（涵盖治理、政策、政治、权力关系等）描述和解释中国旅游现象的研究文献也日渐增加。例如，颜麒、张邱汉琴（Yan & Zhang，2010）在探讨 1999 年和 2007 年两次“黄金周”制度变革时指出，虽然两次制度变迁中旅游需求与公共政策之间的相关性不显著，但 2007 年的制度变革更加体现了社会政策的要求且公众参与被给予更多重视。索菲尔德、李凤梅（Sofield & Li，2011）则指出，改革开放 30 多年以来，驱动中国旅游业发展的特殊的政治与经济变迁主要包括渐进式的改革取向、企业家精神和市场经济的复苏、中国共产党的结构变迁以及治理的演化。

在国内学界，杨春宇（2011）曾指出，中央政府作为博弈主体的行为演化经历了分权之路。地方政府作为博弈主体的行为演化则经历了集权之道，这主要表现在地方政府直接参与或主导旅游企业经营、旅游产权经营。陆林、葛敬炳、苏静（2008）等的研究则发现，浙江省通过一系列的制度创新来引导、鼓励民营资本进入旅游业。关于旅游目的地经营管理体制的探讨也是近年来国内旅游学界的热点，其中关于经营管理体制/开发模式变迁的研究也日渐引起学界关注。例如，张朝枝、徐红罡（2007）以武陵源为例探讨了世界自然遗产地管理体制的变迁，指出“武陵源在旅游开发初期各利益相关主体的逐利行为诱发了自下而上的诱致性制度变迁”;“资源利用各主体对资源的竞争性利用导致资源破毁从而引起更高层面和更广泛的关注,因而推动自上而下的制度变迁”。这两种制度变迁的动力来源于“地方政府发展经济的利益诉求”、“利益相关主体对资源的争夺”以及“遗产资源保护的第三方力量的介入”。郭鲁芳(2004)指出影响我国县域旅游经济制度变迁和创新的因素主要有“初始条件、收益递增和不完全市场”、“核心决策层的偏好与利益”、“利益集团构成结构与力量对比及利益集团博弈方式”以及“偶然性因素”。王汝辉、幸岭(2009)则通过对四川理县桃坪羌寨的案例研究指出,旅游开发模式变迁受以下四个动力机制的驱动,分别是:“政府强制注入与‘精英分子’带头示范相互作用下的创新生长机制”、“重复博弈模型下的学习传播机制”、“专业化效率要求下的分工合作机制”和“利益驱动下的选择调整机制”。在风景名胜区/国家公园管理体制变迁方面,相关的研究还有田世政,杨桂华(2009),陈志永、费广玉(2011)等。不过,上述研究中关于制度变迁动力来源/影响因素的解释,依然局限于地方政府对经济政治利益的追逐、外部环境变化驱动、路径依赖、第三方力量的推动、偶然因素与合力推动等似乎“放之四海而皆准”的方面。在旅游以及相关的会展政策研究领域,一些学者关注到了政策传播的领域。靳文敏、罗秋菊(2012)曾指出我国会展业资金类相关政策已经成为地方政府间相互效仿和借鉴的典型政策。某一地方政府支持会展业发展的资金类相关政策的出台,往往迅速地被其他地方政府效仿和借鉴,因而存在一个政策抑或制度的趋同现象。靳文敏、罗秋菊(2012)在解释这种现象时指出,地方政府采纳会展业资金类相关政策是由内外部因素共同决定的,其中政策学习、地区竞争和政治压力,是其中主要的外部因素。

### 2.5.3 旅游度假区开发模式及变迁研究

旅游度假区(*resort*)是指具备度假、休闲等功能的专业性区域,早在20世纪60年代起就成为英文旅游学界广泛探讨的主题。刘俊(2006)曾梳理过英文文献中有关海滨旅游度假区的研究成果。再次仔细梳理英文文献中的旅游度假区研究成果[1],我们可以发现三个主要的研究主题。其一,旅游度假区演化。这种演化可以是物质意义上的,如度假区形态演变(*morphological change*),也可以是市场、增长模式甚至是市场与空间力量互动(*interac-*

〔1〕 下文将主要补充2006年及之后英文文献中有关旅游度假区研究的成果。

*tion of market and spatial forces*)意义上的。在度假区形态演变方面，安德里奥提斯(Andriotis，2006)曾指出旅游度假区的形态一般会经历一个中低密度的前旅游发展形态到城市化区域形态的转变。他以希腊为例的研究认为，游客、当地居民以及利益政治正是海滨旅游度假区形态变化的主要影响因素。科尔(Cole，2009)在著名的旅游地生命周期理论的基础上，引入离散的*Logistic*方程，提出了LTM模型(*Logistic Tourism Model*)，以对度假区生命周期进行模拟和解释。从市场与空间力量互动的视角，帕帕西奥多罗(Papatheodorou，2004)提出了一个新的理论分析模式，指出旅游系统内生性的变迁导致了市场和空间结构双重意义上的变动。在度假区治理模式变迁研究领域，吉尔、威廉姆森(Gill & Williams，2011)对加拿大威斯乐(*Whisteler*)度假区治理模式的转变进行过案例研究。研究指出，威斯乐度假区治理模式经历了从"增长激励型"治理模式(*pro-growth approach*)向"社团主义"治理模式(*corporatist approach*)的转变。虽然，现有的治理策略中更加注重社区的话语与参与，但主要的权力主体依旧是威斯乐度假区管委会(*Resort Municipality of Whistler*)、山地开发运营商和省政府。虽然对于增长的强调没有之前的那么高，且更加注重可持续发展，但增长依旧是区域的主题。因此，吉尔、威廉姆森指出，这种治理模式的变迁存在路径依赖的特征，且这种路径依赖的生成显然是受威斯乐介入旅游开发之初的政治与管制所决定的，即新制度经济学中常说的"历史是重要的"(Ebbinghaus，2009)。其二，度假区开发的经济与社会影响。这一方面的文献沿袭了旅游影响研究的范式，主要基于对利益相关者感知的问卷调查以及实地观察法来探究度假区开发对区域社会与经济方面的影响。例如，阿卡玛、科迪(Akama & Kieti，2007)对肯尼亚蒙巴萨度假区(*Mombasa Resort*)的案例研究指出，由于肯尼亚旅游业本身所存在的特征(旅游设施的外部控制及管理、有限的社区参与和高度的旅游漏损)，使得旅游度假区的发展并未能对周围社区的经济与社会发展产生积极影响。其三，度假区的开发建设与规划理论。这一方面的主要研究来自于旅游地理学家的努力，如阿纲瓦(Agarwal，2012)探讨了相关空间性(*relational spatiality*)在空间规划中的意义，并以英国纽基度假区为例探讨了相关空间性对于度假区更新的启示。研究进一步指出，在纽基度假区远景规划的空间规划中，明显地体现出本质主义与相关主义进路的共存，且本质主义占据主导地位。

旅游度假区是我国旅游产业实现转型升级的重要载体，因而也一直受到旅游学界和业界的广泛关注。旅游度假区的开发模式，关乎度假区开发管理成败，近年来也逐渐受到学界和业界关注。由于目前我国度假区，尤其是十二处国家旅游度假区中大部分的开发建设现状不甚理想，故大量的研究集中在对成败原因的宏观分析（魏敏，2010）和具体的度假区规划设计（龙志勇，2006）等方面，实证研究尤其是富有理论价值的研究甚少。在现有研究中，刘俊（2010；2011），刘俊、保继刚（2008）等曾对我国目前发展现状较好的亚龙湾旅游度假区的开发模式进行过深入的案例性实证研究，他们指出：亚龙湾旅游度假区的开发模式可以归结为"企业主导开发、政府有限介入、政企沟通合作"。此外，刘俊（2007）曾对全国范围内典型的国家旅游度假区的治理结构变迁做过整体性考察。

对现有研究，以下这一基本事实不容忽视，即：关于旅游度假区开发模式的研究虽然能够告诉我们具体某个度假区的开发模式的特征，但并没能回答诸如"为什么某个旅游度假区会采取某种开发模式呢?"、"旅游度假区的开发模式为什么会发生变迁呢?"、"旅游度假区开发模式变迁是如何发生的呢?"等基本问题。"科学研究的终极目标是理论解释，对现象的描述和分类是前科学阶段"（彭玉生，2011）；在社会科学界，对理论解释的追求已经成为诸多社会学家对学科发展的急切呼吁（周雪光，2003；2009；彭玉生，2011）。因此，在目前国内关于旅游度假区开发模式的描述性研究已经取得诸多成果的背景下，亟待更多的理论解释来加深我们对旅游度假区开发模式选择与开发模式变迁的理解。旅游度假区开发模式的选择，犹如其他经济制度一样，都是嵌入在特定的社会、政治和文化结构之中的，即新经济社会学强调的"嵌入性"，因此诸如"为什么某个度假区会采取这种开发模式呢?"、"旅游度假区的开发模式为什么会变迁呢?"等基本问题，亟需分析当时的社会、政治和文化背景，尤其是当时地方政府所处的政治、经济与文化环境、现代化进程、市场发育程度（市场化进程）、企业竞争力等要素。在新制度经济学、组织社会学等领域，关于转型期中国的制度变迁进程中的地方政府官员激励与行为进行过深入的探索，这些理论为我们理解旅游度假区开发模式的选择以及后续开发模式的变迁提供了很好的视角。

## 2.6 本章小结

首先，对开发模式的理解存在学科的差异，本研究所指的开发模式是各主体互动关系意义上，尤其是指政府（中央政府、地方政府）、市场、社会等之间的互动关系模式。因此，开发模式从本质上来说是一种制度/制度安排；开发模式的变迁从本质上来说是一种制度变迁。

其次，社会学（经济社会学、组织社会学）的制度变迁研究，尤其是“国家——市场共生演化”理论、制度变迁的多重逻辑等理论/模型、“抓住经济发展主动权”理论假说为我们理解开发模式的变迁提供了良好的理论基础，但尚亟需更多的实证研究来打开“国家与市场共生演化”与制度变迁之间的“黑箱”，并且在不同场域的制度变迁中，需要探寻不同的制度逻辑、逻辑主体以及它们之间的互动机制，以增进我们对制度变迁的理解和解释。

第三，在现有关于开发模式变迁的研究中，城市和地区层面（温州、苏南地区）的研究取得了不少进展；现有的理论解释对后续研究也具有若干重要启示。目前国内学界关于旅游社区参与制度变迁、旅游管理体制变迁等领域的研究取得了不少进展，能够加深我们对转型期中国旅游业制度变迁的理解。然而，在这些已有研究的背后，我们对制度变迁何以可能这一基本问题依旧缺乏深入的理解，依旧存在许多有待回答的理论问题。尤其是，关于旅游度假区开发模式的研究还停留在对开发模式的描述与介绍层面，缺少对开发模式选择与变迁的理论解释。

第四，国家与市场（以及其他逻辑主体）的共生演化是如何导致开发模式变迁的？这一问题亟待进一步的实证研究加以经验验证。制度变迁涉及多重逻辑，这是本研究的理论起点和基础，然而在旅游度假区开发模式的变迁中，究竟存在哪些制度逻辑？多重制度逻辑及主体是如何互动并影响、制约旅游度假区开发模式变迁的路径与后果的？这些问题都尚未在现有文献中得到充分的论述和回答。

# 第三章　研究过程与方法

## 3.1　案例的选择

本书第一章已经简要地概述了研究的选题背景和研究问题。研究中国的制度变迁需要了解中国“国中之国”与多样化制度景象的现实，在海南过去20多年发展历程中，以旅游度假区为代表的诸多区域经历了重要的制度变迁，亟待学术界的关注。因此，理论上，海南省内所有的旅游度假区都是可供选择的研究对象。从案例研究基于“理论缺口”(*theoretical gap*)以及研究问题来选择典型案例的基本要义出发(罗伯特·殷，2004；毛基业、李晓燕，2010；Eisenhardt，1989；1991)，本研究选择三亚市境内的两处旅游度假区作为研究案例地。

主要原因如下：

首先，三亚市是海南乃至整个中国度假旅游发展最好(见第四章)、旅游度假区开发建设最为成熟的城市(三亚市拥有国家旅游度假区——亚龙湾，以及正在如火如荼建设的定位为“国家海岸”的海棠湾；同时，三亚湾海坡段、大东海等也是国内外知名的旅游度假区。详见本书第四章、第五章和第七章)。这一点已经成为旅游业界和学界的共识(刘俊，2010；2011；刘俊、保继刚，2008)。

其次，三亚市境内的几个旅游度假区在过去的20多年中都经历了开发模式的转变，为本研究回答提出的问题提供了鲜活的对象和可能性。例如，诚如第七章将要展现的，亚龙湾旅游度假区的开发模式经历了由政府主导模式到企业主导(政企合作)模式再到政府主导(企业配合)模式的转变；海棠湾休闲度假区也经历了由政府主导、大企业参与模式向政府主导模式的转变。

第三，从案例的典型性出发，亚龙湾旅游度假区实质上是成熟型度假区的典型代表(较为成熟的区域还有大东海、海坡等),而海棠湾休闲度假区则代表了一类新兴的旅游度假区(新兴的旅游度假区还有:红塘湾、太阳湾等)。亚龙湾旅游度假区和海棠湾休闲度假区的开发均位列三亚市升格为地级市 20 年来的十大事件[1]。因此,从案例的典型性和研究可进入性综合考虑,本研究选择亚龙湾旅游度假区和海棠湾休闲度假区作为研究案例地。其他旅游度假区,如三亚湾海坡旅游度假区则一方面因为研究可进入性,另一方面由于案例的典型性,没有作为研究案例地。

此外,需要说明的是,本研究进行所谓的“双案例”(罗伯特·殷,2004)研究的目的,并非完全是为了进行各个口径的对比,而是因为单个案例地本身(的特殊性)不足以对本研究提出的全部问题进行回答。因此,本研究选择两个案例地,一方面是为了更全面地为本研究提出的问题寻找答案(每个案例均能对部分研究问题进行回答),另一方面也试图通过两个案例的比较来更好地回答某些具体的研究问题(详见第一章所列研究问题)。

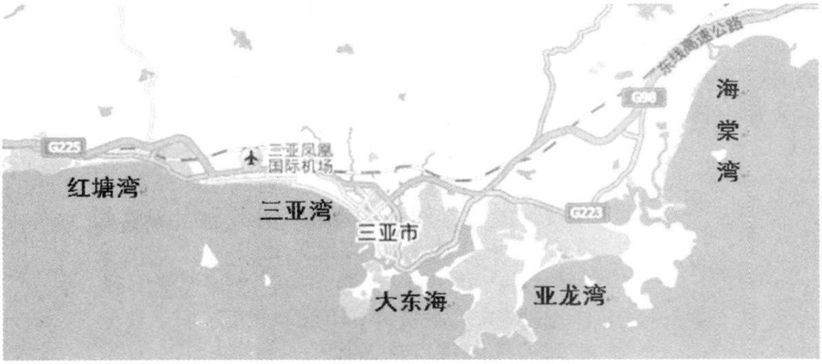


**图 3-1　案例地所在位置(简图)**

## 3.2　调研过程

为完成本研究所需要的资料收集工作,作者曾先后 4 次前往案例地进行实地调研(见表 3-1)。第一次调研为 2009 年 11 月,利用参与陵水县(位于三亚市以北)旅游咨询项目的机会,对三亚进行了为期 2 天的实地调研,主要走访了亚龙湾国家旅游度假区、海棠湾休闲度假区、大东海旅游区和三亚湾

〔1〕“辉煌 20 年——三亚十件大事”评选结果揭晓. 载《三亚晨报》(http://news.hainan.net)。

旅游区等，获得了研究选题前的若干感性认识，尤其是提升了对案例地的熟悉度；并对亚龙湾旅游度假区某度假酒店的部门经理进行了深入访谈。

**表 3－1　具体的调研过程**

| 具体时间 | 时长 | 主要调研地域/部门 | 调研目的/内容 | 备注 |
|---|---|---|---|---|
| 第一次调研（2009 年 11 月） | 2 天 | 亚龙湾国家旅游度假区、海棠湾旅游度假区、大东海旅游区和三亚湾旅游区 | 提升对案例地的熟悉度 | 借参与旅游咨询项目（陵水县）的机会 |
| 第二次调研（2011 年 3 月 21 日至 28 日） | 8 天 | 三亚市主要政府部门（财政局、地税局、旅游委、档案局等），并实地调查海棠湾休闲度假区、亚龙湾旅游度假区和三亚湾旅游区 | 实地观察、深度访谈和文献资料收集；进一步确定选题和研究问题 | 预调研阶段 |
| 第三次调研（2011 年 7 月 24 日至 25 日） | 2 天 | 对亚龙湾开发股份有限公司某部门负责人进行了访谈，并走访了市内主要旅游目的地（南山文化旅游区等） | 实地观察、深度访谈和文献资料收集；进一步确定选题和研究问题 | 正式调研阶段 |
| 第四次调研（2011 年 8 月 1 日至 31 日） | 31 天 | 有针对性地走访相关的政府部门（规划局、发改委等），进行深度访谈和资料收集；实地调查本研究重点关注的海棠湾休闲度假区和亚龙湾旅游度假区，对相关人员进行深度访谈，并获得二手资料；对石梅湾等省内重点旅游度假区进行了实地调查 | 根据实地调研所获经验资料，调整原有研究问题，将研究问题聚焦于旅游度假区开发模式的变迁及其理论解释 | 正式调研阶段 |

第二次实地调研是在 2011 年 3 月 21 日至 28 日进行，为期 8 天，为本研究的预调研阶段。走访了与本研究主题相关的三亚市政府部门，并实地调查了海棠湾休闲度假区、亚龙湾国家旅游度假区和三亚湾旅游区等，主要进行实地观察、深度访谈和文献资料收集。

第三次调研在 2011 年 7 月 24～25 日进行，为期 2 天。主要是对亚龙湾国家旅游度假区某部门负责人进行了访谈，并走访了市内主要旅游景区。

第四次调研在 2011 年 8 月 1～31 日进行，为期 31 天。在前三次实地调研逐步确定研究问题的基础上，本次调研有针对性地走访了相关的政府部门，进行深度访谈和资料收集；实地调查了本研究重点关注的海棠湾休闲度假区和亚龙湾国家旅游度假区，对相关人员进行了深度访谈，并获得部分二手资料。此外，为了解海南全省范围内其他滨海旅游度假区的开发模式及其建设状况，作者还实地调查了石梅湾等滨海旅游度假区，主要了解发展历程及其开发模式演变的情况。

## 3.3 研究方法

社会科学研究的方法体系可以划分成方法论、研究方式及具体方法和技术等三个层面（风笑天，2001）。因而，本书的研究方法，也可以从以下层面来阐述。

### 3.3.1 方法论：研究过程的逻辑与思路

（1）案例研究

从严格意义上来说，案例研究是一种处于方法论层面的研究逻辑，或者说是一种研究思路。虽然，案例研究作为一种社会科学中常用的研究思路，特别是在旅游研究中运用尤其广泛（Xiao & Smith，2006；陈钢华、黄远水，2010），但也曾遭受质疑。质疑的声音主要针对案例研究的理论建构模式，认为案例研究缺少严密性，认为其不能提供科学归纳的基础。肖洪根（Xiao，2006）通过分析 *Annals of Tourism Research*、*Journal of Travel Research*、*Tourism Analysis*、*Tourism Management* 等 4 本国际主流旅游研究刊物 2000 年至 2004 年所载文献发现，案例研究在旅游研究中被广泛地运用，那些认为案例研究在概念与分析方面缺少可靠性的观点并不成立。罗伯特·殷（2004）在其著作《案例研究：设计与方法》中指出，作为一种研究思路的案例研究，包含了各种研究方法，涵盖了设计的逻辑、资料收集技术以及具体的资料分析手段，是一种全面的、综合性的研究思路，其理论建构的模式属于分析性归纳，即从典型个案的研究中直接从个案上升到一般性结论的归纳推理形式。王宁（2002；2008）也指出，案例研究中的个案，本质上区别于统计分析中的样本，因而不必要具有样本所必须具有的代表性。相反，作为研究者需要认真解剖的"麻雀"，个案需要具有典型性，即集中体现某一类别现象的重要特征。需要指出的是，与案例研究的理论建构模式相区别的是统计分析中的理论建构模式，其通过抽取总体中的样本，从而从样本的分析推论到总体，是一种统计性归纳，因此样本需要具有代表性。毛基业、李晓燕（2010）通过分析高质量的案例研究文献发现：首先，案例研究中，研究问题的提出是针对现有理论缺口的；其次，案例的选择根据理论建构的需要；第三，案例分析与阐述应基于理论要素展开；第四，应将研究发现与现有理论进行对比和对话，以此凸显研究的知识贡献。因此，从某种意义上说，理论是案例研究的起点和终点。黄江明、李亮、王伟(2011)则进一步指出，案例研究首先应该讲好一个好的故事，亦即要充分且有趣地向读者展示所选案例的详细内容，以为后续的理论发展奠定基础；因为讲好一个故事，有利于研究更好地凸显情境、展示过程和揭示关系(Elsbach，2010；转引自：黄江明、李亮、王伟，2011)。其次，案例研究还应该更进一步地把故事升华，进行理论解释，回答"为什么"、"何以可能"等基本的解释性问题，亦即"既要讲故事，又要讲道理"。

基于以上的阐述，本研究选择案例研究的思路，从具体的研究问题出发，选择海棠湾休闲度假区和亚龙湾旅游度假区作为案例地，试图从这两个典型的案例出发，通过对其开发模式变迁进行个案分析，回答本研究所提出的理论问题，从而实现理论建构的目的(见本章"案例地选择"部分)。为了行文之方便，具体的步骤是，先从理论问题出发，分别开辟一章组织具体案例的介绍和描述(第五章、第七章)，然后再分别另辟一章(第六章、第八章)，对之进行理论解释；最后，再依据具体的研究问题进行案例的比较与问题的回答(第九章)。

(2) 纵向研究

纵向研究，又称历时研究，是指在若干个不同的时间点上收集资料，用以描述现象的发展变化，以及解释不同现象前后之间的联系(风笑天，2001；陈钢华、黄远水，2010)。本研究旨在描述和解释旅游度假区开发模式的变迁，跨越若干年份，属于典型的纵向研究。然而，需要指出的是，本研究涉及的课题时间跨度较大，许多事情已经发生并随着时间流逝而远去，因此同组研究(*panel study*)和同期群研究(*cohort study*)等纵向研究方法并不适用。因此，本研究采取政府文献分析法、深入访谈法和二手资料分析法(分类方式参见：王宁，2009a)来收集、获取及分析历史资料，对三亚市发展历程、亚龙湾旅游度假区和海棠湾休闲度假区开发模式变迁的宏观背景与微观过程进行翔实描述并做出理论解释。

### 3.3.2 研究方式、具体方法与技术

研究方式是指研究所采用的具体形式或研究的具体类型。研究方式可以分为调查研究、试验研究、文献研究和实地研究四种类型(风笑天，2001)。具体方法和技术则是指在研究过程中使用的各种资料收集方法、资料分析方法以及各种特定的操作程序和技术。

本研究中采用的研究方式、具体方法与技术阐述如下。

(1) 访谈法

本研究主要采用实地研究类型中的访谈法，并分别采用访谈法中的无结构式访谈(深度访谈)和半结构式访谈。深度访谈，又称做无结构访谈或自由访谈，最大的特点在于其并不依据事先设计的问卷和固定的程序，而是只有一个访谈的主题或者范围(风笑天，2001；维尔，2008)。深度访谈属于定性研究方法，既可作为研究的前期基础，亦可作为研究中的资料收集手段。本研究还进行了半结构式访谈，即依据但不完全遵循事先准备好的访谈大纲(涵盖希望了解的主要领域)，对受访者进行访谈。本研究开展的深度访谈和半结构式访谈的情况，详见表 3－2(受访者简要信息)和附录(访谈大纲)。部分访谈为预约进行的正式访谈，访谈时间多在 1 小时以上，其中部分访谈在征得受访者同意之后有进行录音；还有一些访谈为实地调研过程中借机行事而开展，部分访谈征得受访者同意后有录音。

**表 3－2　关键受访者(关键信息提供者/*Key Informants*)基本信息**

| 序号 | 编号 | 职位/职务 | 单位/部门 | 访谈年月 |
|---|---|---|---|---|
| 1 | LJ001 | 市场部经理 | 三亚某文化旅游区 | 2011/7 |
| 2 | LZH002 | 大学副教授/博士 | ＊＊大学(学院) | 2011/7 |
| 3 | LWH003 | 副处长 | 海南省旅委 | 2011/7 |
| 4 | QWK004 | 公务员 | 海南省旅委 | 2011/7 |
| 5 | HHJT005 | 项目总监 | 海航集团(海口) | 2011/7 |
| 6 | ZKZ006 | 科长 | 三亚市旅委 | 2011/8 |
| 7 | ZFH007 | 副主任 | 三亚市发改委 | 2011/8 |
| 8 | NHG008 | 科长 | 三亚市发改委 | 2011/8 |
| 9 | GZF009 | 副局长 | 三亚市国土资源环境局 | 2011/3 |
| 10 | CTW010 | 主任 | 三亚市财政局办公室 | 2011/8 |
| 11 | LDY011 | 调研员 | 三亚市地方税务局 | 2011/8 |
| 12 | LJ012 | 科长 | 三亚市地方税务局计财科 | 2011/8 |
| 13 | CCY 013 | 总规划师 | 三亚市规划建设局 | 2011/8 |
| 14 | HTW014 | 办公室主任 | 海棠湾管委会党政综合办公室 | 2011/3 |
| 15 | CHH015 | 总规划师 | 海棠湾管委会 | 2011/8 |
| 16 | WH016 | 办公室主任 | 亚龙湾开发股份有限公司 | 2011/7<br>2011/8 |
| 17 | CX017 | 副主任 | 亚龙湾旅游度假区管委会 | 2011/8 |
| 18 | WHJL018 | 部门经理 | 家化万豪度假酒店(亚龙湾) | 2009/11 |

注：本表仅列专门预约进行深度访谈的关键信息提供者的情况，其他受访者的情况将在文本引用访谈记录时一一注明。

（2）政府文献研究法

本研究采用文献研究类型中的文本分析法，具体而言是指对政府文献的分析（对政府文献研究法的具体阐释，参见王宁，2009a，pp. 24～26；其他对政府文献进行文本分析的研究，参见：吴建南等，2007；高春亮等，2009）。文本分析法（*content analysis*），国内也译作内容分析法，但实际上二者有明显的差别。文本分析法主要是由研究者通过阅读、收听或观看，然后依靠主观的感受理解、体会和分析，来解读、判断和挖掘信息中所蕴涵的本质内容；而内容分析法则是在文本分析的基础上，用比较规范的方法，如借助 *NVivo* 等软件把媒介上的文字、非量化的有交流价值的信息转化为定量的数据，并以此来分析信息的某些特征（詹宁斯，2007；维尔，2008）。在本研究中，作者通过分析收集到的政府文献来着力分析、理解和描述三亚市作为旅游城市的发展历程及海棠湾休闲度假区和亚龙湾旅游度假区开发模式变迁的宏观背景与微观过程。为了翔实、真实地展现某一事件/过程，本研究将摘录（或经作者重新叙述）来自政府文献中的内容。虽然这些内容有时过于冗长，但对于我们了解政府作为行动者的行为及其背后的逻辑不无裨益。

（3）二手资料分析法

本研究所指二手资料，主要是指政府部门正式发布的统计数据（如《三亚统计年鉴》、《中国旅游年鉴》）、其他渠道公布的统计数据（如三亚市统计局官网发布的数据）、各种来源明确的调查数据，以及在线论坛和博客所发布的资料等。由于本研究并非基于统计数据的经济计量分析，因此虽然限于客观现实和研究可进入性收集到的统计数据也许不够齐全，但至少可以：其一，粗略地勾勒出三亚市作为旅游城市的发展历程，为后续开发模式变迁的描述和解释做铺垫。其二，作为佐证的资料以利于对海棠湾休闲度假区和亚龙湾旅游度假区开发模式变迁的微观过程与宏观背景进行描述和解释。

## 3.4 研究可进入性

案例研究需要对所研究个案进行深入剖析与近距离观察，因而社会科学研究中所谓的“在场”就显得尤为重要。社会科学研究的可进入性（*accessibility*），其实类似于“在场”，主要指研究者能够进入到案例地进行深入观察、深度访谈、获取相关资料从而尽可能地详尽、真实地描述案例/事件/过程的可能性、能力或曰条件。对于任何一个从外地前往陌生案例地的研究者来说，首先面临的困难就是研究的可进入性问题。在三亚这样一个相对陌生的城市，近年来由于“土地财政”、“贪腐”、“房地产”等系列敏感问题，当地政府部门对前来调研者也多了几分防备。为了能够尽量做到“在场”、解决可进入性难题，作者做了以下方面的尝试和努力：

首先，利用导师和作者自己的关系网络资源，成功地解决了在三亚市诸多核心政府部门的可进入性难题，虽然调研深度各一。例如，对本研究较为重要的三亚市发改委、规划建设局、国土环境资源局、地税局、财政局、旅游委、统计局、档案局和海棠湾管委会、亚龙湾管委会等，均有访谈到相关人员，收集到了部分研究资料；此外，更为重要的是，对上述部门相关人员的访谈也不断地对收集到的信息进行了证实和“校正”，也为后续的资料查找和实地调查指明了方向。

其次，借助于参与规划等咨询活动的机会，加深对三亚作为案例地的感性认识；并利用甲方的关系网络资源，部分地解决可进入性难题。如2009年，利用参与规划咨询活动的机会，对三亚市旅游产业局(后更名为三亚市旅游产业委员会)进行了走访，收集了部分数据，也为后续的实地调查奠定了基础；同时，对亚龙湾度假区的万豪酒店的营销部负责人进行了深度访谈。同样的机缘，2011年7月底借助参与广州市花都区政府考察团考察海南省内的海口(海航集团)、保亭、三亚以及杭州和青岛的机会，了解了海南省内及国内部分旅游城市主要的大型成片开发区(旅游度假开发区)的开发模式。

## 3.5 本章小结

本章主要阐述了研究案例选择的过程与缘由，并简单地介绍了历次调研的主要情况。在阐述完案例研究和纵向研究的思路之后，介绍了具体的资料收集方法以及如何解决研究可进入性问题。

# 第四章　国家与市场的共生演化：对三亚市发展的历时性阐述与解释

本章的主要任务是对自1988年以来三亚市作为一个旅游城市的发展历程进行历时性描述。希望通过这一历时性的描述，首先展现三亚市20多年来跌宕起伏的城市发展轨迹与“心路”历程；其次，挖掘和展现三亚市旅游城市发展中的诸多历史信息，尤其是影响深远的关键历史信息。正如怀特·米尔斯在《社会学的想象力》一书中所提倡的一样，只有当我们把社会现象置于历史和社会结构的交叉点上，我们才能更好地理解社会现象（米尔斯，1959/2001）。因为在历史的长河中，正是那些关键性事件和过程影响了三亚市发展道路选择及相应的政治、经济和社会后果。也正是在这样的相对宏观的历史进程及其政治、经济和社会后果中，海滨旅游度假区——作为旅游城市重要支撑和载体—的开发模式才经历了诸多经验层面能够观察到的变迁，才造就了“犬牙交错”、纷繁复杂的制度景象和政经后果。

## 4.1　三亚市旅游城市发展的阶段：一个历时性阐述

本研究将三亚市发展历程的“起点”选择在1988年，主要基于以下几个方面的考虑。首先，虽然三亚市建立县级市始于1984年（当年5月19日，经国务院批准撤销崖县，设立县级三亚市），但当时的三亚市仍然只是广东省下辖的海南行政区管辖的县级市，经济社会发展仍然处于相当低的水平，且主要是以农业为主，当时并没有引起国家太多的关注。其次，1987年9月26日，国务院批准三亚市升格为地级市。同年12月30日，三亚地级市正式成立，挂牌办公。这一时期，由于海南建省尚在筹备之中，当时（在海南正式建省之前）海南行政区与三亚市同属地级，行政管理、经济管理和社会管理等诸多工作处“非常”时期。直到1988年4月13日，七届全国人大一次会议以举手表决方式通过《关于设立海南省的决定》和《关于建立海南经济特区的决议》以及 4 月 26 日正式举行"中共海南省委、海南省人民政府衔牌悬挂仪式",才正式标志着海南顺利建省,才陆续开始理顺政府间行政、经济和社会领域的各种关系,也标志着三亚市的发展正式进入到一个新的时代(参见表 4-1)。第三,1988 年 2 月,中国城市规划设计研究院海南分院完成《三亚城市总体规划纲要》(以下简称《规划纲要》;该规划于 1988 年 8 月在由海南省政府召开的专家评审会上原则通过,并于 1990 年正式获省政府和国务院批准)的编制工作。《规划纲要》明确了三亚市的城市性质:"重点发展旅游和高新技术产业的热带海滨风景旅游城市",在国内率先提出了旅游城市的发展定位,并由此掀开了三亚市旅游城市发展的序幕。考虑到三亚市发展历程具有明显的阶段性,因此本研究将之划分为以下几个阶段,以方便阐述。

### 4.1.1 激情与探索期(1988～1991)

(1) 激情:在发展中等待嬗变

1988 年至 1991 年,是三亚市乃至整个海南全省上下充满激情地积极探索发展道路的时期。党中央、国务院的一系列关于海南经济社会发展的政策的出台,如 1988 年 1 月 23 日中央财经领导小组会议原则上审定的《国务院关于鼓励投资开发海南岛的规定》、2 月 13 日海南建省筹备组正式发布的《海南土地管理办法》、4 月 13 日第七届全国人民代表大会第一次会议通过的《关于设立海南省的决定》和《关于建立海南经济特区的决议》、4 月 14 日国务院发出的《批转〈关于海南岛进一步对外开放加快经济开发建设的座谈会纪要〉的通知》(国发〔1988〕24 号文件)、5 月 4 日国务院发布施行的《关于鼓励投资开发海南岛的规定》(国发〔1988〕26 号文件)等等,产生了巨大的社会和经济效应,一时间整个海南岛沸腾了!然而,在激情澎湃和热血沸腾的同时,海南也不得不面对一个残酷的现实:严重落后的经济社会基础和对未来道路的些许迷茫。

与省内其他县市一样,此时三亚市也处于激情与探索期。所谓"激情"主要是体现在全市上下投入经济建设的努力与成果上。1988 年至 1991 年,三亚市地区生产总值(GDP)实现了较快增长(图 4-1)。然而,这一期间最引人注目的经济发展指标还是地方财政收入和固定资产投资的增长。1988 年至 1991 年 4 年间,三亚市地方财政收入实现年均 27.05%的增长(图 4-1);固定资产投资额由 1986 年的 8 503 万元增长至 1991 年的 30 190 万元(图 4-2)。伴随着固定资产投资总额增长的是房地产投资,1987 年,三亚市房地产投资额仅为 97 万元，占固定资产投资总额的比重为 1.16%；而 1991 年，三亚市房地产投资额达到 3 047 万元，占固定资产投资总额的比重也攀升至 9.6%。“房地产热”已经显现苗头。

**表 4－1　1986～2010 年三亚市主要经济发展指标状况**

| 年份 | 当年GDP | 同比增减(%) | 全市一般预算总收入 | | | 当年固定资产投资额 | | |
|---|---|---|---|---|---|---|---|---|
| | | | 总额 | 同比增减(%) | 其中：全市地方一般预算收入 | 总额 | 其中：房地产投资额 | 房地产开发占固定资产投资的比重(%) |
| 1986 | — | — | 1 729 | — | — | 8 503 | — | — |
| 1987 | 23 469 | 6.3 | 1 791 | 3.6 | 1 791 | 8 392 | 97 | 1.155 86 |
| 1988 | 37 551 | 22.1 | 2 503 | 39.8 | 2 503 | 13 924 | 262 | 1.881 64 |
| 1989 | 40 975 | 3.4 | 3 273 | 30.8 | 3 273 | 16 783 | 310 | 1.847 10 |
| 1990 | 44 618 | 8.3 | 4 186 | 27.9 | 4 186 | 23 825 | 555 | 2.129 21 |
| 1991 | 51 774 | 14.9 | 4 594 | 9.7 | 4 595 | 30 190 | 3 047 | 9.589 90 |
| 1992 | 75 216 | 35.8 | 9 121 | 98.5 | 9 121 | 78 279 | 17 011 | 20.599 66 |
| 1993 | 155 444 | 73.6 | 14 021 | 53.7 | 14 021 | 220 372 | 80 811 | 36.320 69 |
| 1994 | 187 393 | 15.6 | 18 771 | 33.9 | 18 771 | 379 057 | 109 807 | 28.799 04 |
| 1995 | 199 244 | 5.0 | 19 432 | 3.5 | 19 432 | 233 066 | 59 688 | 25.142 37 |
| 1996 | 216 176 | 2.4 | 21 860 | 12.5 | 21 860 | 141 755 | 24 251 | 16.017 83 |
| 1997 | 240 541 | 6.5 | 21 963 | 0.5 | 21 963 | 176 212 | 9 038 | 5.015 538 |
| 1998 | 266 822 | 10.8 | 24 206 | 10.2 | 24 187 | 142 851 | 4 752 | 3.215 15 |
| 1999 | 294 403 | 10.0 | 22 922 | −5.3 | 22 860 | 121 925 | 2 570 | 2.031 620 |
| 2000 | 335 276 | 11.1 | 25 454 | 11.0 | 25 284 | 134 073 | 1 588 | 1.1844 29 |
| 2001 | 368 204 | 12.4 | 30 063 | 18.1 | 29 789 | 163 740 | 26 143 | 15.966 16 |
| 2002 | 419 852 | 11.0 | 33 467 | 11.3 | 33 176 | 196 212 | 42 140 | 21.476 77 |
| 2003 | 478 759 | 11.5 | 41 275 | 23.3 | 40 718 | 260 832 | 83 719 | 32.096 90 |
| 2004 | 578 579 | 14.6 | 53 782 | 30.3 | 53 208 | 378 650 | 143 949 | 38.016 37 |
| 2005 | 662 859 | 13.2 | 73 120 | 36.0 | 72 526 | 489 482 | 197 504 | 40.349 59 |
| 2006 | 860 019 | 14.6 | 100 947 | 38.1 | 97 338 | 686 486 | 296 556 | 43.199 13 |
| 2007 | 1 137 357 | 22.2 | 220 934 | 118.9 | 154 160 | 1 097 068 | 513 749 | 46.829 27 |
| 2008 | 1 492 809 | 17.2 | 446 377 | 126.0 | 210 925 | 1 542 092 | 788 069 | 51.103 89 |
| 2009 | 1 733 198 | 17.2 | 580 159 | 30.0 | 267 153 | 2 113 897 | 978 930 | 46.309 25 |
| 2010 | 2 307 900 | 33.2 | 641 588 | 34.2 | 422 231 | 3 052 400 | — | — |
| 2011 | 2 845 700 | 14.2 | — | — | 500 300 | 3 583 000 | 1 788 400 | 49.913 48 |

注：单位：万元；资料来源《三亚统计年鉴》，历年，经整理。全市一般预算总收入，即为三亚市本级政府的财政收入总和，也称地方财政收入总和/地方总财政收入等。

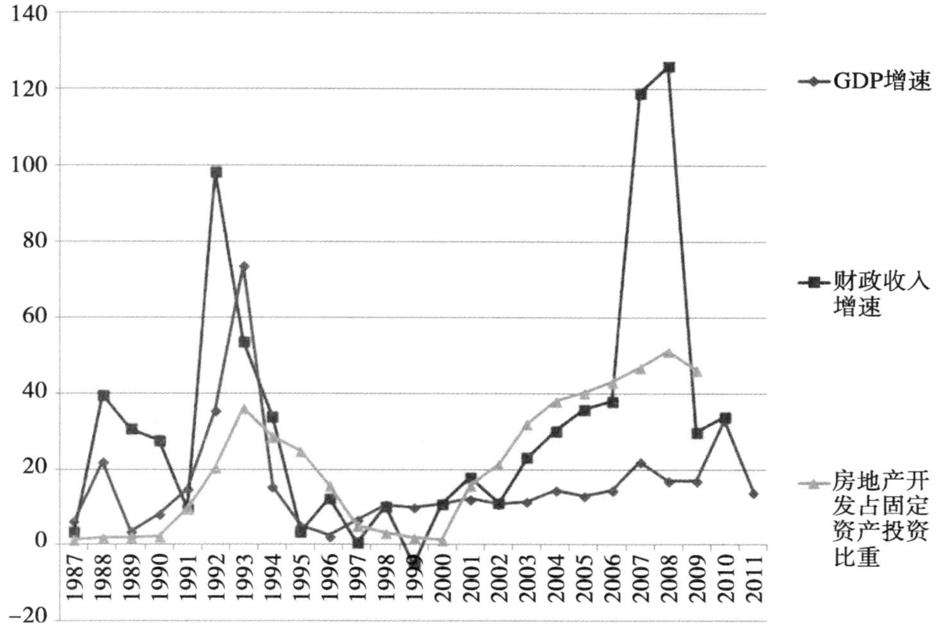


图 4－1　1987～2011 年三亚市主要经济指标变化趋势(单位:%)

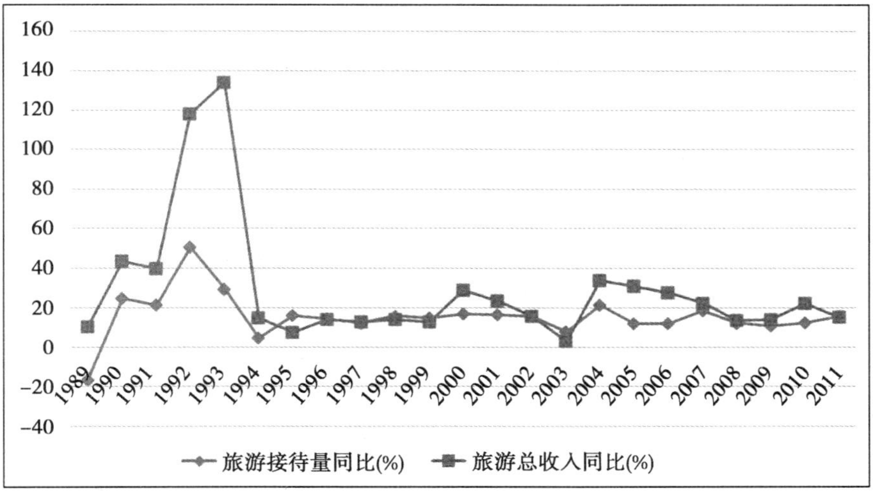


图 4－2　1989～2011 年三亚市旅游发展规模的增速变化趋势

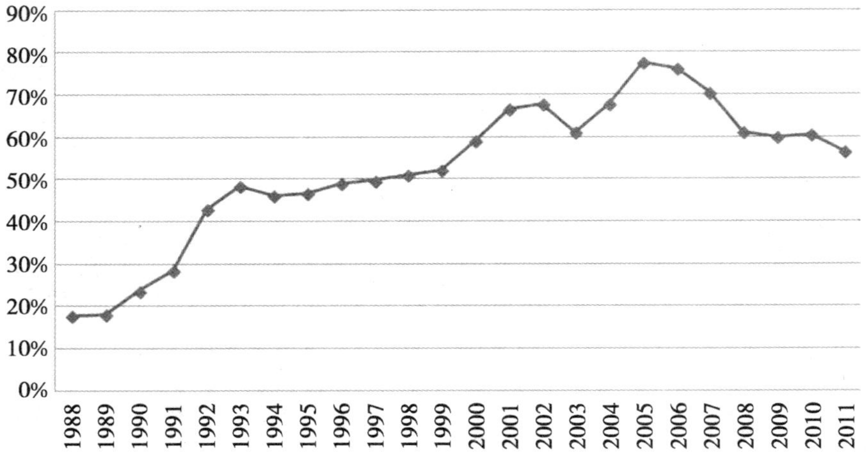


**图 4－3　1988～2011 年三亚市旅游总收入占 GDP 比重的变化**

在 1988 年至 1991 年期间，三亚市也初步确定了建设旅游城市的目标，旅游产业也开始起步，如大东海、三亚湾沿线（尤其是海坡地区）、鹿回头、天涯海角等旅游区陆续开始开发建设。但这一阶段的旅游发展，与全国大部分地区一样都还处于以观光旅游为主导产品的阶段，游客停留时间较短，消费额较低，这一点可以从表 4－2 所示的旅游总收入与旅游总接待量之比看出。但可喜的是，三亚市丰富的旅游资源禀赋，尤其是热带海滨度假资源（海滩、气候、热带森林等）开始逐渐受到部分到访的国家领导人和省市领导的重视，旅游产业也逐渐纳入地方发展的视野。尤其是在此期间，亚龙湾一流的海滨度假旅游资源开始得到海内外投资商（例如，港商霍英东等）的青睐，并开始了初步的前期洽谈、规划，为后续的开发建设打下了良好的基础。

**表 4－2　1988～2010 年三亚市旅游经济发展指标状况**

| 年份 | 过夜游客 | 同比（%） | 旅游总收入 | 同比（%） | 旅游外汇收入 | 同比（%） | 国内过夜游客 | 同比（%） | 海外过夜游客 |
|---|---|---|---|---|---|---|---|---|---|
| 1988 | 344 803 | — | 0.67 | — | — | — | 306 444 | — | 38 359 |
| 1989 | 287 184 | －16.7 | 0.74 | 10.5 | — | — | 265 552 | －13.3 | 21 632 |
| 1990 | 358 518 | 24.8 | 1.06 | 43.2 | — | — | 312 157 | 17.55 | 46 361 |
| 1991 | 435 229 | 21.4 | 1.48 | 39.6 | — | — | 378 793 | 21.35 | 56 436 |
| 1992 | 653 783 | 50.2 | 3.22 | 118 | — | — | 604 975 | 59.71 | 48 808 |
| 1993 | 846 429 | 29.5 | 7.53 | 134 | — | — | 802 799 | 32.7 | 43 630 |
| 1994 | 886 211 | 4.7 | 8.66 | 15 | — | — | 841 635 | 4.48 | 44 576 |
| 1995 | 1 029 994 | 16.2 | 9.3 | 7.39 | — | — | 981 194 | 16.58 | 48 800 |

续表

| 年份 | 过夜游客 | 同比(%) | 旅游总收入 | 同比(%) | 旅游外汇收入 | 同比(%) | 国内过夜游客 | 同比(%) | 海外过夜游客 |
|---|---|---|---|---|---|---|---|---|---|
| 1996 | 1 180 442 | 14.6 | 10.6 | 14 | — | — | 1 108 139 | 12.94 | 72 303 |
| 1997 | 1 324 291 | 12.2 | 11.95 | 12.7 | 2 740.8 | — | 1 208 492 | 9.06 | 115 799 |
| 1998 | 1 534 839 | 15.9 | 13.63 | 14.1 | 3 274.35 | 19.5 | 1 401 910 | 16 | 132 929 |
| 1999 | 1 764 650 | 15 | 15.38 | 12.8 | 3 761.29 | 14.9 | 1 612 848 | 15.05 | 151 802 |
| 2000 | 2 060 552 | 16.8 | 19.82 | 28.9 | 4 639.21 | 23.3 | 1 893 423 | 17.4 | 167 129 |
| 2001 | 2 402 949 | 16.6 | 24.52 | 23.7 | 5 160.64 | 11.2 | 2 225 757 | 17.55 | 177 192 |
| 2002 | 2 781 861 | 15.8 | 28.39 | 15.8 | 4 507.38 | −12.7 | 2 607 437 | 17.15 | 174 424 |
| 2003 | 3 004 095 | 8.0 | 29.26 | 3.06 | 3 889.87 | −13.7 | 2 868 891 | 10.03 | 135 204 |
| 2004 | 3 638 395 | 21.4 | 39.14 | 33.9 | 4 256.95 | 9.44 | 3 492 123 | 21.72 | 146 272 |
| 2005 | 4 065 889 | 11.8 | 51.29 | 31 | 7 450.68 | 75 | 3 853 909 | 10.36 | 211 980 |
| 2006 | 4 549 036 | 11.9 | 65.4 | 27.5 | 17 066.21 | 129 | 4 160 218 | 7.95 | 388 818 |
| 2007 | 5 384 341 | 18.4 | 80.11 | 22.5 | 24 407.52 | 43 | 4 862 344 | 16.91 | 521 997 |
| 2008 | 6 041 545 | 12.2 | 91.05 | 13.7 | 26 206.84 | 7.37 | 5 530 068 | 13.73 | 511 476 |
| 2009 | 6 690 565 | 10.7 | 103.77 | 14 | 19 496.86 | −25.7 | 6 372 732 | 15.24 | 317 833 |
| 2010 | 8 826 500 | 12.27 | 139.64 | 22.29 | 24 471.89 | 25.52 | 8 411 400 | 40.0 | 415 143 |
| 2011 | 10 210 700 | 15.7 | 160.71 | 15.1 | 30 851.00 | 26.1 | 968.18 | 15.1 | 52.89 |

单位：过夜游客为人次；旅游总收入为亿元；旅游外汇收入为万美元；

资料来源：三亚市旅游产业委员会。其中，2010 年过夜游客的 8 826 500 人次为总接待人数(其中饭店接待人数：751.14 万人次；其他住宿设施：131.51 万人次)；2010 年旅游总收入中：饭店 126.9 亿元；其他旅游住宿设施 12.74 亿元。单位：旅游总收入单位：亿元；旅游外汇收入单位：美元；旅游接待单位：人次。

(2) 探索："摸着石头过河"的逻辑

这一阶段三亚市发展的另一重要特征就是"初步探索"。虽然当时国家宏观政策给予海南省和三亚市诸多优势，但海南省、三亚市究竟要走一条什么样的发展道路，却依旧没有明确的答案，"摸着石头过河"逻辑展露无遗。例如，1988 年制定完成的《三亚市城市总体规划纲要》[1]提出要将三亚市建设成为"重点发展旅游和高新技术产业的热带海滨风景旅游城市"，虽然确定了旅游业的主导产业地位和旅游城市的定位，但这种定位并不是专业和独一的，高新技术产业的发展仍然被诸多国家领导人和地方干部寄予厚望，希望借助三亚市良好的自然资源条件和国家宏观政策的支持来获得后发优势。

〔1〕 如无特别说明，本研究中关于三亚市历次城市总体规划的资料均来源于《三亚市城市总体规划(2008～2020)》的文本、说明书以及专题研究报告(均为评审稿)；以及三亚市规划建设局官方网页(http://www.sanyaup.com.cn/)公布的信息。

然而后续的发展实践证明，高新技术产业在三亚市始终没有发展起来，即便是2006年前后三亚市委市政府再度将高新技术产业发展列为重点支柱产业加以扶持，但迄今为止也尚未有实质性的进展。

### 4.1.2 疯狂与躁动期(1992～1994)

(1) 疯狂与躁动："楼市风波"与房地产泡沫的破灭

正是由于之前年份的"激情"与"迷惘"交织才造就了后续阶段的"疯狂"与"躁动"。所谓"疯狂"与"躁动"是指1992年至1994年间发生的"楼市风波"。在当时的宏观政策之下，加之当时中国经济整体"过热"，包括三亚、海口等诸多城市在内的海南省，掀起了一股房地产投资、投机的浪潮，"疯狂与躁动"是对当时全省上下客观现实的真实写照。仅1993年一年，到三亚投资的外商投资企业就从1987年的17家增加至342家，内联企业从60家增加至1 160家[1]。从表4-1以及图4-1也可以看出，1992年至1994年，三亚市经济发展的三个指标都明显出现高峰，如1992年、1993年和1994年的GDP增速分别达到35.8%、73.6%和15.6%，1995年回落至5.0%；1992年、1993年和1994年的地方财政收入增速分别达到98.5%、53.7%和33.9%，1995年回落至3.5%；1992年、1993年和1994年房地产开发占固定资产投资的比重分别达到20.6%、36.3%和28.8%，1995年回落至25.1%。1993年下半年开始，国家加大了宏观经济调控的力度，以后几年中(1994年开始)全国经济趋于平缓，并于1996年成功实现"软着陆"。相应地，海南"房地产泡沫"也随之破碎。在楼市崩盘之后，三亚市经济发展逐渐进入低迷期，无数"烂尾楼"成为这座海滨热带风景旅游城市挥之不去的惨痛记忆。在这一阶段，三亚市以及全省主要领导人也开始逐步反思历史，不断地思考未来经济社会发展的方向。为应对房地产泡沫破灭后的经济社会发展颓势，三亚市政府启动了对1988年制定的城市总体规划的修编工作，1994年正式出台的《三亚市城市总体规划(修编)》提出城市定位为"国际热带海滨风景旅游城市，海南南部中心城市"。受当时经济过热的影响，面对城市建设用地快速扩张的现实和压力，南山、海棠湾等都被纳入到城市建设用地的范围。这样一种城市定位和规划安排一方面反映出了当时的政府领导人及其决策受经济过热的宏观背景的影响，也再次体现出他们对于城市发展定位的模糊与不确定。

---

[1] 转引自：鲁兵. 海南特区发展史论. 海口：海南出版社、南方出版社，2008：149。

(2) 旅游业发展：渐入发展期后的爆发式增长与度假旅游的初步萌芽

在此阶段，三亚市旅游业的发展逐步进入快速上升阶段（见表 4－2），尤其是 1992 年和 1993 年，三亚市旅游接待人数实现爆发式增长，增速分别达 50.2%和 29.5%；旅游总收入更甚，增速分别达 118%和 134%。这一时期三亚市旅游发展的里程碑事件是 1992 年 10 月亚龙湾国家旅游度假区获批并开始初步建设。这说明三亚市优越的度假旅游资源得到了国家层面的正式认可，也反映了三亚市较强的度假旅游发展潜力。1993 年 3 月 28～30 日，国家旅游局等 12 个单位在三亚召开评审会，评审通过《亚龙湾国家旅游度假区总体规划》；初步确定度假区范围 18.6 平方公里，分为 7 个功能小区。同年，4 月 18 日，三亚市政府成立了亚龙湾开发股份有限公司，股本 3 亿元。同年 5 月，亚龙湾开发股份有限公司开始招商，美、日、新、港、澳、台等国家和地区大实业家竞相投入，仅北美（国际）海南投资集团一家就协议投入 6 亿美元。然而，好景不长，受房地产泡沫破灭的影响，国有控股的亚龙湾开发股份有限公司由于介入房地产开发深陷资本与经营困境（将在后续章节加以详述）。这一时期，三亚市旅游产业发展与转型的重要事件还有：1993 年由日本国日出观光株式会社独资兴办的三亚国际高尔夫俱乐部破土动工、同年 8 月海南省政府颁布实施《海南省旅游规划大纲》、1994 年“三亚海滨热带风景名胜区”被国务院公布为第三批“国家重点风景名胜区”、同年三亚凤凰国际机场正式通航。

### 4.1.3 低迷与反思期(1995～1999)

(1) 宏观经济：房地产泡沫破灭之后的低迷

受房地产“泡沫”破灭的影响，整个海南经济发展陷入低位运行之中。也正是由于从经济过热转入低位运行的冲击，使得海南领导人和普通民众开始反思之前的发展道路，探索新的发展思路和模式。从表 4－1、图 4－1 可以看出，其一，在地区生产总值(GDP)方面：1995 年三亚市地区生产总值(GDP)增速由 1994 年的 15.6%降落至 5.0%，在经历了 1996 年(2.4%)和 1997 年(6.5%)的低位增长后，1998 年(10.8%)、1999 年(10.0%)的地区生产总值(GDP)增速开始突破 10%。其二，在地方财政收入方面：1995 年三亚市地方一般预算总收入增速由 1994 年的 33.9%降落至 3.5%，在经历了 1996 年(12.5%)和 1997 年(0.5%)的波动式增长后，1998 年(10.2%)地方一般预算总收入强势反弹[1]。以上两点也从一些侧面显示出在新的发展思路和战略定位的指引下，包括三亚市在内的海南省开始显示出逐步走出低迷期、缓缓地步入一个新的增长阶段的迹象。其三，在固定资产投资方面：1995 年，房地产开发占固定资产投资的比重，虽然由 1994 年的 28.8%降落至 25.1%，但 1996 年仍然保持了 16.0%的比重，说明房地产投资存在一定的持续效应。1997 年(5.0%)以后，房地产开发占固定资产投资的比重开始在低位徘徊，始终控制在 5%之下。这也说明相比较而言，房地产投资已经开始不再继续充当固定资产投资的“领头羊”角色。

(2) 发展道路的反思：“一省两地”战略的提出

1995 年至 1999 年的“反思”，主要是指海南省委、省政府在国家宏观政策背景下积极总结过去的发展经验，探索新的出路和发展战略；其中，1996 年正式提出的“一省两地”战略对今后的发展产生了深远的影响(其实，早在 1995 年 1 月海南省委省政府在经济工作会议上就提出了“一省两地”的产业发展战略)。1996 年 2 月 10 日《海南省国民经济和社会发展“九五”计划和 2010 年远景目标纲要》正式提出：“努力把海南建设成为中国的新兴工业省、中国热带高效农业基地和中国度假休闲旅游胜地，新兴工业、热带农业和旅游业将成为我省三足鼎立的产业基石，实现兴岛富民”。同年 3 月 6 日，在八届全国人大四次会议期间，一直以来对海南发展甚为关注的中共中央总书记江泽民对海南提出的“一省两地”战略表示肯定，指出：“(海南)省委提出经过今后 15 年的努力，要把海南建成我国新兴的工业省、热带高效农业基地和旅游度假胜地，这个目标是符合海南实际发展要求的，经过奋斗是可以实现的”[2]。在宏观经济环境急剧变化以及省政府新的战略出台的背景下，三亚市政府启动了新一轮的城市总体规划的编制工作。与省政府“一省两地”发展战略相呼应的是，1999 年编制的《三亚市城市(主城区)总体规划(1999～

---

[1] 1999 年三亚市全市一般预算总收入和全市地方一般预算收入分别比 1998 年下降 5.3%和 5.48%，主要原因是 1998 年 7 月颁布的《海南省人民政府关于实行分税制财政管理体制的决定》正式开启了海南省政府与下辖市县的分税制改革；虽然规定从 1998 年起开始实施，但是为了保障地方税收的稳定性和地方政府的积极性，省政府采取了一些优惠政策；因此，分税制改革对地方一般预算收入和一般预算总收入造成的压力，直到 1999 年才正式显露。这一点与白苏珊(2009，p. 210)对上海市的调查结果稍有不同。但由于 2000 年之后三亚市宏观经济升温，地方一般预算总收入和一般预算收入增长较快，其总量和增速，受分税制影响不明显，但其税收结构和财政收入结构却因此发生了根本性转变，见下文分析。

[2] 资料来源：《海南日报》，1996 年 3 月 7 日。

2010)》首次明确地提出了城市发展的专业化定位:"国际热带海滨风景旅游城市"。

(3) 旅游业发展:产业规模稳步扩大,度假旅游开始起步

受"一省两地"战略的政策效应影响,海南全省上下继续积极地推动旅游产业尤其是度假旅游产业的发展。1995 年至 1999 年的 5 年,是三亚市旅游产业规模稳步扩大的时期,旅游接待人次和旅游总收入的增速基本上保持在 15%左右。这一时期,伴随着三亚市旅游产业规模稳步扩大的主要事件还有:1995 年 9 月举行南山寺奠基暨南山寺佛教文化区动工典礼、1998 年三亚南山文化旅游区一期工程佛教文化苑开园迎宾、1999 年举办首届中国南山长寿文化节等。

同时,这一阶段也是三亚市旅游产业转型升级最为重要的时期。1995 年 6 月 10～13 日,全国旅游市场工作会议在三亚召开。这次会议的主题就是"'96 中国——带你步入一个崭新的度假天地"。紧接着,1996 年 1 月 1 日,"'96 中国度假休闲游度假休闲游"开幕式在亚龙湾国家旅游度假区中心广场隆重举行,国务院副总理钱其琛宣布开幕。时任省长阮崇武、时任国家旅游局局长何光暐、时任世界旅游理事会秘书长李普曼分别致词,中外嘉宾及各界人士近万人参加开幕式。开幕式由"'96 中国度假休闲游度假休闲游"开幕式组委会主任、时任海南省副省长毛志君主持。当时的亚龙湾开发股份有限公司已经于 1995 年悄然"易主",三亚市政府引入了中粮集团旗下的香港鹏利集团作为最大股东主导亚龙湾的开发建设,由此掀开了亚龙湾国家旅游度假区发展的新局面。受"'96 中国度假休闲游度假休闲游"开幕式等事件影响,在亚龙湾旅游度假区发展的引擎下,三亚市旅游发展正式进入了度假旅游发展的新阶段,以亚龙湾为龙头(大东海、海坡地区的海滨度假旅游产业也得以迅速发展)的海滨度假旅游业方兴未艾(见表 4-3)。

### 4.1.4 恢复与升温期(2000～2005)

(1) 宏观经济:低迷之后的恢复与房地产市场重启后的持续升温

在"一省两地"发展战略的政策效应影响下,三亚市宏观经济发展出现了较快的恢复,作为两大支柱产业的旅游业和房地产业得以较快发展,尤其是房地产开发逐渐升温。从表 4-1 可以看出,2000 年至 2005 年,三亚市地区生产总值(GDP)保持了年均 12.3%的持续增长;地方财政总收入增长速度更快,保持了年均 21.7%的持续增长;伴随着 GDP 和地方一般预算总收入持续增长的是固定资产投资的飞速增长,其中房地产投资对固定资产投资的重

要性再度凸显。2001年，三亚市房地产开发投资额占固定资产投资额的比重由2000年的1.18%一跃升至16%；2005年甚至达到40.3%，2000年至2005年6年间三亚市房地产开发投资额占固定资产投资额的比重保持在平均25%的水平，且比重逐渐提升。自然，2001年后三亚市房地产的重启与升温部分地得益于全省上下发动的处置积压房地产运动。其实，早在1998年12月时任国务院总理朱镕基在视察海南经济特区时就曾对处置海南积压房地产做了重要指示。他指出：海南至今还限制着大量商品房、“半拉子”工程和已批租但尚未开发的土地，占压着很大数量的银行资金，严重制约了经济发展，也影响了银行的正常运转，必须抓紧研究解决。1999年7月14日，国务院办公厅发出《关于印发海南省人民政府、建设部、财政部、国土资源部、人民银行处置海南省积压房地产试点方案的通知》，随后海南省政府也纷纷出台了一系列政策法规，由此拉开了全省处置积压房地产运动的序幕。

**表4-3　三亚市高星级酒店开业时间分布表**

| 年份 | 1999年之前 | 2000～2005 | 2006 | 2007 | 2008 | 2009 | 2010 |
|---|---|---|---|---|---|---|---|
| 五星 | 3 | 6 | 1 | 0 | 1 | 0 | 0 |
| | 1. 凯莱度假酒店（亚龙湾），1996<br>2. 天域度假酒店（亚龙湾），1998<br>3. 山海天大酒店（大东海），1998 | 1. 假日度假酒店（亚龙湾），2001<br>2. 亚太国际会议中心暨海航度假酒店（三亚湾），2002<br>3. 喜来登度假酒店（亚龙湾），2003<br>4. 湘投银泰度假酒店（大东海），2003<br>5. 家化万豪度假酒店（亚龙湾），2004<br>6. 红树林酒店（亚龙湾），2005 | 希尔顿酒店（亚龙湾） | | 和怡阳光大酒店（三亚湾） | | |
| 年份 | 2005年之前 | 2006 | 2007 | 2008 | 2009 | 2010 | |
| 四星 | 20 | 0 | 0 | 1 | 0 | 0 | |

注：数据来源：三亚市旅游产业委员会，经整理；数据截至2010年底，均为正式评星酒店。

2001年1月，三亚市处置“半拉子”推出大胆举措——“炸楼”。1月15日早上8时30分，三亚“炸楼”打响了第一炮。三亚市规划局对位于三亚湾海坡开发区海滨路旁的海角丽园3幢停建别墅进行了强行拆除。这也是三亚市自2000年10月份发布《关于拆除整治有碍市容停建工程的决定》等文件（"炸楼"公告）后，爆破拆除的第一宗"半拉子"工程。4 月 18 日，大东海广场上 11 层楼高的万国旅游城成为三亚处置积压房地产的第二宗被爆破拆除的"半拉子"楼。据统计，三亚在房地产泡沫破灭之后的几年中，停缓建工程近 200 宗、涉及建筑面积 200 多万平方米，其中在城市道路、重要景观带和旅游度假区有 68 宗，建筑面积为 90 多万平方米。在声声的炸楼巨响中中，三亚市逐渐消除了上世纪中期房地产泡沫破灭给城市发展造成的影响，重新启动了房地产市场。

（2）旅游业发展：度假旅游业效益持续凸显

在"一省两地"发展战略的政策效应影响下，三亚市旅游业尤其是海滨旅游度假区的发展获得了长足进展，其效应也开始持续凸显。从表 4－2 可以看出，2000 年至 2005 年，三亚市过夜游客数保持了年均 15.1％的较快增长，而旅游总收入则保持了年均 22.7％的增长。旅游总收入增长速度超过过夜游客数的增长速度，从一定程度上说明了旅游效益的逐渐提升，这一方面要归功于以亚龙湾、大东海和三亚湾海坡地区为代表的海滨旅游度假区的发展，尤其是一流度假酒店的集聚提升了三亚游客的总体消费额。2000 年至 2005 年游客人均消费额（人均旅游总收入）的逐步增长（2003 年"非典"除外）也在一定程度上说明了度假旅游发展对旅游总收入的贡献。表 4－3 也从一个侧面凸显了 2005 年之前（尤其是 2000 年至 2005）度假酒店的增加、度假旅游的发展对三亚市旅游效益提升的影响。

### 4.1.5 反思与调整期（2006～）

（1）宏观经济持续升温、旅游产业转型升级逐步推进

2006 年是海南省和三亚市国民经济和社会发展"十一五"计划的开局之年。从海南省层面来看，"十一五"计划除了继续坚持 "一省两地"战略之外，还重点突出了以旅游业为龙头的现代服务业的发展。从三亚市层面来看，实现宏观经济的较快发展、旅游产业的转型升级依旧是主题。从图 4－1、图 4－2、图 4－3 以及表 4－1、表 4－2、表 4－3 等可以发现，从 2006 年起，三亚市的宏观经济延续了前几年的增长态势。从 2006 至 2010 年的 5 年间，地区生产总值（GDP）保持了年均 20.88％的增长；房地产投资额占固定资产投资额的比例保持在平均 46.86％的水平；从 2006 至 2009 年的 4 年间，地方一般预算总收入保持了年均 78.25％的爆发式增长。在此期间，旅游经济也继续凸显其在经济社会发展中的主导地位，从 2006 至 2010 年的 5 年间，旅游总人数实现了年均 13.1％的增长；与上一阶段一样（2000 年至 2005 年），旅游总收

入的年均增长速度较快于旅游总人数，达到年均 20%，也进一步说明了随着亚龙湾、大东海和三亚湾海坡地区等海滨旅游度假区的进一步发展和成熟，尤其是 2010 年以来随着海棠湾度假区第一批酒店的开业，旅游产业的转型升级获得进一步的推进，度假旅游产业的效益得以持续凸显（见图 4 - 4 和表 4 - 4）。

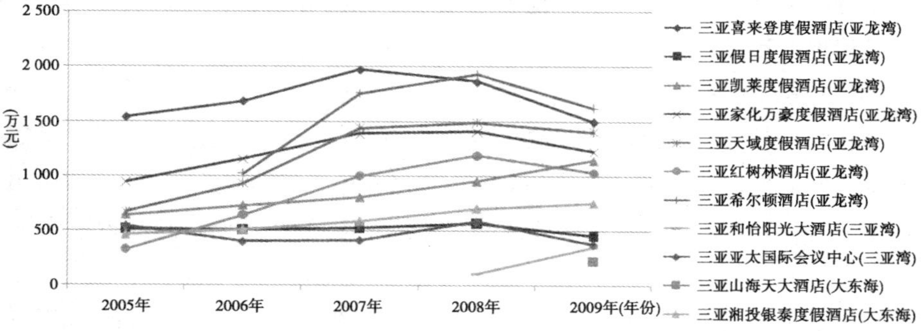


**图 4 - 4　三亚市 11 家五星级度假酒店对地方税收的贡献**

注：资料来源于三亚市地税局；考虑到资料本身的敏感性，因此未能公布具体的数据。本图显示数据为三亚市地税局征收的税收总额（酒店的主要税收有营业税、个人所得税、城市维护建设税、房产税、城镇土地使用税和专项收入等），不论其最终与海南省政府的分成比例。

**表 4 - 4　三亚市与国内主要海滨旅游度假区旅游经济效益简要比较**

| 海滨旅游度假区 | 产品类型 | 房价/元 | 酒店入住率 | 消费能力 | 对当地财政收入贡献 |
|---|---|---|---|---|---|
| 亚龙湾 | 旅游度假 | 1 000 元 | 65% | 高 | 高 |
| 大东海 | 居住度假 | 450 元 | 65% | 一般 | 一般 |
| 三亚湾 | 观光度假 | 350 元 | 55% | 一般 | 一般 |
| 北戴河 | 观光旅游 | 300 元 | 季节性明显，入住率不高 | 一般 | 一般 |
| 广西北海 | 观光旅游 | 200 元 | 游客以观光旅游为主，入住率低 | 较低 | 一般 |

注：资料来源于《亚龙湾——自然、生态、时尚、浪漫》PPT 文稿，亚龙湾开发股份有限公司，2010，有调整。表内所列房价和入住率均为平均值，消费能力和对当地财政收入的贡献均为定性的经验判断。

（2）城市发展轨迹出现“拐点”、亟待反思与调整

虽然从 2006 年开始宏观经济和旅游产业均获得了较快增长，但 2006 年开始发生的颇具里程碑意义的事件，让作者认识到三亚市发展轨迹已经出现了“拐点”，是时候开始反思过去 5 年间的城市发展轨迹，并进行战略调整。

这一作者称之为颇具里程碑意义的事件是指，2006 年起，三亚市房地产

业对地方财政收入(尤其是地方税收收入)的贡献开始大幅度地超过旅游业[1]。虽然早从1998年起,三亚市旅游总收入在地区生产总值(GDP)中的比重就一直保持在50%以上,且2005~2007年一直保持在70%以上的水平,的确让人明显地感觉到旅游业在三亚市国民经济和社会发展中的重要地位。但是,从旅游业与房地产业对三亚市地方财政收入的贡献的比较来看,2006年却是一个显著的分水岭(见表4-5)[2]。

**表4-5 三亚市2003~2008年房地产业、旅游业和固定资产投资提供税收情况**

| 年份 | 房地产业提供税收收入(万元) | 占同期税收收入(%) | 同比增长(%) | 旅游业提供税收收入(万元) | 占同期税收收入(%) | 同比增长(%) | 固定资产投资提供税收收入(万元) | 占同期税收收入(%) | 同比增长(%) |
|---|---|---|---|---|---|---|---|---|---|
| 2003 | 8 045 | 24.0 | — | — | — | — | — | — | — |
| 2004 | 15 749 | 35.8 | 95.8 | — | — | — | — | — | — |
| 2005 | 24 002 | 37.7 | 52.4 | 22 007 | 34.8 | — | 14 107 | 22.2 | — |
| 2006 | 36 499 | 42.1 | 52.1 | 28 510 | 32.9 | 29.6 | 18 407 | 21.3 | 30.5 |
| 2007 | 69 021 | 50.9 | 89.1 | 38 021 | 28.1 | 33.4 | 22 733 | 16.8 | 23.7 |
| 2008 | 108 962 | 58.5 | 103.4 | 45 838 | 24.6 | 47.8 | 26 800 | 14.4 | 34.2 |

注:1. 来源于三亚市财政局、三亚市旅游发展委员会和三亚市地方税务局,经整理和校对。2. 根据我国现行财政预算法律法规,三亚市财政收入结构如下:财政收入主要由预算内收入、预算外收入及社保基金收入三大块构成。其中,(1)预算内收入(指纳入国库预算管理的收入),包括一般预算收入(主要指税收收入和非税收入)、上级补助收入(主要指体制补助、财力性转移支付和专项补助)和上年净结余。(2)预算外收入(指纳入专户管理的收入),包括价调基金收入、市政配套费收入、土地出让收益(虽然从2007年起缴入国库预算管理,但按传统仍将其计入预算外收入)和其他专项收入(由于许多事业性收费如诉讼费、人防易地建设费等已缴入国库预算管理,所以此处主要指污水处理费收入)。(3)社保基金收入包括养老保险收入、失业保险收入、医疗保险收入、工伤保险收入、生育保险收入等。

---

〔1〕 虽然早在2005年,房地产业对三亚市地方税收收入的贡献就已经超过旅游业,但当时仅领先近3个百分点,真正引起广泛关注的还是2006年。2006年,房地产业对三亚市地方税收收入的贡献领先旅游业9.2个百分点;2007年和2008年领先额度分别扩大至22.8、33.9。2005年至2008年的4年,是房地产业对三亚市地方税收收入贡献逐年增加的四年,亦是房地产业对三亚市地方税收收入贡献逐年降低的4年(房地产业和旅游业对三亚市地方税收收入/地方财政收入贡献的此起彼伏的变动,详见下文)。

〔2〕 需要指出的是,早在2010年1月4日国务院发布《国务院关于推进海南国际旅游岛建设发展的若干意见》、将"国际旅游岛"建设上升为国家战略之前,闻风而动的房地产开发商和投机商就开始了各类开发与投资项目,以"旅游房地产"为名的各类住宅项目异常火爆,以房地产用地、度假酒店用地为主的"土地财政"已经突显。只是在2010年"国际旅游岛"正式出台之后"土地财政"状况更加显著。由于政策效应的突显需要较长时间,因此对"国际旅游岛"政策的影响的评价,也亟待更长时间的观察。

三亚市财政局发布的研究报告显示[1]：2006 年，三亚市房地产业贡献税收收入 36 499 万元，占当年所有税收收入的 42.1%；而同年，旅游业贡献税收收入 28 510 万元，占当年所有税收收入的 32.9%。该报告还进一步指出：

（一）房地产的飞速发展推动其税收总量跨越式增长。从税收总量看，2001 年三亚房地产提供的税收仅有 3 513 万元，随着房地产业的飞速发展，2002 年其提供的税收收入接近 5 000 万元，2003 年税收收入接近亿元，2004 年突破 1 亿元，2005 年突破 2 亿元，2006 年突破 3 亿元，收入总量越来越大，增收越来越多，房地产税收呈现出跨越式增长。

（二）房地产是增长最快的财政收入板块，5 年内扩张十倍。从旅游服务、房地产、投资、工业、非税五大财政收入板块看，2001 年，除了旅游业板块收入较高外，房地产、投资、工业、非税四大板块提供的收入基本处于同一起跑线上。但房地产板块税收经过连续 5 年平均 60%以上的增长，到 2006 年总量已扩张至 2001 年的 10 倍，是房地产、旅游服务、投资、工业、非税五大板块中收入中增长最快的板块，其税收总量已赶超旅游业，且远高于投资、工业、非税板块；同期旅游业板块仅增长 74%，收入总量已下跌至第二位；其余固定资产投资、非税收入、工业板块分别增长 4.1 倍、3.2 倍、1.6 倍，位居三至五位。

（三）房地产税收为地方财政收入提供较多的增长点。2006 年，在地方财政收入增长的 38.1 个百分点中，房地产业提供 17.1 个百分点，旅游服务业提供 8.9 个百分点，投资提供 5.9 个百分点，工业提供 0.7 个百分点，非税收入提供 5.5 个百分点。房地产业提供的增长点是旅游服务业的 2 倍，是投资的 3 倍，是工业的 24 倍，是非税收入的 3 倍，可见房地产业为三亚地方财政收入的增长做出了较大的贡献。

（四）房地产税收的飞速发展，造成地方财政收入结构变化明显。2001 年，三亚市房地产税收收入占地方财政收入的 11.7%，仅

[1] 资料来源《三亚房地产业对地方财政收入可持续发展的作用》，三亚市财政局，2006。

是旅游服务的五分之一，经过平均每年增加5个百分点的发展，到2006年，房地产税收收入占地方财政收入的比重已达36.2%。地方财政收入结构也因房地产税收的飞速发展发生了明显变化，2001年比重排序是：旅游服务(54.4%)、工业(12.1%)、投资(11.9%)、房地产(11.7%)、非税收入(9.9%)，旅游服务业一枝独秀。2006年比重排序变成房地产(36.2%)、旅游服务(28.2%)、投资(18.2%)、非税收入(12.5%)、工业(4.9%)，房地产业和旅游服务业构成了地方财政收入的两大支柱。

上文的材料主要是反映房地产业和旅游业对地方财政收入之税收收入的贡献的结构性变动(如表4-3注所示，税收收入是三亚市预算内财政收入的绝对主导)，如果将预算外财政收入也纳入分析视野，则可以从另一个侧面发现，2006年之后，房地产业对三亚市预算外财政收入(其中土地出让收益占绝对主导地位)的贡献远超出旅游业等产业。房地产占用建设用地量也远超旅游度假业，因而对地方预算外财政收入(土地出让收益，虽然从2007年起缴入国库预算管理，但仍纳入地方预算外财政收入范畴)的贡献也远超旅游度假业[1]。从表4-6看出，在过去的3年间(2008年5月至2011年8月)，三亚市(规划报建的)建设用地依次集中于居住(47.8%)、旅游(酒店度假用地；15.7%)、市政设施(6%)、对外交通(6%)和教育科研(5%)等领域。

在2006年，三亚市自1987年起第四次启动了城市总体规划的编制或调整工作，对1999年版总规做出了重大调整。城市总规的不断修编与调整，一方面固然反映了快速增长的城市经济对原有规划安排提出的挑战，也反映出城市规划所映射出的各级政府领导人对城市发展定位与具体安排的摇摆与多变。2006年出台的《三亚市城市总体规划(1995～2010)重大调整》坚持了原有1999年版总规的城市性质，诸多备用发展地，如海棠湾、红塘湾、坎秧

〔1〕 虽然作者没有拿到2009年和2010年两个年度房地产业贡献税收收入占三亚市地方财政收入的比重的具体数字，但有《经济参考报》的一篇报道显示(转引自：三亚市规划建设局官网：http://www.sanyaup.com.cn/chms_view.asp? id=1952)："从税收总量看，2001年三亚房地产提供的税收仅有3513万元，随着收入总量越来越大，房地产业税收呈现出跨越式增长，到2010年，三亚地方财政一般预算收入42.22亿元，其中房地产业的税收收入占地方财政一般预算收入的57.3%"。如表4-5注所示，地方一般预算总收入中一般预算收入的主体是税收收入，因此2010年房地产业的税收收入占三亚市地方税收收入(表4-5)的比重应该还要高于57.3%。

湾、亚龙湾二期等海滨区域用地提前启动，从而也标志着在强劲的市场需求的诱致下，三亚市正式进入到一个全域海湾开发的时期。海棠湾和亚龙湾二期等海滨区域用地提前启动，正式拉开了海棠湾和亚龙湾二期开发建设的序幕（据作者掌握的资料显示，至少早在2003年亚龙湾开发股份有限公司就已经开始与政府洽谈亚龙湾二期开发事宜，当时亚龙湾海滨一线的土地已经基本上建设或转让完毕）。三亚市对海棠湾开发建设不遗余力的全方位主导和举全市之力的支持，引发学界和业界的广泛关注（详见本书第七章的案例介绍）。

**表4-6　三亚市2008年5月～2011年8月（规划报建）建设用地面积分布**

| 用地类型 | 面积（比例：%） | 用地类型 | 面积（比例：%） | 用地类型 | 面积（比例：%） |
|---|---|---|---|---|---|
| 居住 | 2 633 508.48（47.8） | 集体发展经济 | 81 422.7（14.8） | 医疗卫生 | 61 051.2（1.1） |
| 福利设施 | 3 113.04（5.6） | 公共用地 | 8 754.78（1.58） | 村镇建设 | 242 133.51（4.4） |
| 绿地 | 154 989（2.8） | 机场用地 | 51 760.97（0.93） | 教育科研 | 283 536.81（5.1） |
| 游客中心 | 3 003（0.05） | 行政办公 | 69 084.35（1.25） | 水文站用地 | 2 200（0.03） |
| 商业金融 | 151 247.768（2.7） | 市政设施 | 324 817.39（5.89） | 工业用地 | 136 323（2.5） |
| 酒店度假 | 867 632.09（15.7） | 特殊用地 | 127 135.33（2.3） | 对外交通 | 309 664.09（5.6） |

注：资料来源于三亚市规划建设局，2011年；面积单位：平方米。

2008年3月，在之前（2006年）对三亚市城市总体规划进行重大调整的基础上，三亚市政府向海南省人民政府提交了关于修编总规的请示，并由此开始了三亚市建立地级市以来的第五轮城市总体规划编制或修编工作。2008年开始进行前期调研和编制工作、2010年通过专家评审的“2008版”总规坚持了“国际性热带海滨风景旅游城市”的城市性质，提出了“将三亚市建设成为度假旅游胜地、创新创意高地、天涯文化源地”的发展思路。

以上的种种举措，是三亚市政府不断反思地区经济发展日益依赖于房地产的“困局”而做出的战略性调整举措抑或只是对之前发展轨迹的延续甚至强化？就目前的经验证据而言，尚无明确的答案，因而也亟待更多的学术关注。但至少可以肯定的是，三亚市近年来，尤其是2006年以来以居住房产为主导的房地产业的"非常规"发展[1]，已经对城市总体规划确定的城市性质提出了挑战，也对城市的可持续发展产生了显著的负面影响。对此，三亚市人大常委会主任周玉华先生的反思颇有价值，摘录如下[2]：

> 不可否认的一个事实是：三亚的房地产业与旅游业并称为经济支柱的两大产业，对三亚经济社会发展作出了巨大贡献。但与此同时，我们还应该清醒地认识到：房地产的过量开发和过速发展给三亚环境和生态系统、城市发展和管理、人文价值观取向和城市社会评价带来一定负面影响和伤害。
>
> （一）过速的房地产开发将给城市未来发展埋下巨大的隐患，过速的房地产开发行为无异竭泽而渔，饮鸩止渴。首先，房地产开发要消耗大量不可再生的土地资源，进一步挤占城市未来生存发展的空间。其次，房地产开发引入的大量新增人口将对城市承载能力造成很大的压力。
>
> （二）生态环境遭遇破坏。而生态环境是旅游城市发展的根本，皮之不存，毛将焉附。首先，开发过程中的显形破坏。城市建成区噪音平均值呈逐年上升趋势，2009年昼间为70.6分贝，夜间为67.8分贝，已超过优秀旅游城市的标准。其次，环境容量过载所造成的隐形破坏。
>
> （三）城市秩序遭遇破坏。而规范有序是旅游城市发展的基础，没有规矩，难成方圆。一方面，市民的生活秩序被打乱。城市人口的急剧膨胀，在城市配套设施建设不能及时跟进的情况下，广大市民正常的生活秩序无疑将被打乱。另一方面，政府及服务机构的工作秩序也被打乱。由于新增人口多在冬季入住三亚，而冬季又正是三亚旅游的黄金季节，两股人流汇集三亚，给城市管理带来了前

---

〔1〕 最新的数据显示：2011年1～6月，三亚市完成房地产开发投资74.09亿元，比上年同期增长24.5%，占社会固定资产投资比重的51.7%，比去年同期比增长29.11%（转引自：三亚市规划建设局官网：http://www.sanyaup.com.cn/chms_view.asp?id=1952）。

〔2〕 资料来源于三亚市人大常委会主任周玉华：《三亚房地产业发展对国际旅游岛建设的影响》，载三亚市人大常委会编《三亚市人大三亚市人大常委会2009—2010年度调研文集》，2011。

所未有的压力。

（四）社会矛盾更加突出。而安全稳定是旅游城市发展的保证，安全不保，游客何以安心。首先过度发展的房地产业，将会无形中加剧政府与市民的矛盾。我市目前猖獗地抢搭抢建，违章乱建，以及欺客宰客，坑蒙拐骗，甚至抢劫盗窃，应该说与房地产过多过滥开发不无关系。其次容易引发市民与外地人的矛盾。商品房开发越多，外地人就越多。再次，容易犯罪活动频发。三亚警力平时就捉襟见肘，每到冬季更是应接不暇，抢劫抢夺偷盗诈骗犯罪，因警力严重不足而猖獗一时，造成市民与游客人心不安，怨声不断。

总之，我敢说，如果三亚的房地产业不严加控制，特别是对无规划、无建筑特色的破坏性的“小产权房”不以“铁锤”持之以恒地打击下去，在不久的将来，三亚就会在建成全国人民的“第二居住地”的同时，不再成为国人和世人的旅游度假胜地，“旅游度假目的地”的金字招牌将在人们心目中消亡。

## 4.2 国家与市场的共生演化：对三亚市发展历程的一个解释

前文已经对三亚市自1988年以来的发展历程做了简要的历时性的回顾，旨在展现三亚市20多年来跌宕起伏的城市发展轨迹与“心路”历程。在三亚市发展历程中，有许多现象亟待进一步的解释：（1）为什么三亚市在建市之初会选择一条以旅游业为主导的城市发展道路？而不是像长三角地区那样走上一条农村工业化的道路、像临近的珠三角地区那样走上一条以“三来一补”的外贸加工工业为主的外向型经济发展道路？（2）与第一个问题一脉相承的是，以旅游业作为城市主导产业、以旅游城市作为城市性质和定位的发展路径是如何一步步得以强化的？（3）如何解释近年来三亚市房地产业的“非常规”发展现象？也就是说，2006年以来三亚市房地产业的“非常规”发展何以可能？为了回答以上三方面的问题，下文将借鉴发展经济学、新经济社会学和新制度经济学等学科的理论，给出尝试性的初步解释。

### 4.2.1 资源禀赋结构、国家战略与发展道路选择

在发展经济学中，所谓资源禀赋即要素禀赋，指的是一个经济体中资本、劳动、技术和自然资源的总量。资源禀赋结构指的是资本、劳动力、技术和自然资源的相对丰裕程度。根据林毅夫（2008）的发展经济学说，资源禀赋结构，而不是单纯的资源禀赋，直接决定了一个国家和地区在特定时期所具有的比较优势。基于比较优势的发展战略才能引导一个国家和地区走向经济发展和繁荣；而违背比较优势的赶超战略[1]则会因为制度性扭曲而导致企业自生能力的不足并最终导致经济发展的停滞不前。

资源禀赋结构以及与之一脉相承的比较优势等概念和理论可以较好地解释20世纪80年代末期三亚市的发展路径和战略选择。20世纪80年代的三亚，经济社会发展尚处非常低的水平，除丰富的热带海滨资源[2]（气候资源、海洋资源、森林资源等）外，资本、技术和劳动力均不具备比较优势。在这样的一种资源禀赋结构中，如何选择符合三亚市比较优势的产业成为当时关注的焦点。在可选择的产业中，由于拥有一流的热带海滨旅游资源，当时在全国范围内已经日渐升温的旅游业自然成为选择，且当时的理论普遍认为旅游业是"投入低、见效快"的产业（即不需要大量的资金、技术投入，且对劳动力的技能要求也相对较低。针对传统观光旅游业而言，这是基本正确的判断，然而针对新兴的度假旅游业和主题公园而言，"投入低、见效快"的判断已经基本被证伪）。事实证明，发展旅游产业是符合三亚市的比较优势的，因而也取得了不俗的业绩。在后续的发展中，随着稀缺的、甚至在全国范围内独一无二的海滨资源的价值不断得到挖掘和认可，以海滨度假旅游为主导的旅游业以及以旅游业为主导的第三产业得以快速成长，持续成为三亚市经济社会发展的支柱。也正是由于旅游业的快速成长和重要性的凸显不断强化了三亚市以旅游业为主导的发展路径，进入资源型城市发展的"路径依赖"（至少可以从历次城市总体规划对城市性质和定位的阐述中窥豹一斑，参见前文论述）。同时，1980年代末，高新技术产业逐渐受到国家重视，尤其

---

〔1〕 赶超战略是指采取扭曲产品和要素价格的办法和以计划制度替代市场机制的制度安排，提高国家动员资源的能力，突破资金稀缺的比较劣势对资本密集型产业发展的制约，使资金密集型产业能够在极低的起点上得到发展并在短期内实现飞跃，进而使产业结构达到先行发达国家水平的发展战略（林毅夫，2008）。

〔2〕 三亚市气候资源的比较优势，参见刘俊（2006）。对滨海资源、森林资源的描述和评价，参见《三亚市城市总体规划（2008—2020）》、《三亚市旅游发展总体规划修编（2008—2020）》。

是1988年8月，中国国家高新技术产业化发展计划——火炬计划开始实施，创办高新技术产业开发区和高新技术创业服务中心被明确列入火炬计划的重要内容。因此，在这样的全国背景下，在制定三亚市发展战略和目标时，高新技术产业也被列入发展重点，写入“1988年版”城市总规的城市性质之中。然而，以高新技术为基础的高新技术产业是典型的知识密集和技术密集型产业，当时的三亚并不具备发展高新技术产业的比较优势。因此，直至今日，尽管三亚市委市政府的努力扶持，高新技术产业的发展始终不尽如人意，尚处起步阶段。

那么，为什么当时的三亚没有走上一条以工业为主导的城市发展道路呢？当时的全国背景是，长三角地区（尤其是以苏州和无锡等为代表的苏南地区）以乡镇集体企业为主导的乡村工业化以及珠三角地区以“三来一补”的外贸加工为主导的工业化均取得了举世瞩目的成绩，三亚市有现成的榜样可以效仿。作者认为，资源禀赋结构、工业化基础等固然是其中不能忽视的原因，但当时中央政府所执行的国家战略和三亚市地方政府的能力才是其中的关键。首先，海南建省和办特区本身就颇具国防军事上的考虑。三亚市地处海南岛最南端，是守卫南海、开发南海资源的战略军事要地，因此不宜布局大型工业。上世纪90年代中期以来，国家才陆续在海南西海岸（洋浦、临高县和东方市等地）布局临海石化、造纸等工业项目。

其次，当时的三亚市政府是典型的“弱”政府，一来政府能力较差，主要体现在财政收入、人力资源以及由此而来的社会经济调控能力等方面；二来由于是新成立的政府，根本无力抵抗/变通来自于省政府和中央的决策，亦即地方政府的自主性较差。加上建省之初的海南就立志于打造“小政府、大社会”，在市场经济没有健全、大社会没有成型之时的所谓“小政府”最终难以摆脱沦为“弱”政府的命运。因此，当时的三亚市地方政府根本无力像苏南的无锡、苏州等地的地方政府一样，组织、支持、参与甚至主导乡镇集体企业的发展、走上一条乡村工业化的道路，何况当时的三亚也不具备类似于苏南地区的乡镇企业发展历史和资源积累；也不可能像长三角的东莞、佛山等地一样，依赖于港资和外资走上一条出口加工型的外向型经济道路。旅游业由于具有当时普遍认为的“投资少、见效快”（投资主要包括资本、人力资源和技术投入）的特点，而备受当时各级政府重视。以上的讨论其实也验证了张建君

(Zhang，2003；2005)[1]在比较苏南地区和温州地区上世纪80年代走上不同发展道路时的观点，即同样在市场化进程中，资源禀赋和政府能力的差异导致了初始道路选择的差异。同样地，台湾学者陈至柔(Chen，2004)对长江三角洲地区和闽南地区乡村企业产权的演变的分析也提及，长三角历来是富庶之地也有着深厚的政府控制传统，而闽南地区资源较为稀缺且历来注重宗族观念和治理，因此这两个地区在上世纪80年代也走上了不同的道路。

第三，中央政府对三亚市城市发展的定位和期望，与上文提及的旅游产业对三亚市经济发展的积极带动作用一起，形成了强的正反馈(*positive feedbacks*)，不断地强化三亚市以旅游业为主导的城市发展道路[2]。典型的实例有：其一，1996年9月21日，江泽民总书记在全国扶贫工作会议上对参会的海南省领导说："大化肥"选址洋浦，这是我定的，你们不要再变，要为三亚老百姓留一块净土，要对子孙后代负责"[3]。其二，近年来，尤其是2002年博鳌亚洲论坛首届年会举办以来，三亚就作为重要的接待城市，为接待国家领导人、国际宾客承担了大量工作。随着越来越多的国事活动在三亚举办(如2008年4月10日至12日，胡锦涛主席就曾在三亚举行了四场欢迎仪式，会见了来访的外国国家元首与政府首脑；2011年4月13日，胡锦涛主席在三亚会见了来华出席"金砖国家"领导人第三次会晤和博鳌亚洲论坛2011年年会开幕式的南非总统祖马、印度总理辛格、俄罗斯总统梅德韦杰夫等)，三亚作为中国重要的对外形象宣传窗口的形象也开始日渐受到重视，甚至有

[1] 需要指出的是，确切地说，并非资源禀赋本身的差异导致了不同地区发展模式初始选择的不同，而是资源禀赋的结构性差异亦即资源禀赋结构的差异导致了发展模式的选择出现差异。因而，诚如许多地区实践所示，任何一个地区的资源禀赋中总是有具有比较优势的部分，正是资源禀赋中各种要素的比例关系的不同，才造就了不同地区的比较优势的差异。此外，张建君(Zhang，2003)在其博士论文中对20世纪80年代初期苏南地区和温州地区，以及陈至柔(Chen，2004)对长江三角洲地区和闽南地区当时的政府能力的分析和比较是非常粗略的，缺少对政府能力的界定和阐释；且仅简要地说明了政府能力在两个地区初始道路选择上的作用，并没有以此来分析和解释上述两个地区发展模式的变迁。本研究在余下章节将对政府能力进行详细的分类和阐述，并尝试着以此来解释三亚市海滨旅游度假区开发模式的变迁。

[2] 应该说，是近年来三亚市以旅游业为龙头的现代服务业尤其是具有国际水准的海滨度假度假区的兴起，以及近年来三亚市在紧张的南海局势中的区位条件，让中央政府以及国家领导人产生了对三亚市的需要，三亚市才有了被国家需要的可能。

[3] 《"海南1988—"[海南往事]风雨洋浦15年——若干重大事件内幕的首次披露》，http://www.tianya.cn/techforum/content/697/337.shtml。

学者和政府官员提议将三亚市打造成为“中国休闲外交基地”〔1〕。其三，2010年11月16日，国务院发函至海南省人民政府、住房城乡建设部（国函〔2010〕123号），要求2008年开始调研工作、2010年通过专家评审的《三亚市城市总体规划（2008—2010）》在由海南省人民政府审查同意后，报国务院审批。“这一审批层次的变化主要是因为三亚在区域发展过程中地位非常突出，特别是海南建设国际旅游岛背景下，国务院把三亚市城市总体规划和发展纳入中央层面统筹考虑，说明三亚在未来的发展地位和发展使命更加重要”〔2〕。很显然，中央政府对三亚市城市发展的定位和期望是希望三亚市贯彻“国际旅游岛”建设战略规划，大力发展以旅游业为龙头的现代服务业，而不是工业或其他产业。

综上所述，资源禀赋结构（比较优势）、政府能力（典型的“弱”政府）和国家战略交织在一起共同决定了上世纪80年代三亚市发展道路的选择。实践证明，旅游业作为城市主导产业以及旅游城市的专业定位无疑是符合当时的资源禀赋结构、政府能力和国家战略的。同时，随着旅游产业在经济社会中的重要性日渐凸显，以及旅游城市的定位和功能日渐受到国家层面的肯定和重视，三亚发展道路的“路径依赖”效应也日渐显现。三亚市自1988年以来的城市发展历程与现实，也充分地体现了区域发展过程中国家与市场的共生演化（Zhou，2000；冯仕政，2007；陈那波，2010）。

### 4.2.2 市场化、官员激励转轨与房地产业的“非常规”发展

近几年来，伴随着旅游产业发展的是房地产的“非常规”发展。如果说2005年之前，三亚市的经济发展以旅游业和房地产业为主导（旅游业贡献大于房地产业）；那么，相应地，2006年之后，这种格局变为以房地产业和旅游业为主导（房地产业贡献大于旅游业）。房地产业一般是指以土地和建筑物为经营对象，从事房地产开发、建设、经营、管理以及维修、装饰和服务的集多种经济活动为一体的综合性产业。因此，实际上，旅游业尤其是涉及土地开发和度假设施建设的度假旅游产业，也有部分经济活动属于房地产业的范畴。但本研究所指的房地产业主要是指其中的住宅/居住房产部分，不涉及专业化的旅游度假地产，例如度假村、度假酒店等。三亚市自2000年以来房

〔1〕 比如《南海研究院建议：将三亚建成中国休闲外交基地》一文，见：http://www.hinews.cn/news/system/2009/02/15/010415447_01.shtml。

〔2〕 原文为海南省省长助理陆志远在接受《第一财经日报》采访时的表述，见 http://www.yicai.com/news/2010/11/604749.html。

地产业的“非常规发展”主要体现在以下几个方面：其一，房地产开发投资额占固定资产投资额的比重持续居高（见表4-1）。其二，房地产业对地方财政收入的贡献持续居高（见表4-5）。以上两点都会加剧地方经济运行的潜在风险。其三，房地产开发占用城市建设用地比重持续居高（见表4-6）。其四，房地产业的过快发展对城市社会的可持续发展与管理已经造成了诸多负面影响（见前文所摘录的三亚市人大常委会主任周玉华先生的反思）。那么，究竟是哪些因素导致了近年来三亚市房地产业的“非常规发展”？作者认为，市场化和官员激励转轨是其中的关键所在。

市场化改革是指经济发展逐步由计划经济转轨至市场经济的过程。中国自1978年以来的经济发展历程本质上就是计划经济转轨至市场经济的市场化过程。简单来说，在计划经济中，政府通过计划和指令来直接配置资源或通过国有企业来间接地配置资源；随着逐步向市场经济转轨，资源的配置变得更多地由居民通过市场来进行配置。从宏观背景来看，在城市住房制度转轨方面，王宁（2009a）清晰地指出，国家在住宅问题上放弃了之前遵循的“合法性逻辑”，转向“理性化逻辑”，即实行住宅的商品化、市场化、货币化和私有化。在这样的一种制度安排下，没有了国家依靠的住房需求者，必须利用货币在住房市场上购买商品化了的住房。在住房消费领域，伴随着国家制度转型的是市场化改革下的消费者主体结构（购房者）的转型与消费主义的兴起。作为一种对宏观背景的回应，从三亚市作为相对微观和具体的住房消费、投机场域来看，随着2000年房地产市场的重新启动，一方面，越来越多的潜在住房需求者能够自由地在全国范围内选购住房；另一方面随着三亚市在全国范围内珍稀的热带海滨资源（海滩、阳光、森林、空气等）日渐受到市场认可甚至“炒作”，真实的住房需求者和投机炒房者混杂在一起，从“需求”的角度推进了三亚市房地产业的“非常规发展”。

从我国现行的土地管理和房地产管理的法律法规来看，房地产开发的基础之一是获得城市土地使用权。我国现行法律规定，城市建设用地必须是国有土地，即全民所有。国有建设用地由政府管理。因此，地方政府/城市政府成为城市土地的实际拥有者（垄断者）和受益者。从房地产供给的角度来看，地方政府在三亚市近年来房地产业“非常规发展”中扮演了什么角色呢？国内已有诸多研究来分析地方政府在房地产市场中的作用，例如“财政联邦主义”（Qian & Weingast，1997；Montinola *et al.*，1995）、“为竞争而增长”（张军、周黎安，2008）、“政治锦标赛模式”（周黎安，2008）、“土地财政”（刘守英、蒋省三，2005；周飞舟，2007）。本研究也尝试着从三亚市地方财政的角度做出解释，从而为现有相关理论补充一份实践样本，从经验角度推进我们对该问题的认识。

如前所述，1994 年开始的分税制改革，从根本上改变了中国中央政府与地方政府的关系，尤其是财政关系。根据分税制改革方案，全国所有税种收入（也包含非税收入）分为三种分配形式：其一，中央独享，主要是关税、海关代征两税、消费税以及铁道、邮政、银行总行、保险总公司、海上石油企业集中缴纳的收入；其二，中央与地方共享收入，主要是增值税（其中：中央 75%、地方 25%）、企业所得税（其中：中央 60%、地方 40%）、个人所得税（其中：中央 60%、地方 40%）、证券交易税（其中：中央 88%、地方 12%）和资源税（其中：海洋石油资源税为中央收入，其他资源税为地方收入）；其三，地方固定收入。地方是指省级行政单位。这些收入包括：营业税、城市维护建设税、房产税、印花税、城镇土地使用税、土地增值税、车船使用和牌照税、耕地占用税、契税、遗产和赠予税、教育费附加收入和各项非税收入。然而，必须指出的是，1994 年开始的分税制改革只是约束了中央政府与省级政府之间的财政关系，省级政府与其下级政府之间的财政关系由于各地区经济社会发展的差异而呈现出不同的制度景象。

从本研究所关注的三亚来看，其与海南省政府的分税制改革一直在 1998 年才正式实行，其方案又分别于 2001 年（2002 年起执行）和 2006 年（2007 年起执行）进行过调整，且 2011 年正在酝酿新的方案。表 4－7 展现了三个方案之间的异同。从表 4－7 可以发现，虽然三亚市与省政府之间的财政分成方案几经变动，但基本的特点是，房产税、城市维护建设税、城镇土地使用税和耕地占用税等税种一直为三亚市独享，而房地产业主要就是贡献房产税、城市维护建设税、城镇土地使用税和耕地占用税等税种和企业所得税、营业税、土地增值税；即便是企业所得税、营业税、土地增值税（2007 年之后），三亚市也能获得其中大部分。此外，与房地产业紧密相连的建筑业对税收的贡献主要是企业所得税和营业税，这两个税种 2007 年之后在三亚市的留成比例分别为 26%和 65%。图 4－5 显示了三亚市房地产业和建筑业的税收构成及其跨年度演变，也从一个侧面说明了房地产业及其相关联的建筑业对三亚市地方财政收入（税收收入）的贡献。

伊斯坦利（Easterly，2005）曾指出，增长需要提供“合适的激励”才会产生，因为人们确实对激励做出反应。根据这个观点，三亚市房地产高速的“非

**表 4-7　分税制下三亚市政府与海南省政府财政收入分享比例及其跨年度变迁**

| 三亚市固定收入 | | | 省与三亚市共享收入 | | |
|---|---|---|---|---|---|
| 1998 年方案 | 2002 年方案 | 2007 年方案 | 1998 年方案 | 2002 年方案 | 2007 年方案 |
| 个人所得税<br>房产税<br>城市维护建设税<br>城镇土地使用税<br>土地增值税<br>车船使用税<br>屠宰税<br>筵席税<br>印花税<br>农牧业税<br>农业特产税<br>耕地占用税<br>契税<br>资源税<br>固定资产投资方向调节税<br>土地和海域有偿使用收入<br>行政事业单位的行政性收费收入、罚没收入，列入预算管理的各项基金收入及其他收入 | 资源税<br>房产税<br>城市维护建设税<br>城镇土地使用税<br>土地增值税<br>车船使用和牌照税<br>耕地占用税<br>契税<br>印花税<br>农业特产税<br>农业税<br>屠宰税<br>国有资产经营收益，以及按规定属于市、县的行政性收费、罚没收入、海域场地矿区使用费收入、专项收入、其他收入、政府性基金等 | 资源税<br>房产税<br>城市维护建设税<br>城镇土地使用税<br>车船税<br>耕地占用税<br>印花税<br>按规定属于市、县的政府性基金收入、专项收入、行政事业性收费收入、罚没收入、国有资本经营收入、国有资源（资产）有偿使用收入和其他收入等 | 增值税（地方分享的25%部分）<br>营业税（不含金融、保险企业营业税）<br>企业所得税<br>省与三亚市分享比例为：省分享 30%，三亚市分享 70% | 增值税（地方分享的25%部分）<br>营业税（不含金融保险营业税）<br>企业所得税<br>个人所得税<br>省与三亚市分享比例为：省分享 25%，三亚市分享 75% | 增值税（地方分享的25%部分）<br>营业税（不含金融保险营业税）<br>企业所得税（地方分享的 40%部分）<br>个人所得税（地方分享的 40%部分）<br>土地增值税<br>契税<br>省与三亚市分享比例为：省分享 35%，三亚市分享 65% |

注：资料来源：《（琼府〔1998〕33 号）海南省人民政府关于实行分税制财政管理体制的决定》、《（琼府〔2002〕50 号）海南省人民政府关于重新确定分税制财政管理体制的通知》、《（琼财库〔2002〕）海南省财政厅、海南省国家税务局、海南省地方税务局、人民银行海口中心支行关于实行新财政体制下共享收入划解办法和调整中央两税市县留用比例的通知》、《（琼府〔2007〕78 号）海南省人民政府关于调整完善分税制财政管理体制的通知》。

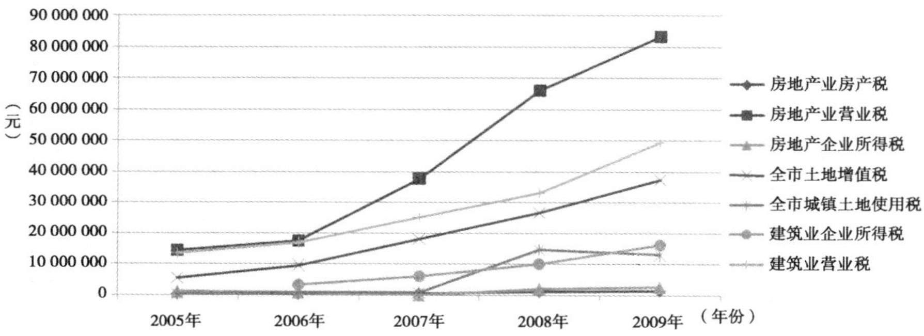


**图 4－5　三亚市 2005～2009 年与房地产业和建筑业相关的税收收入**

注：资料来源于三亚市地税局；考虑到资料本身的敏感性，因此未能公布具体的数据。本图显示数据为三亚市地税局征收的税收总额（房地产业主要贡献房产税、城市维护建设税、城镇土地使用税和耕地占用税等税种和企业所得税、营业税、土地增值税），不论其最终与海南省政府的分成比例。

常规增长”的背后必定有与之相对应的强大激励以及提供这些激励的制度安排。根据组织学/新制度经济学的激励理论，激励问题其实可以抽象为“委托人——代理人”问题。众多的研究已经表明，地方政府遵循着科层制的逻辑（周雪光、艾云，2010），尤其是转型期的地方政府更是兼具“代理型政权经营者”和“谋利型政权经营者”（张静，2000；杨善华、苏红，2002；江曙霞，2008；周黎安，2008）的双重角色。如果说从全国范围来看，始于 1994 年的分税制彻底改变了地方政府尤其是县市级政府主导乡镇企业发展从而谋取利益的激励（因为工业增加值的 75%上交中央政府，剩余的 25%尚需与省级政府分享），那么始于 1998 年的海南省与下级地方政府分税制改革，则更加明确了海南省政府和三亚市政府各自的收入范围和利益追寻空间。分税制改革彻底改变了地方政府面临的财政激励，使得地方政府有动机也有合法性和能力（“中国上下分治的治理体制”，参见：曹正汉，2011）追寻属于自己的利益。同时，上级政府部门对作为“代理型政权经营者”的地方政府官员的晋升，主要是看中地方 GDP、财政税收等经济指标，使得地方政府受到的激励受到扭曲（Holmstrom & Milgrom，1991）。作为“代理型政权经营者”的地方政府不光面临着促进经济发展的任务，也需要承担社会进步、文化发展和环境保护的职能。但是由于社会进步、文化发展和环境保护等指标难以在官员的政绩考核中得以深入考察，因此经济指标尤其是 GDP、财政收入、国外直接投资（FDI）往往被作为唯一指标。因此，面临多重任务（且各任务业绩的可考核程度存在差异）、作为“代理型政权经营者”的地方政府所受激励会出现明显扭曲，因而完全有动力和能力通过大力支持或者默许房地产市场的发展来增加GDP、增加财政收入、然后通过财政收入来刺激GDP的增长，从而一方面在“政治锦标赛”(Lazear & Rosen，1981；周黎安，2008；周飞舟，2009)中取得优势地位(“代理型政权经营者”)，另一方面则可以通过各种渠道谋取自身和地方利益(“谋利型政权经营者”)。因此，在三亚市资源禀赋结构和城市发展定位下，以休闲、养老、度假、旅游为名头的各类住宅地产项目[1](即开发商、地方政府和众多规划专家学者所谓的“旅游地产”、“度假地产”、“休闲地产”等)在政府的大力支持或默许下大行其道，如雨后春笋般涌现。而实际上，此类住宅地产的空置率却奇高，据《第一财经日报》报道[2]：“海南省三亚市房地产交易管理所市场部的最新调查显示，三亚市商品住房空置率平均高达近85%，尤其是拥有稀缺海景资源的三亚湾、大东海等片区商品住房空置率达到95%左右”。

因此，从上文的论述其实也可以看出，近年来三亚市房地产业的“非常规”发展其实也是在市场化与国家制度安排(分税制改革所致地方政府官员激励的变化)之间的共生与互动中得以实现的。

## 4.3 本章小结

本章对1988年以来三亚市作为一个旅游城市的发展历程进行了历时性的描述，将之划分为5个阶段，并指出2006年以来，三亚市的发展轨迹发生了一些转变，房地产业的“非常规”发展，不断地对三亚市旅游城市的城市性质提出了挑战，并对城市社会可持续发展产生了负面影响。本章指出，(1)资源禀赋结构、政府能力和国家战略交织在一起共同决定了上世纪80年代末三亚市选择了一条以旅游业作为城市主导产业的发展道路；旅游城市的定位和功能在旅游产业的演进以及中央政府的认可与支持下不断强化。(2)市场化改革连同分税制改革(中央与海南省实行分税制始于1994年；海南省与下辖市县实行分税制始于1998年)后地方政府激励的转变，共同导致

[1] 三亚市目前的房地产产品结构较为单一，商品房开发投资约占房地产投资总额的90%，比重偏大，特别是岛外型候鸟型的第二居所特征过度明显(转引自：三亚市规划建设局官网：http://www.sanyaup.com.cn/chms_view.asp? id=1952)。

[2] 《三亚部分片区商品住宅空置率95% 专家建议征收空置税》，见《第一财经日报》：http://finance.ifeng.com/news/house/20110708/4239775.shtml。

了三亚市房地产业的“非常规”发展。因此，三亚市自 1988 年以来的城市发展历程与现实，充分地体现了区域发展过程中国家（政治）与市场的共生演化（Zhou，2000），即在有些场域，国家[1]与市场互相促进，如国家充分利用市场机制促进经济发展和地方财政收入的改善，市场机制的充分发挥也促进了国家机器的顺利运作；在有些场域，国家与市场互相竞争，如国家在某些场景抑制了市场机制的作用，抑或市场在某些场域削弱了国家的力量（房地产市场的“非理性”与“非常规”发展就充分体现了地方政府自主性的弱化）（有关国家与市场共生演化的更多实证分析，参见：Zhou，2000；冯仕政，2007；陈那波，2009）。因此，本章的分析也验证了“国家（政治）与市场共生演化”的理论在解释区域发展中的适用性，因而也支持了“制度变迁的多重逻辑”分析框架。

---

〔1〕 此处的“国家”包含中央政府和地方政府两个层级。周雪光（Zhou，2000）原文为政治——市场共生演化，冯仕政（2007）、陈那波（2009）将之分别翻译为国家——市场共生演化、国家——市场互动，其所指国家涵盖中央政府和地方政府两个层级。

# 第五章　海棠湾国际休闲度假区开发模式变迁

本章尝试着对海棠湾国际休闲度假区[1]自 2004 年以来的发展历程和经历的开发模式变迁做出详细的阐述；并对开发模式变迁所带来的政治与经济后果进行分析。正如下文将阐明的，海棠湾国际休闲度假区是三亚市自 2004 年以来举全市之力强势推进的海滨旅游度假区，是三亚市“一号工程”、海南省“十一五”重点建设项目之一。尤其是，在 2010 年“海南国际旅游岛建设”上升为国家战略之后，海棠湾的开发建设及其开发模式，更加引起海南省内外的广泛关注。海棠湾国际休闲度假区是国内新兴的、正在开发建设中的海滨旅游度假区的典型代表；其所经历的开发模式的变迁，是近年来三亚市和海南省内经济开发区（海滨旅游度假区也是开发区的一种）开发模式变迁的缩影；其中反映出的不同层面、不同类型的参与主体的行动逻辑及其互动博弈过程，同样也可以折射出三亚市、海南省乃至整个中国在经济、社会与政治等方面诸多制度变迁的复杂景象。因此，对海棠湾国际休闲度假区开发模式变迁及其政治与经济后果的分析具有理论和现实意义。

## 5.1　海棠湾国际休闲度假区简介[2]

海棠湾位于海南岛南端、三亚市东部，距市区 28 公里，与亚龙湾、大东

〔1〕“海棠湾国际休闲度假区”这一称呼沿用自海南省政府、三亚市政府及其下属的海棠湾管委会正式出版的各种文字材料，如海南省人民政府于 2007 年 5 月 26 日正式批准的《海棠湾分区规划及城市设计》就曾提出要把海棠湾建设成为具有世界影响力的“国家海岸”——国际休闲度假区。

〔2〕主要参考《海棠湾概念性总体规划综合方案》(2006 年)、《海棠湾分区规划及城市设计》(2007 年)等。

海、三亚湾、崖州湾并列三亚五大名湾，具有较好的旅游区位条件。海棠湾地区的西北多为山地，东南为较宽平坦的河流冲积地和滨海平原，区内旅游资源丰富。《海棠湾概念性总体规划综合方案》(2006 年)、《海棠湾分区规划及城市设计》等规划确定的总用地面积为 98.78 平方公里，海岸线总长为 21.8 公里。2005 年，海南省政府、三亚市政府提出开发海棠湾设想，受到中国数家大型企业的认同和参与，海棠湾开发的前期工作正式展开。2005 年 5～8 月，三亚市组织了海棠湾概念性总体规划国际竞赛，评审后委托美国 EDSA 公司编制概念性总体规划综合方案，2006 年 4 月，省规委原则通过概念性总体规划综合方案。概念规划达成 4 个共识：① 总体定位："国家海岸"——国际休闲度假区；② 国际品牌：世界级品牌的引入；③ 开发理念：生态保护与开发建设双赢；④ 划定三区：划定北、中、南三区。为行文方便和结构安排之便利，下文主要介绍海棠湾的资源条件。有关开发开发建设进展的介绍，见本章"政府主导开发模式的特点"部分。

(1) 气象特征。海棠湾休闲度假区的气候属于热带季风气候，具有海洋性特征，1～6 月份为东北季风期，6～12 月为西南季风期，30 年(1971～2000)平均气温 25.8℃，没有严重的低温。5～10 月半年雨量占全年雨量的 90%，为雨季；11～4 月，降水量仅为全年的 10%，为干季。6～11 月受热带气旋影响较多。气候特征可以总结为：长夏无冬，秋春紧接，阳光充足，蒸发量大；干湿各半，雨骤旱酷；台风较多，雨急风大。

(2) 地形地貌。海棠湾为一东南开口的耳形海湾，属海蚀—海积型港湾，海岸地貌类型由沙坝泻湖海岸和沙质海岸构成。沙滩分布沿岸呈"L"型，朝向东南，沙滩连绵长达 18 公里，沙滩洁白，沙滩后缘为高大沙坝，海岸地形平坦。海棠湾至蜈支洲岛海区水深最大为 18 米，为浅海区，地形较平缓，其东部由蜈支洲岛岸边向西北海域的方向倾斜，坡度 20%～25%。西部由大灶村岸边向东南海域的方向倾斜，坡度 15%～20%，在中部偏东位置形成一深槽。海棠湾主体为沙质海岸，岸线较平直，潮间带为沙滩，由中砂、细砂构成；后海山、铁炉礁和蜈支洲岛东南部海岸为岩岸，海岸在海浪的冲蚀作用下略有后退，海蚀槽沟发育。

(3) 人文状况。海棠湾现状总人口 38 365 人，其中城镇人口 9 074 人，农业人口 29 291 人，包括汉、黎、回、苗等多个民族。海棠湾原有藤桥镇、林旺镇两座小城镇。藤桥镇建设用地主要在环岛东线高速公路以西的海榆东线公路两旁，建成区土地面积 98 公顷，是地区性农副产品批发和加工的商贸小城镇，现状人口 6 300 人，镇区现有建设用地总面积 105 公顷，镇区范围包括龙楼、东溪、藤桥村委会所在地居民点及其辖管的一些村庄，现有人口 1 774 人。藤桥镇、林旺镇两镇合并成海棠湾镇后，政府的大多数办事部门设在藤桥镇区，只有镇教育委员会、工商所的市场管理部门、中心医院、税务部门等设在林旺。

（4）旅游资源现状。海棠湾有沙滩、泻湖、湿地、山地、河流、湖泊、海岛等众多优质的旅游资源，其中沙滩、泻湖、藤桥河三角洲的椰林岛在周边旅游度假区中具有明显的比较优势。① 海岸——海棠湾的海岸类型包括了沙岸、岩岸和生物海岸，具有海岸的所有特点。南部是岩岸，北部是沙岸，铁炉港内是生物海岸。② 沙滩——长度 21.86 公里，局促、陡峭，中部的凸出，是风、海、沙运动的结果，目前处于相对稳定状态。③ 铁炉港泻湖——是三亚市为数不多的适合停靠游艇的自然港湾，可以用于建设游艇社区。④ 植被、林地——原生植被已经遭到破坏，海岸上的防风林也部分被破坏。⑤ 椰林岛——由 17 个小岛组成，岛上椰树密布，洪水和大潮同时发生的时候会被淹没。⑥ 指状湿地——主要分布在大、小龙江塘边缘及其北侧指状低地内部。⑦ 温泉——区内有南田和湾坡两处温泉。南田温泉位于三亚市区东北面的南田农场内，平均水温 57 摄氏度，属低温温热矿水；出水量可达 10 000 $m^3$/日，属于大型医疗热矿水田。湾坡温泉位于海棠湾林旺湾坡村，该温泉出水量大，水温约 70 摄氏度，含有多种矿物质，温泉浴具消除疲劳、舒筋活胳、强身健体功效。⑧ 岛屿——蜈支洲岛位于场地中部海域，岛东西长 1 500 米，南北宽 1 100 米，面积 1.12 平方公里。岛上旅游资源丰富，周边海水清澈度高，属国家一类海水资源。⑨ 山地——海棠湾南部、西部和北部群山环抱，自然景观优美。铁炉港中部的薄尾岭山形优美。铁炉港南部的山体由于采石形成巨大的剥离面，在场地的大多数地方都能看到。⑩ 河流与河口三角洲——区内北部河流密布，主要河流为藤桥东、西河，以及它们的支流。藤桥河发源于规划区西部山区，在海棠湾镇东部入海，镇内河段长 17 公里，流域面积 197 平方公里。南部河流较少，主要有发源与西部山地、从铁炉港入海的铁炉河。藤桥河分为藤桥东河和藤桥西河，在海棠湾镇东部入海，其入海口处冲积成风景独特的椰子洲。此外，还有诸多名胜古迹，如藤桥河东侧土福湾区域内有两处伊斯兰古墓群，其中南部的古墓群已经被列为国家级文物保护单位。原藤桥镇内有百年老街，蜈支洲岛上有妈祖庙。

## 5.2 海棠湾国际休闲度假区开发模式变迁历程

### 5.2.1 开发权争夺阶段(2004～2006)[1]

(1) 上海家化的最早介入：一石激起千层浪

早在1994年，《三亚市城市总体规划》就将海棠湾地区定位为“三亚的城市未来发展区——海棠城”。按照未来生态城市的设想，规划期内不做大规模开发。当时，规划利用的土地面积是100平方公里。1999年编制、2000年通过审批的《三亚市城市总体规划》又延续了以往的思路，明确提出“规划将海棠湾南段作为未来三亚市生态旅游城市发展备用地，近期应保持其生态环境不被破坏”。因此，实际上，从三亚市1987年升格为地级市至2004，都未曾在海棠湾滨海地区上马新的建设项目。它仅仅作为一个以农业为主的小镇而存在着。2001年8月，地处海棠湾地区的藤桥镇、林旺镇合并，设立海棠湾镇，镇政府驻藤桥墟(藤桥镇、林旺镇合并成新的海棠湾镇后，藤桥、林旺均改为墟；原藤桥镇政府办公用地改为海棠湾镇政府办公用地；2008年，原林旺镇政府办公用地改为中共三亚市海棠湾工作委员会、海棠湾管理委员会和海棠湾开发建设有限公司的办公用地)。

2004年4月，时任上海家化(上海家化联合股份有限公司)董事长的葛文耀第一个向三亚市政府提出了自己开发海棠湾的构想，打破了沉寂十年的平静。上海家化提出的方案声称，海棠湾地区的整体开发将带动整个三亚地区的社会与经济发展。上海家化建议的开发模式为：

> 由三亚政府与上海家化共同组建开发公司，进行总体规划后，再包装发布、引资招商。项目占地共67平方公里，涉及动迁1.5万

〔1〕 这部分内容是对相关媒体报道的整合。主要来源有：①《家化葛文耀海南遭遇李嘉诚》，见《东方早报》(http://stock.163.com 2005-07-08 09:49:09)；②《江泽林在会见上海家化集团董事长葛文耀》，见《三亚晨报》(www.hainan.gov.cn2006-05-16 11:48:10)；③《海棠湾相逢上海军团谋结盟李嘉诚》，见《每日经济新闻》(http://finance.sina.com.cn 2005年07月08日02:45)；④《宁静背后的鏖战：上海系、香港帮力争三亚海棠湾》，见《乐途旅游》(http://www.lotour.com/snapshot/2005-6-23/snapshot_19918.shtml 2005-6-23 9:30:00)；⑤《葛文耀李嘉诚竞逐三亚千亿项目》，见《东方早报》(http://finance.sina.com.cn 2005年07月06日02:24)。为保证内容的真实性，作者首先对各种材料进行了互相印证，剔除不符合事实的部分。此后，在对三亚市政府部门官员访谈中逐一对该部分内容进行了求证。

人；三亚政府拥有60%的股份；开发公司负责控制总体规划，按照国家政策进行招投标，以平均每亩30万的土地出让价格上缴给政府；政府按基准地价向该公司收取土地出让金，土地公开拍卖的溢价收入归公司所有，政府享有60%的土地溢价收益。

在这一开发模式下，包括规划设计、前期投融资工作全部由上海家化的团队出面完成。据初步估测，一旦项目落实，仅靠土地出让金和相关税收，三亚市政府就可以获得约460亿元的收入。由于对三亚市和海棠湾有过近一年半的前期研究，葛文耀觉得自己的计划很周详，他的方案几乎在三亚市每个重要的政府部门里都“人手一份”。他所设想的是，没有太大意外的话，由上海家化和三亚市政府联手开发海棠湾是顺其自然的事情。但令他始料未及的是，“意外”就这样发生了。

(2) 李嘉诚父子的介入：“上海系”与“香港兵团”的争夺战

① 李嘉诚父子为首的“香港兵团”的介入。2004年7月22日，在亚龙湾旅游度假区海滩边，由上海嘉华投资5亿元的三亚家化万豪度假酒店举行试业典礼(投资始于2000年)。不过，也许当时的葛文耀并不知道，在众多的受邀嘉宾当中，两名“不速之客”的突然光临会在此之后引来一场“突袭”，拉开海棠湾开发权和开发理念的争夺战的序幕。这两名“和记黄埔”(和记黄埔有限公司)旗下的员工在考察了海棠湾之后，对其今后的发展前景十分看好。在他们的推荐下，香港“超人”李嘉诚之子李泽楷亲临海南，随行的还有李兆基之子以及郭氏集团的相关人员。李泽楷于2005年3月向海南省政府直接表达了参与海棠湾开发的意愿，希望能获得9公里海岸线和14平方公里的土地开发权，主营开发为房地产。同时，恒基兆业地产(李兆基为董事局主席)也表示了希望灵活开发的意愿且前提是“开发量至少不低于李泽楷”。同月，三亚市政府成立“海棠湾项目促进小组”，由省市两级政府联合促进该区域的发展。

2005年4月28日，时任三亚市规划局局长曾清泉、总规划师蓝武军(现为三亚市规划建设局副局长)赴海南省建设厅汇报工作，向时任海南省建设厅副厅长李建飞汇报了《三亚市城市总体规划》的调整和海棠湾规划的准备情况，并提出海棠湾规划将采取国际咨询的方式进行。李建飞在认可汇报工作的同时指出，三亚总体规划要按照重大调整去做(也就是后来所谓的“三亚市城市总体规划重大调整”，在这轮规划大调整中，海棠湾、亚龙湾二期提前启动,详见第四章);海棠湾的规划定位以旅游度假区、酒店、高档公寓为主。同时,要求海棠湾的规划方案必须在当年7月10日完成。

2005年5月12日、13日上午,美国霍克设计机构、美国佐佐木设计师事务所、英国阿特金斯设计公司及上海同济大学四家设计单位深入海棠湾进行现场考察。由此,海棠湾概念性总体规划的国际咨询工作正式启动。2005年5月17日,海南省政府召开省长办公会议,研究引进香港和记黄埔、香港电讯盈科投资开发海棠湾工作事宜。也正是此时,香港和记黄埔董事局主席李嘉诚正式宣布投身其中、联手开发海棠湾;并既而向海南省政府提出,希望尽快安排土地,早日启动高档酒店建设。2005年5月21日下午,海南省政府举行新闻通报会,将李氏父子将联手开发海棠湾的消息公布于众。短短半年时间,在这一系列的事件之后,以李嘉诚为首的“香港兵团”完成了从前期考察到高调出场的过程。在比上海家化晚来一步的情况下,可谓“攻城略地、志在必得”。在面临被“横刀夺爱”的威胁时,上海家化不得不寻求外力支持。

② 以上海家化为首的“上海系”的回击。在2005年5月21日海南省政府新闻发布会之后,上海家化迅速做出了反应,向时任海南省省长卫留成提交了《关于建设海棠湾国际新城的框架性建议》。按照这份建议,海棠湾将建设为占地67平方公里的国际新城,预计开发周期为8至10年,预计开发建设总投资将超过1000亿人民币。在这一框架性建议中,支撑国际新城这一庞大计划的企业团队已经不再只有上海家化,而是上升为一个“上海系”的顶级阵容。企业团队由上海家化(集团)有限公司[1]和上海地产(集团)有限公司牵头,包括上海房地集团、上海中环投资开发(集团)有限公司、上海国际汽车城置业有限公司、中国城镇集团有限公司等在内的数十家以上海为主要基地的开发商。其中,上海地产集团是上海市政府土地储备运作的载体,集团注册资本达42亿元,主要从事上海土地的市场运作并承担投融资功能。当时上海地产集团在上海的土地储备量更是占到整个上海土地储备量的60%以上,年开发面积超过1 000万平方米。由于有上海地产集团这样强势的国有企业的加入,争夺海棠湾开发的“上海系”团队变得空前强大,拥有极其雄厚的资金实力,总资产规模超过2 000亿元。“至少在钱这方面不会比李嘉诚他们少”。葛文耀对自己新带来的团队充满自信,在他看来,用这样一个阵容

〔1〕 1999年,上海家化有限公司整体改制为上海家化联合股份有限公司。2006年,上海家化联合股份有限公司完成股权分置改革,上海家化集团成为股份有限公司唯一的大股东。

来构成的“截杀”与回击，即使不能一击必中，至少也不会让李氏父子赢得那么轻松。“做一个区域，不能太短视”，葛文耀认为，如果按照香港企业的构想来开发海棠湾，仅仅是作为房地产开发而没有其他配套建设的话，那将只能是一个提供给富人的休闲居所而已，根本不可能形成自己的特色。葛文耀的“国际新城”概念并不同于简单的旅游地产开发，而是一个拥有产业支持和常住人口的城镇。它将拥有自己所独有的文化要素和产业定位。具体来说，一方面，海棠湾的开发要同三亚市整体发展相结合，其产业定位不能局限于旅游业，而是包含会展业、创意产业、科技产业、海洋生物业、热带农业等能独立支撑并吸引常住人口的产业。海棠湾的开发，要采用最新的能源技术、环保技术，保持整体开发的可持续性，避免环境污染。包括新城开发在内的城市开发建设，也正是位列“上海系”的大企业所擅长的。另一方面，海棠湾要找到具有特殊魅力的文化价值主张和表现形式，而不局限于度假。“海棠湾有着得天独厚的自然条件，而且有其他地方没有的后发优势，那么就应该做到世界第一，而不是所谓的世界一流。要完成这一点，‘国际新城’就必须坚持三点：有自己的定位、有独立支撑的产业、环保的理念”，葛文耀如是说。

这就是“上海系”与“李嘉诚父子”领衔的“香港兵团”在开发海棠湾上的根本分歧所在。葛文耀坚持要先研究后做规划，不要匆忙上马，将一个好地方给破坏了。葛文耀说：“上海家化已经对这个项目研究了两年多”。因此，“上海系”与“香港兵团”之争，不仅仅停留在开发权上，而更是一种开发理念的碰撞与交锋。究竟是先规划研究再总体开发，还是先开发再快速形成集聚效应？尽管构想丰富，但事实上，“国际新城”的操作难度要远远大于“香港模式”。连葛文耀自己都承认，如果按构想去做，海棠湾的系统工程，其复杂程度和开发能级甚至远远超过上海“世博园”的建设。尽管“上海系”的开发理念得到了海南省政府部分高层的认可，但海南省政府的态度却平静得不留痕迹。“关于海棠湾的开发规划，都还在制定与细化中，一切都还没定夺”。在三亚市政府后来提交给省政府的一个最新方案中，提出了一个相对折中的方式：由海南省政府、上海家化、中粮集团、长江实业、恒基兆业和新鸿基共同组成开发公司来对海棠湾地区进行开发。海南省政府依然控股60%，剩下有由各方共享。也许在海棠湾的规划方案正式出台之前，“香港兵团”与“上海系”的开发权争夺都并不会有结果。

(3) 多方博弈的均衡：七大开发商共同分区开发海棠湾

原定于2005年7月10日公布的海棠湾规划方案和开发模式并没有如

期公布。2005 年 7 月 7 日，三亚市规划建设局向《每日经济新闻》透露：“概念性总体规划要到 7 月底出台，开发模式和开发定位上，各种可能都存在”。

① 花落三家：“上海系”与“香港兵团”的双赢。2005 年 10 月 25 日，在上海光大会展中心国际大酒店举行的“2005 年海南省介绍暨项目签约仪式”上，海南省三亚市时任市长陆志远分别与香港电讯盈科主席李泽楷、香港保利集团副总王小朝、上海家化集团董事长葛文耀签署了《海棠湾合作开发意向协议》。其中，李嘉诚父子的和记黄埔和电讯盈科共签得 50 亿元合作意向，“上海联合体”（以上海家化集团为主）和香港保利集团各签得 60 亿元的合作意向。在签约仪式上，时任海南省委常委、三亚市委书记的于迅强调：三亚市政府将按照“统一规划、政府主导、企业参与、市场运作、滚动开发、分批建设”的原则开发海棠湾。之后，中粮集团、鲁能集团、中国房地产开发集团、海航和摩根斯丹利等也纷纷表示了想参与投资的意愿，并逐渐参与到海棠湾土地一级开发权的“争夺”与“瓜分”之中。

② 尘埃落定：七大开发商共同分区对海棠湾进行一级开发。2005 年 12 月 1 日，海棠湾概念性总体规划的综合方案，通过了专家评审。2006 年 4 月 11 日，海南省规划委员会原则通过由美国 EDSA 编制的《海棠湾概念性总体规划综合方案》。2006 年 11 月 7 日，在三亚市召开的“海棠湾开发进展情况汇报会”上，经过多方多轮博弈，最终有七家企业坚持到了最后，获得了海棠湾的土地一级开发权。它们分别是香港盈科地产、香港保利集团、上海家化集团、美国泰威集团、新加坡星狮集团、中粮集团、海南翰星实业投资有限公司。按照约定，这些企业将作为成片土地的一级开发商同步开发海棠湾。其中，香港盈科地产拿到 17.02 平方公里的开发权，是面积最大的一家。上海家化集团和香港保利集团紧随其后，分别是 9.14 平方公里和 8.84 平方公里；中粮集团、美国泰威集团、新加坡星狮集团和海南翰星实业投资有限公司等四家开发商分别获得 4.13 平方公里、1.41 平方公里、1.5 平方公里和 2.3 平方公里的土地一级开发权。在这七大企业共同分区进行一级开发的模式下，其实并没有开发主体（主开发商），正如时任三亚市市长的陆志远介绍的[1]：“海棠湾的开发模式与博鳌不同，没有主开发商，各开发商将在总体规划的指导下，分别进行相关区域的开发建设”。

---

〔1〕 资料来源：《3 巨头抢先拿到“入场券”170 亿砸向海棠湾》，见：海南房产网（http://house.hainan.net/newsRead-hn-355450.html）。

③ 开发进展：各显神通与进度不一。在获得海棠湾土地一级开发权后，七家企业各自采取了不同的方法推进开发区域，各自进度也不尽一致。2006年11月7日，三亚市召开“海棠湾开发进展情况汇报会”。会议要求，海棠湾各开发业主（七家土地一级开发企业）要尽快完成各自地块的控制性详细规划，并于12月26日编制完成控制性详细规划方案。会议指出，此次控制性详细规划必须以分区规划（中国城市规划设计研究院主持编制的《海棠湾分区规划及城市设计》）为前提，满足分区的控制要求，围绕核心功能，选择启动项目为重点编制规划，开发企业、设计单位、市规划局三方密切配合，中国城市规划设计研究院为技术指导以提高效率。同时，在控制性详细规划编制过程中，必须安排不少于两次的中间成果汇报，其目的在于核对分区规划要求是否得以落实。据“海棠湾开发进展情况汇报会”要求，在2006年11月21日上午举行的“海棠湾控规编制工作进展情况”会议上，保利集团汇报了位于海棠湾南部片区C10地块的控制性详细规划的进展。据汇报，该区域功能结构为滨海度假酒店、游艇社区、文化园、餐饮文化区等。此外，上海家化集团、香港盈科地产、香港保利集团、美国泰威集团等四家单位已在市规划局信息中心购买了1∶2 000数字地形图资料，正着手编制控制性详细规划。此后，香港盈科大衍房地产有限公司、海南翰星实业投资有限公司等也分别向三亚市规划局汇报了各自开发区域的控制性详细规划编制的进展。

(4) 小结：开发权争夺阶段的开发模式实质——政府主导、企业参与土地一级开发

从以上对开发权争夺的过程的描述中可以清晰地发现，不论是最早介入的上海家化还是后来中途“杀出”的“香港兵团”，还是后来确定的七家土地一级开发商，他们与三亚市政府提出的或者实质上运作的开发模式都是“政府主导、企业参与一级开发”[1]。正如三亚市发改委的受访者指出的：“在没有确定政府主导一级开发前，应该是一直往企业主导（实际上应为政府主导、企业参与，作者注）一级开发方向推进的”（访谈记录：NHG011）[2]。具体而

〔1〕 时任海南省省长卫留成2005年1月在《政府工作报告》(http://www.hinews.cn)中曾提出，2005年的工作重点之一是：“积极引进国内外大企业大集团参与重点旅游区和旅游房地产项目的开发建设，加快推动盈滨半岛、海棠湾、棋子湾的整体开发，启动开发神州半岛、石梅湾等一批高档次项目，高水平规划和开发中部地区森林旅游项目”。

〔2〕 编号为本研究所加，按照所有受访者接受访谈的时间结合其姓名拼音首字母进行编号和排序（见第三章表3-2），以命名对其进行的访谈的记录。

言，在土地"招拍挂"制度下（具体参见第七章介绍），土地的一级开发允许企业参与进来甚至主导，参与规划设计、征地、拆迁和安置补偿等土地整理和储备工作；土地的出让由三亚市国土资源部门主导完成，企业与市政府分享土地溢价收入。

然而，总体上而言，从2004年上海家化集团的首次介入到2006年底七大土地一级开发企业汇报规划设计进展，已经过去了近3年时间。在过去的3年时间中，开发建设进展缓慢，几乎没有成规模的开发建设项目。这种相对缓慢的开发建设进展也在一定程度上为后续开发模式的转变埋下了伏笔。

### 5.2.2 政府主导开发模式阶段（2007～）

(1) 政府主导开发模式的形成

海棠湾休闲度假区开发的政府主导模式的最终确定大致上经历了两个时期，但这两个时期的界分并没有严格的分水岭。其一为2007年初至2008年中的政府主导模式试运行期。其二为2008年中之后的政府主导模式确定与强势推进期。

① 政府主导模式的试运行。应该说，早在2007年之前海棠湾开发模式的转变就已经开始酝酿。2007年则是海棠湾国际休闲度假区开发建设历程上的关键年份。其中，对海棠湾开发建设最为重要的事件是2007年初三亚市委、市政府，

> 根据省政府的指示精神以及海棠湾开发的需求，对海棠湾开发模式进行了调整，最终确定改变以前由政府和企业合作进行一级土地开发，一并分享土地出让收益的开发模式，实行土地一级开发由政府独立完成，然后政府以项目带土地招商的模式[1]。

然而，这种政府主导模式的形成与确定并非一朝一夕之事，而是经历一个较长时间的"试运行期"。所谓的"试运行"，主要体现在以下两个方面。

其一，土地出让的最大化收益，坚定了三亚市政府主导海棠湾开发的信

---

〔1〕 具体的开发模式变迁的决策过程，由于涉及三亚市委、市政府内部运作过程，本研究虽然竭尽全力但仍并没能深入挖掘这一"黑箱"；这里引用的这段表述也是三亚市政府官方公布的材料以及众多媒体报道中最经常出现的内容。然而，虽然三亚市委、市政府具体地决定改变以往的"政府主导、企业配合"模式，从而采取政府全方位主导的模式的过程，作为学术研究者，难以一一窥探到，但根据目前掌握的资料，这一决策出台的前后背景，还是能够得以基本还原。

心。在海南省城乡规划委员会于2007年3月30日正式通过《海棠湾分区规划及城市设计》后，三亚市政府就紧锣密鼓地于5月1号启动了海棠湾地区征地清点丈量工作，为后续的土地整理与储备做准备。2007年5月9日，时任海南省委常委、市委书记的江泽林调研海棠湾时强调，海棠湾今年(2007年)内要大规模投入、大规模开发建设，启动一批项目，建设一批基础设施。紧接着，同年6月22日，在海棠湾基本上还没有任何市政建设的情况下，海棠湾7宗、共计2 130亩国有建设用地通过"招拍挂"正式出让，标志着海棠湾的开发建设正式进入到实质性操作阶段，也意味着海棠湾的政府主导模式开始运作。此次土地出让共获得土地出让金21亿元，中标价格从97万元每亩至100万元每亩不等〔1〕。海南开维、三亚巨源、大连万达、北京今典、中国希格玛、三亚高胜、香港理文这7家企业，成为首批进驻海棠湾的土地二级开发企业。21亿元的土地出让金，也创下海南省一次性出让土地收益的最高纪录，也意味着海棠湾开发建设进入实质性操作阶段。海棠湾首批酒店也因此诞生了：凯宾斯基、朱美拉、索菲特酒店、康莱德、希尔顿逸林、费尔蒙、君悦酒店、喜来登、豪华精选。时隔不到半年(2007年年底)，三亚市政府国土部门再次拍卖海棠湾的国有建设用地——海棠湾8号酒店用地，创下每亩单价232万的记录，土地总收益达到6.23亿元，由香港嘉里控股有限公司"夺标"〔2〕，用于建设香格里拉酒店。

其二，成立三亚市海棠湾管委会、三亚市海棠湾开发建设有限公司，标志着海棠湾政府主导模式的管理体制的"雏形"出现。2007年9月，三亚市政府正式成立海棠湾管理委员会和三亚市海棠湾开发建设有限公司，前者由时任三亚市市长助理的规划建设局局长曾清泉任主任。后者"为市政府直属企业，主要从事海棠湾开发建设及配套基础设施建设，并负责政府投入建设资金的使用和管理，不得进行日常性经营活动。三亚市海棠湾开发建设有限公司与三亚市海棠湾管理委员会实行两块牌子，一套人员"〔3〕。然而，这一阶段的海棠湾管委会尚处试运行阶段，与海棠湾镇政府一直存在着权限不明、

〔1〕 资料来源：《国家海岸·海棠湾开发建设情况汇报》，海棠湾工委、管委会、镇委、镇政府，2010年12月。

〔2〕 资料来源：《国家海岸·海棠湾开发建设情况汇报》，海棠湾工委、管委会、镇委、镇政府，2010年12月。

〔3〕 资料来源：《三亚市人民政府关于成立三亚市海棠湾开发建设有限公司的通知》(三府〔2007〕147号)，2007年9月21日。

责任不清、关系不顺等问题，后来甚至发展到互相扯皮争功诿过，给工程项目及时快速推进带来了阻力[1]。直到 2008 年 6 月三亚市委、市政府政府调整海棠湾管委会职责、8 月市委成立海棠湾工委时，所谓的海棠湾体制才得以理顺。

② 政府主导模式的正式确定。2008 年 6 月之后，海棠湾逐步确立了政府主导的开发建设模式。这主要是以政府管理体制的理顺为标志。在政府主导的管理体制最终确立之后，相应的征地拆迁与安置补偿、基础设施建设、招商引资、土地出让和具体项目建设等也得以逐步推进。海棠湾管委会的受访者也指出了海棠湾政府主导模式的管理体制的理顺对于海棠湾开发建设的意义：

> 主要是 04 到 05、06 这个时候，主要是对海棠湾的开发模式、开发问题进行研究；从 2007 年初，就确定了这个开发模式。确定了开发模式之后，就开发得比较顺利了。那么 07 至 08 年，模式定下了嘛。整个规划主要都是由三亚市政府来主导。2008 年，我们管委会也成立了(实际上是指 2008 年管委会正式迁入林旺办公楼、三亚市委成立海棠湾工委会、市政府对管委会进一步赋权，作者注)。2008 年底，海棠湾就真正进入到了真正的开发建设期了。陆陆续续有一些小路，可能是 07 年就动工了，但是真正动工的规模大起来，是在 2008 年……。高速的发展建设期，那就是 2009，2010 年和 2011 年三年时间。但是前期的开发模式，磨得还是比较久。(访谈记录：CHH015)

下文将介绍 2008 年之后海棠湾开发建设的政府管理体制的确立。2008 年 6 月 5 日，三亚市政府常务会议通过《关于进一步加强海棠湾管委会职能的决定》，明确指出“海棠湾管委会是代表三亚市委、市政府开发建设海棠湾的管理机构，全权处理、全面统筹海棠湾开发区域内各项管理事务；管委会人员编制 30 人，所有支出由财政全额拨款”。具体而言，在土地出让方面，“由管委会牵头，会同三亚市国土、发改部门制定年度土地供应计划，报市政府批

〔1〕 资料来源：《三亚市海棠湾：新体制新机制催生新气势》，见：中国机构网(http://www.wxrcrs.gov.cn/WXRSJ/InfoDetail/? infoid=80e710a1-eb95-4c0b-bcb0-0100546c90eb &siteid=1)。

准后，由国土部门根据供地计划和现时情况组织土地出让，并报管委会备案”。在项目规划报建审批问题方面，“海棠湾管委会对海棠湾规划实施管理，核发区域内建设项目的‘一书两证’”。在项目的跟踪服务方面，“开发业主获得土地证后，由海棠湾管委会、三亚市发改局和开发业主三方共同签订《项目投资建设风险防范合同》，明确项目开发中的主要时间节点，如确定酒店品牌、方案报审、开工、完成投资过半、竣工、开业时间等”。2008 年 8 月 14 日，三亚市委市政府发布《关于印发〈三亚市海棠湾管理委员会机构调整方案〉的通知》（三发〔2008〕11 号），做出以下三个方面的重要决定：其一，设立中共三亚市海棠湾工作委员会，为市委派出机构。在整个构架上，凡涉及社会管理及公共服务等事务由镇政府负责，凡属新区开发及高新技术引进和开发等由管委会负责，各有分工，优势互补。其二，在法律法规的权限内市政府赋予海棠湾管理委员会相当市一级的财政、规划建设、招商引资、项目审批、外经外贸、综合行政执法等权限。其三，中共三亚市海棠湾工作委员会、三亚市海棠湾管理委员会领导与海棠湾镇党委、镇政府领导人员原则上实行交叉任职。2008 年 8 月 28 日，中共三亚市海棠湾工作委员会正式成立，时任副市长岳进担任书记。至此，海棠湾政府主导模式的管理体制正式建立，也标志着以政府全方位主导为特征的所谓“海棠湾模式”的正式确定以及强势推进的开始。

(2) 政府主导开发模式的特点

由原有的政府主导、企业配合模式转入政府全方位主导的开发模式，最主要的区别就是企业不再参与海棠湾内的土地一级开发，转而由政府全方位主导。也正式这种制度安排的转变，使得海棠湾休闲度假区的开发建设进展以及相应利益主体之间的关系发生了显著的变化。也可以说，开发模式的变迁导致了诸多方面的政治、经济与社会后果。

① 度假区土地一级开发：政府全方位主导下的强势推进。首先，征地拆迁与补偿安置：政府强势推进与社区反应。在度假区开发过程中，征地拆迁以及由此产生的补偿和安置，基础设施的投入建设等基本的土地整理工作是土地一级开发的主要内容。在原有政府主导、企业配合模式的制度安排下，虽然征地拆迁等工作按照法律规定是政府的职责，但由于主开发商（企业）主导土地一级开发，尤其是涉及征地拆迁补偿（补偿作为土地一级开发的成本之一，由主开发商先行垫付）等，因此不可避免地将参与土地的征用和地上附着物的拆迁以及补偿和安置工作。在确定了政府主导的开发模式、尤其是建

立了具有市一级权限的“工委/管委会”体制之后，海棠湾区内的征地、拆迁、安置以及补偿由管委会主导并因此得以强势推进，即创造了所谓的“海棠湾速度”（审批提速、征地加速、建设提速）。例如，为确保解放军总医院（301 医院）海南分院如期开工，海棠湾管委会仅在 5 个月时间内就完成了 1 万 3 000 多亩的征地工作，搬迁安置农户 110 多户、400 余人[1]。由于采取了管委会与村委会签订征地拆迁任务总包干协议的方式，征地拆迁工作得以迅速展开，但相应的安置工作则相对较缓。截至 2011 年 9 月底，海棠湾共发放各项征地补偿款 50.95 亿元。截至 2011 年 5 月底，海棠湾区内完成征地面积 32 068 亩（占规划需征地面积总量的 44.9%，作者根据相关材料计算，下同；海棠湾区内征地安置规划见表 5-1），搬迁安置农户 387 户（占规划需安置农户总数的 4.75%）、1 566 人（占规划需安置人口总数的 4.3%），已投入使用临时周转房 600 套[2]。以上数据也从另一侧面表明，由于目前征地范围主要集中在居民及房屋等地上附着物较少、用于酒店建设的海滨沙坝地区（海棠湾开发建设的核心起步区），因此目前征地面积所占规划比重较大、推进速度也更快，而安置进展占规划比重较小、推进速度也较缓。另据《海棠湾镇政府工作报告(2011)》显示，在 2011 年政府要重点抓好的工作中，第一条就是“创新思路，全力打好征地拆迁安置攻坚战……全力打好国家海岸核心起步区约 11000 多亩征地拆迁安置的攻坚战……力争用一年左右的时间，完成国家海岸核心起步区征地拆迁工作”。

**表 5-1　海棠湾征地安置规划**

| 村委会 | 需安置总人口（人） | 需安置总户数（户） | 需征用土地面积（公顷） | 需安置用地面积（公顷） |
|---|---|---|---|---|
| 林旺居委会 | 2 067 | 769 | 455.06 | 29.991 |
| 滕海居委会 | 2 398 | 450 | 249.67 | 17.55 |
| 藤桥村委会 | — | — | 46.45 | — |
| 洪李村委会 | 2 029 | 472 | 325.50 | 18.408 |
| 江林村委会 | 2 456 | 560 | 403.35 | 21.84 |

〔1〕 资料来源：三亚市海棠湾工委.《新思路、新模式创造“海棠湾速度”》,《今日海南》2010 年 02 期。

〔2〕 数据来源：①《海棠湾 2011 年上半年开发建设完成情况及 2011 年下半年工作计划》,海棠湾管委会，2011 年；②《海棠湾镇 2011 年政府工作报告》，海棠湾镇政府，2011 年；③《三亚市海棠湾专项统筹规划》,2011 年 1 月 28 日经三亚市人民政府批准实施，见：三亚规划建设信息网(http://www.sanyaup.com.cn)。

续表

| 村委会 | 需安置总人口（人） | 需安置总户数（户） | 需征用土地面积（公顷） | 需安置用地面积（公顷） |
|---|---|---|---|---|
| 海丰村委会 | 1 240 | 253 | 39.58 | 9.867 |
| 林新村委会 | 1 135 | 266 | 185.23 | 10.374 |
| 铁炉村委会 | 3 553 | 800 | 209.83 | 31.2 |
| 三灶村委会 | 2 522 | 602 | 207.84 | 23.478 |
| 风塘村委会 | 1 735 | 399 | 475.99 | 15.561 |
| 湾坡村委会 | 1 817 | 391 | 220.50 | 15.249 |
| 龙楼村委会 | 1 030 | 212 | 41.68 | 8.268 |
| 龙江村委会 | 1 835 | 439 | 218.06 | 17.121 |
| 青田村委会 | 3 676 | 699 | 223.67 | 27.261 |
| 升昌村委会 | — | — | 304.00 | — |
| 庄大村委会 | 1 515 | 359 | 287.39 | 14.001 |
| 龙海村委会 | 1 898 | 380 | 479.82 | 14.82 |
| 营头村委会 | 1 116 | 242 | 8.58 | 9.438 |
| 椰林村委会 | 2 234 | 442 | 256.55 | 17.238 |
| 东溪村委会 | 1 816 | 409 | 118.24 | 15.951 |
| 总　计 | 36 072 | 8 144 | 4 756.99 | 317.616 |

资料来源：《三亚海棠湾专项统筹规划》，三亚规划建设信息网（http://www.sanyaup.com.cn），作者整理，2011。

那么，面对政府在征地拆迁上的强势推进，海棠湾区内处于相对弱势地位的社区居民是如何应对的呢？社区居民策略主要有两种：其一，“疯狂抢建”。“疯狂抢建”并非海棠湾区内居民独有的应对行为，在全国各地的征地拆迁项目的前期和中期，都会出现大量“抢建”现象。这种以获得更多补偿为目的的“机会主义”“投资”行为，尽管有海棠湾管委会“铁锤行动”的屡屡出击，但仍是屡禁不止。这个中原因主要是抢建的成本相对于潜在的可能补偿而言较小，获利机会较大；征地拆迁补偿实施过程中的“寻租”机会，尤其给那些大型种植户、养殖户的违规抢建提供了激励。其二，“聚众闹事”。官方话语中的“聚众闹事”行为主要是指村民在感知到自己的利益受到侵犯时，在政府（海棠湾管委会）办公场所聚集以要求获得补偿、或在区内建设场地聚集以阻挠施工的行为。海棠湾区内的开发建设尤其是征地拆迁工作，在海棠湾管委会的强势推进下，在征地拆迁的高峰年份 2009 年，引发了几起群体性事件，如“风塘村事件”、“江林村事件”等。其中，“风塘村事件”的过程如下：

2009 年 4 月 2 日上午，海棠湾镇风塘村约 200 名村民到海棠湾一处施工现场（海棠湾 4 号路及附近酒店，作者注）阻挠施工，称“征地补偿问题”未解决之前，工地不得施工，否则就打人砸设备。为避免冲突，各施工单位都暂停了施工。4月5日下午，在海棠湾4号酒店项目建设用地施工现场，发生了风塘村部分村民围攻施工人员和袭击前来维持秩序的民警的事件，造成当地派出所所长手臂骨折，多名民警不同程度受伤。4月9日，7号地"希格玛项目"施工也受到风塘村部分村民的阻挠。5月17日，约400～500名村民集聚在林旺片区的海棠湾管委会办公区，在此情况之下三亚市政府不得不请求省政府支持从全省各地调集武警前来维持秩序。5月31日，约200名风塘村村民聚集在海棠湾的核心起步区沙坝地带6号酒店工地阻挠土地施工。

"风塘村事件"中聚众村民的诉求是按照这部分村民自行测量的土地面积增加"生产生活补助费"。争议中的这片土地位于海棠湾镇风塘村至庄大村段的海量坡。据三亚市政府称[1]，经国家测量队第五地形测量队采用GPS技术测量，该争议土地总面积共2 821.46亩，其中风塘村实际控制面积为2 048.37亩。2007年5月，在三亚市政府开启海棠湾地区土地征用的前期工作时，按照25 200元/亩的发放标准，风塘村村委会共获得生产生活补助5 161.716万元。2008年1月5日，海棠湾镇政府与风塘村委会签订了《生产生活补助协议》。2009年4月，风塘村有部分村民认为测量不准确，因而其自行组织测量，先后得出2 400多亩和2 918亩等数据，要求政府按照上述土地面积数据增加生产生活补助，并由此引发了一系列群体性事件。后续的解决方案则是三亚市政府做出了妥协，对村民提出的生产生活补助要求进行了回应，对其中的175亩土地给予了累计441万元的专项生产基金补助；就诉求中的海防林部分，三亚市政府承诺给予风塘村村民适当的树苗补偿和劳务费、管理费补贴。与"风塘村事件"类似的还有"江林村事件"。2009年5月25日、26日、27日，解放军总医院海南分院项目所在的江林村连续发生群体性事件，部分村民聚集对该项目周转房工地实行打砸抢行为，其基本的诉求也涉及该村的土地承包问题。

由此，可以发现，在海棠湾管委会强势推动下，一方面土地征收和拆迁工作迅速推进；另一方面，因"失地"而处于相对弱势地位的社区居民，要么以"疯狂抢建"来实施机会主义，要么以"聚众闹事"的方式，来寻求更多的补偿。

其次，基础设施建设：政府投资的另一主要去向。在政府主导模式下，

[1] 资料来源：《三亚市人民政府关于海棠湾镇风塘庄大段海量坡土地权属有关问题的通告》见：三亚市人民政府网站(www. sanya. gov. cn)。

作为土地一级开发重要内容的基础设施建设也由政府主导，主要经由三亚市政府直属的三亚市海棠湾开发建设有限公司作为融资平台和运作平台来完成。2007年至2011年5月，海棠湾累计完成投资181.8亿元；其中政府投资项目100.64亿元（其中征地补偿款52.05亿元，占51.7%）、社会投资81.16亿元；在政府投资项目中，基础设施建设（包括道路、污水处理场、供水设施等）投资48.59亿元，占政府投资总额的48.3%，是征地补偿款之外政府投资的另一去向。其中，目前正在施工建设的第一、第二污水处理厂，分别预计总投资4 900万和7 500万元，日处理污水能力分别为3万、4万吨。

② 度假区土地二级开发：政府与企业互动的“自由裁量模式”。在政府主导土地一级开发的制度安排下，外来企业不再能参与土地一级开发，投资行为仅限于土地二级开发，即根据规划安排投资新建诸如度假酒店、休闲娱乐设施等。海棠湾政府主导的管理体制的确立以及土地一级开发的强势推进为海棠湾的招商引资、相应的土地出让和二级开发建设的顺利开展奠定了基础。

在度假区国有建设用地出让方面。海棠湾土地价值屡屡攀升，2007年，首批7宗国有建设用地出让价平均约98万元/亩。而2009年以来的酒店用地评估基准价达到233万元/亩。2010年1月，新加坡仁恒集团以446万元/亩竞得海棠湾9号酒店用地，更是创造了海棠湾酒店用地地价新纪录。截至2010年底，海棠湾通过“招拍挂”累积出让国有建设用地15宗，共计3 711亩，共获得土地出让金70.56亿元，平均单价为190.14万元/亩[1]。

在竞得土地的企业进行二级开发（酒店和其他经营设施建设）方面。在海棠湾管委会的强势推进下，海滨一线的酒店开工建设也顺利开展。海棠湾第一家开工建设的酒店是开维丽笙酒店（2008年3月22日）、第二家是三亚海棠湾万丽度假酒店（2008年3月28日）。2009年5月29日，更是有10家五星级酒店同时动工。这10家五星级酒店分别是：海棠之星大酒店、朗豪大酒店、费尔蒙大酒店、索菲特大酒店、康莱德大酒店、逸林希尔顿大酒店、高胜大酒店、威斯汀大酒店、喜来登大酒店、豪华精选大酒店。2010年12月28日，大连万达旗下的三亚海棠湾康莱德酒店、万达三亚海棠湾希尔顿逸林度假酒店率先开业；紧接着，2011年3月18日，三亚海棠湾万丽度假酒店正式

〔1〕 数据来源：《国家海岸·海棠湾开发建设简报第71期》，中共三亚市海棠湾工委、中共三亚市海棠湾镇委，2011年，第2页。

开业。据统计，2011 年期间，海棠湾开工在建的五星级酒店有 16 家[1]。

那么，在如火如荼的开发建设中，新制度安排下政府与企业的互动呈现出一番怎样的景象呢？金太军、袁建军(2011)在分析政府与企业的交换模式时提出了以"价值—资源—影响力—交换"为核心要素的分析框架；他们归纳提出的"自由裁量模式"对本研究的分析不无启发。据金太军、袁建军(2011)的论述，所谓的"自由裁量权"是指"一种不受强制羁束的决定权力，或虽有羁束限制，但将实施的时间、方法和程度的裁量让渡于决定者"。"自由裁量权"可以区分为行政自由裁量权和企业自由裁量权。行政自由裁量权通常是指"行政主体(政府部门)在法律法规授权的范围内依据立法目的和公正合理的原则，自行判断、选择和决定做出公正而适当的具体行政行为之权力"。相比之下，"企业自由裁量权则是指企业主体在法律法规允许的范围内，依据市场法则，自行判断、选择和据顶做出适应市场行为的权力"。海棠湾在政府主导模式下的政企互动充分体现了行政"自由裁量模式"的特征，因此下文将采用"自由裁量模式"这一分析框架，主要从招商引资与土地出让、土地二级开发等两个方面来阐述其中的政企互动。

首先，招商引资与土地出让中的政企互动："量身定制"的可能性。招商引资是政府部门寻找潜在商家前来进行投资的过程。在海棠湾休闲度假区的开发建设中，在政府主导模式下，土地的二级开发亦即休闲度假设施的建设由外来投资企业完成，而政府主要负责招徕这些企业。因此，度假区内最重要的自然资源即土地的实际拥有者——地方政府，和开发建设最亟需的资本的拥有者——投资企业，均有了交换的条件。在现行的法规下，国有建设用地中经营用地的出让必须经由"招拍挂"的程序，从而使得理论上度假区内的土地出让会出现公平公正的竞争。然而，在实际的"招拍挂"土地出让中，"量身定制"也并非不可能。度假区的政府主管部门在招商引资时，均会与潜在的合意投资商进行洽谈，介绍度假区的定位、开发现状、规划前景等；也会就投资项目的定位、投资额、建设周期等与潜在投资商交换意见；潜在投资商也会进行一些前期的研究、规划设计工作。但度假区内的国有建设用地的出让并不能直接由政府部门以协议方式出让，而是必须经由公开的"招拍挂"程序，政府合意的投资商未必能够在公开的、"高价者得"的土地出让市场竞争

〔1〕 数据来源：《国家海岸·海棠湾开发建设简报第 71 期》，中共三亚市海棠湾工委、中共三亚市海棠湾镇委，2011 年，第 2 页。

中获胜。因此，为了降低这种潜在的风险，不少地区的国土部门会出台各种参与具体地块土地出让“招拍挂”的条件，提高进入门槛，专为合意的潜在投资商“量身定制”。这种行为显然有违土地出让“招拍挂”制度的公平公正初衷，但却是地方政府自由裁量权的充分运用。在三亚市国有土地出让历史上，对政府部门为合意投资商“量身定制”参与土地出让“招拍挂”条件的质疑常有发生[1]。虽然作者没有找到直接的证据表明海棠湾地区国有建设用地出让中存在“量身定制”，但这种可能性由于地方政府自由裁量权的存在，在海棠湾开发建设的政府强势推进下而显得尤其不能忽视。

其次，土地二级开发中的政企互动：管委会的“贴心服务”。度假区土地二级开发主要涉及外来企业投资建设休闲度假设施，而其中企业最经常碰到的难题是资金问题和行政审批等[2]。一方面，在为投资企业解决资金问题方面，海棠湾管委会作为海棠湾休闲度假区内具有市一级审批权的政府机构，主要负责为企业和银行“牵桥搭线”，促成商业贷款，或直接给予困难企业政府借款。如 2009 年年初，管委会就专门组织召开了银企座谈会，将三亚市本市的中国工商银行、中国农业银行、中国银行、中国建设银行、中国交通银行、深圳发展银行、中国光大银行以及海南省一级的中国交通银行等商业银行与海棠湾进驻企业进行一对一衔接，建立贷款协调联席会议制度，并协助办理各项贷款手续等。在管委会的极力促成之下，各大银行陆续与进驻企业签署贷款协议。如 2009 年 4 月 24 日，中国银行三亚分行向大连万达集团三亚万达大酒店有限公司提供 8.5 亿元贷款用于康莱德、逸林希尔顿酒店的项目开发和建设。该项“贷款的办结过程，仅仅花了 4、5 天时间，要在平时，要 4、5 个月才能办完”。之后，交行同意贷款 7.91 亿元给国电集团以支持海棠湾万丽酒店项目建设；交通银行海南省分行也于 2009 年 7 月同意贷款 10 亿元给业主三亚新天房置业有限公司用于支持海棠湾洲际酒店的建设。为了支持海棠湾凯宾斯基酒店建设，三亚市政府给予业主海南开维海棠度假投资有限公司额度为 1.5 亿的政府借款，并帮助支付银行贷款基准利率。另一方面，在加速行政审批方面，由于海棠湾管委会具有市一级审批权，因此各种涉及规划建设用地规划许可证、建设工程规划许可证等的行政审批程序得以加

[1] 最近的一次质疑可参见：《三亚 225.3 亩土地拍卖条款，“专为”杭州宋城集团量身打造!》，见天涯社区(http://bbs.city.tianya.cn/tianyacity/content/5168/1/3996.shtml)。

[2] 以下资料均来源于《国家海岸·海棠湾开发建设简报》(各期)，中共三亚市海棠湾工委、中共三亚市海棠湾镇委，2011 年。

快。如目前海棠湾管委会能够在5天之内办结规划建设用地规划许可证、建设工程规划许可证，体现出了所谓的“海棠湾速度”。第三，为了更加方便政企之间的互助协作，海棠湾管委会在其位于林旺的办公楼区域修建了企业使馆区，邀请企业进驻，以方便管委会“为企业提供全方位服务”。毫无疑问，海棠湾管委会对入驻企业的上述贴心服务也源自地方政府机构具有的行政自由裁量权。

海棠湾休闲度假区土地一级开发中的政府强势推进与土地二级开发中多样化的政企互动，无疑加速了海棠湾开发建设的进程。然而，也正是这种不无“寻租”、“政商勾结”可能的强势推进与政企交换的存在，损害了政府的公信力，内在地排除了外部监督与强约束的可能，从而最终扭曲市场经济的正常秩序。海棠湾休闲度假区自2007年政府主导土地一级开发和招商引资以来所发生的若干官员腐败案例[1]，也证实了上述观点。

## 5.3 本章小结

本章对海棠湾国际休闲度假区的开发建设历程及开发模式的变迁进行了梳理，指出其经历了由政府主导、企业配合模式向政府主导模式的转变；分析了政府主导模式的特点，即分析了新的开发模式下海棠湾休闲度假区的开发建设进展以及相应利益主体之间关系的显著变化。

---

〔1〕 海棠湾管委会第一任主任兼三亚市规划建设局局长、第二任主任兼镇长以及其他一些公务员在土地一级开发与招商引资中的违纪行为，可参见以下报道：①《受贿400万三亚原规划局长曾清泉一审判17年》，见：法邦网(http://www.fabao365.com/news/694982.html)；②《三亚海棠湾检察室工作成绩显著》，见：三亚市人民政府网(http://www.sanya.gov.cn/govpub/zwdt/bmdt/data/t20111209_31111.shtml)；③《互相勾结、两人贪污三亚海棠湾征地青苗款96万被查》，见：搜房网(http://news.sanya.soufun.com/2010-06-04/3414373.htm)。

# 第六章　政府能力、合法性资源与开发模式变迁：对海棠湾案例的解释

第五章对海棠湾国际休闲度假区的开发建设历程与开发模式变迁进行了细致的梳理，指出其经历了由政府主导、企业配合模式向政府主导模式的转变；并分析了开发模式的转变所导致的开发建设进程与利益主体之间关系的变化。海棠湾度假区开发模式变迁是典型的由三亚市乃至海南省政府“自上而下”地推进的“强制性制度变迁”。这一制度变迁，需要从两个方面来理解。毫无疑问，就海棠湾度假区本身而言，开发模式变迁是一种特定的制度安排的演化与发展。同时，从海棠湾度假区所处三亚市以及海南省来看，是海南省内诸多不同区域开发模式变迁案例中的一个，也是全省范围内政府主导开发模式作为一种制度安排的扩散过程中的一个环节[1]。在开发模式变迁的错综复杂过程中，亟待进一步回答的问题是：三亚市政府是如何转变海棠湾休闲度假区开发模式并强势推进的？也就是说，开发模式的变迁是如何可能的呢？针对这一问题，本章将从政府能力和合法性资源的理论视角给予回答。

## 6.1　政府能力与开发模式变迁

### 6.1.1　问题的提出

第五章已经对三亚市政府转变海棠湾休闲度假区开发模式的过程进行了较为详细的阐述。从中不难发现，政府在度假区土地一级开发和招商引资上的全方位主导其实并非易事，而是需要耗费大量的财力、物力和人力。本

〔1〕 海南省典型开发区向政府主导模式转变的最早案例是洋浦经济开发区（2005 年），随后省内不少开发区逐渐向政府主导模式转变，例如，三亚市海棠湾 2007 年以及后来的三亚创意产业园，均转向或选择政府主导模式。相关材料参见本章后续内容。

书第四章对三亚市城市发展的初始道路选择进行过理论解释，其中重要的一点就是当时三亚市政府的能力有限，是典型的“弱”政府，根本无力象无锡、苏州等地的地方政府一样，组织、支持、参与甚至主导乡镇集体企业的发展，走上一条乡村工业化的道路；也不可能像长三角的东莞、佛山等地一样，依赖于港资和外资走上一条出口加工型的外向型经济道路。

2007 年以来，海棠湾休闲度假区政府主导模式的确立以及强势推进的客观事实，提出了一个值得深入探究的问题：三亚市政府主导海棠湾开发建设所需大量财力、物力和人力（政府能力）从何而来？政府能力是如何影响海棠湾的政府主导模式的确立与推进的？亦即政府能力影响制度变迁的机制是怎么样的？

### 6.1.2 政府能力：一个理论视角

(1) 政府能力的界定及其分类

政府能力[1]（*government capacity*）是公共行政、全球政治、比较政治学等领域一个常见的概念。不同学科对政府能力的界定和理解存在差异。综合起来，至少存在以下几种对政府能力进行界定和阐释的途径（*approaches*）。① 行政主体的角度。从政府本位或行政主体的角度界定政府能力，一般将其描述为行政主体的一种特征或行政主体从事活动所具备的条件。例如，王绍光，胡鞍钢（1993）在《中国国家能力报告》中将国家能力（特指中央政府能力）界定为国家“将自己意志目标转化为现实的能力”。从这个角度界定的政府能力强调的是政府活动的单方面性、主观性和自主性。② 行政环境（客体）的角度。在采取这种视角的部分学者看来，政府能力是政府对行政环境的适应程度和反作用状况。我国台湾公共管理学者张世贤（1986）认为，政府能力是指一个政府能够符合时代的趋势，具有国际上的竞争力与合作力，增进国民生产力，提升社会水准的整体能力。③ 政府（行政主体）与环境（行政客体）互动关系的角度。张成福（1998）认为，政府能力的本质是政府与社会互动关系中政府活动的可能性与限度。政府能力作为政府在治理社会过程中所表现出来的潜力和效力绝非是政府一厢情愿的事情。在政府与社

[1] 与其类似的概念还有国家能力（*State capacity*）。一般而言，国家是指包括中央政府和地方政府在内的整个政府体系。因此，在全球政治以及比较政治学领域，最常见的概念是国家能力，因在国际政治实践中，代表一国的经常是中央政府。在国内政治中，政府能力既可以指中央政府所代表的国家的能力，也可以指具体的某个地方层级政府的能力。如无特别说明，本书中“政府能力”中的“政府”是指地方政府，尤其是指三亚市政府。

会互动关系中，政府治理能力一方面体现了政府实现自主目标的潜能，在另一方面则体现了政府向社会提供服务的供给状况。④ 政府政策（工具、手段）的角度。从这个角度理解和阐释政府能力的学者强调政府能力表现为政府能否恰当运用政策、计划等工具。沈荣华（1999）认为，政府能力是指政府能不能制定一个切合实际的政策，能不能有效地推行和贯彻这种政策，能不能持续稳定地将这种政策引向深入的能力。因此，在沈荣华看来，政府能力实际上就是政府的政策能力，即制定、实施和延续政策的能力。⑤ 政府活动/行为结果的角度。刘世军（1999）认为，政府能力是政府在行使其功能，实现其意志过程中体现出的政府绩效，具体可表述为政治绩效、经济绩效、文化绩效、社会绩效四个基本向度，并认为这几个方面绩效的大小强弱反映的是政府能力的大小强弱。⑥ 政府职能的角度。陈国权（1999）提出，政府能力是指政府在管理社会的过程中所实际拥有的能量和能力，如果政府职能是政府“想干什么”或“要干什么”，政府能力则是政府“能干什么”，“会干什么”。

关于政府能力/国家能力的来源抑或分类，国内外学界曾进行过诸多探索，为我们理解政府能力提供了许多灵感。其中有影响力的论述主要有曼恩（1994），维斯、霍布森（2009），王绍光、胡鞍钢（1993）以及张钢和徐贤春（2005）等。曼恩（Mann，1986）将国家能力的概念区分为两种：① 专制能力/权力（*despotic power*），是指国家精英可以在不必与市民社会各集团进行例行化、制度化讨价还价的前提下自行行动的范围，类似于国家自主性概念；同时能借由合法的暴力工具来确保政策的操作。②基础能力/权力（*infrastructure power*），当国家在执行政治决定时，政策贯穿社会与持续政策效用的能力。维斯、霍布森（2009）在曼恩分类的基础上指出，基础能力可以区分为三种主要的运作形式，即：① 渗透能力（*penetration capacity*），国家政策运作时，政策意志与效果对于民间社会的穿透与传递之能力；② 汲取能力（*extractive capability*），国家从社会集中所需资源的能力；③ 协商能力（*negotiated capability*），国家与重要的经济团体的协调与合作的能力。王绍光、胡鞍钢（1993）也指出，国家应具备的基本能力有：① 汲取能力（*extractive capability*）：动员社会经济资源的能力；② 调控能力（*steering capacity*）：国家指导社会经济发展的能力；③ 合法性能力（*legitimation capacity*）：国家运用政治意识形态，凝聚共识，稳固政权的能力；④ 强制性能力（*coercive capacity*）：国家运用暴力维系其统治地位的能力。其实，王绍光、胡鞍钢的分类中，汲取能力和调控能力，对应于曼恩（Mann，1986）分类中的基础能力；

而合法性能力、强制性能力则对应于曼恩分类中的专制能力。此后,王绍光教授进一步将现代国家的国家能力分为八种[1],但这八种能力始终没有超出曼恩的专制能力与基础能力的划分框架与之前他和胡鞍钢共同提出的四种能力的分析框架。它们分别是:① 强制能力:对外保卫政权和领土完整,对内维护社会秩序;② 汲取能力:政府从社会汲取一定财政资源的能力;③ 濡化能力:强化国家认同以及核心价值观的培养;④ 监管能力:制止因工业化、市场化、城市化所可能给市场竞争和社会带来的危害;⑤ 统合能力:政府对自身的机构和工作人员行为的约束;⑥ 再分配能力:国家在不同社会集团间对稀缺资源进行权威性的调配,从而保障社会中所有人的经济安全,缩小社会不平等;⑦ 吸纳能力:政府对社会不同意见和利益诉求的吸收;⑧ 整合能力:政府应该建立制度使不同社会团体表达出来的各种政策偏好得以整合。

张钢、徐贤春(2005)在整合相关研究的基础上,根据资源基础理论和动态能力理论,提出了一个理解政府能力的新视角。在他们的研究中,政府被看作一个组织。理解政府能力的内涵,可以从分析一般组织能力开始[2]。政府作为一个公共组织,从本质上来说就是一个投入与产出的转换器,其通过各种资源的引入与输出,行使着其对社会各个领域的职责。在他们的政府能力形成与运用模型中,资源构成政府能力的主线,正是由于资源的获取与运用,构成了政府能力的核心。因此,政府能力就是政府获取资源、配置资源、整合资源和运用资源的能力。这一分析框架对本研究不无启发。

(2) 政府能力与制度变迁

徐进、赵鼎新(2007)在分析和解释明朝万历年间苏州和武昌地区发生的抗税民变时认为,跨越地方科层及精英集团、以太监为税使直接在地方扩大税源的做法使得明朝政权在税收问题上成了一个寡头国家,从而频频诱发民变。苏州民变之所以能够迅速解决,主要是因为苏州科层在税使进驻后仍然享有自主性从而为其理性处理民变提供了可能性;武昌当局则由于在税使到来之后丧失了这些能力而使民变变得更加激烈。曹正汉

---

〔1〕 来源于百度百科:http://baike.baidu.com/view/636349.htm。

〔2〕 艾森哈得特、马丁(Eisenhardt & Martin,2000)指出,动态能力是组织获取和释放资源、重新配置资源、整合资源的过程,它是组织的战略惯例,当外部环境发生根本性变化的时候,组织藉此获得新的资源配置和竞争优势。

(2011)在杭州萧山、广东佛山南海进行长时间的田野调查之后发现：上述两个地区在快速工业化和市场化背景下，被征地农民经历了改革开放前后的追求安置（安置要求权）到90年代中后期开始追求参与土地开发的转变。曹正汉(2011)把这种现象称为中国被征地农民的"安置要求权向土地开发权演变"。那么，在上述区域，为什么会经历如此变化呢？曹正汉认为，地方官员的任期制和中国现行政治体制下的官员激励，导致地方政府官员有足够的动机来透支，即征用掉本应留给下届政府征用开发的土地资源。然而，地方政府的征地开发行为受到政府能力，主要是财政汲取能力的约束，因此迫不得已采取与农民合作的方式（响应农民对土地开发权的诉求）。那么，这种解释难免造成的疑问是，为什么在政府能力的约束下，地方政府会采取与农民合作的开发方式？为什么不是像海南全省上下那样采取引入企业参与一级开发的方式？或者争取银行专项贷款呢？在颇受关注和争议的中国城市户籍制度改革领域，王清(2011)指出，财政收入的汲取已经成为地方政府变革城市户籍制度的主要动力。一方面，地方政府为增加财政收入、提升政府能力，不惜通过各种措施不断变更户籍管理制度，即所谓的"利益扩散"；另一方面，在分税制改革之后的地方政府财政压力下，为消解财政能力匮乏的境地，一定程度上摆脱财政负担，地方政府则通过各种渠道来变更户籍管理制度，即所谓的"利益剥离"。

在制度扩散领域，也有不少学者从政府能力（资源）的视角做出过解释。雪拉、李敬穆(Sherer & Lee, 2002)曾以美国大型律师事务所新的人力资源管理制度的变迁和扩散为例指出，人力资源的稀缺性，不论是在制度扩散的早期，还是晚期，都驱动着(*drives*)律师事务所进行人力资源管理制度的变革——采纳某种特定的、被广为接受的制度安排。具体而言是，资源稀缺性越高的办公室，越有可能（动力）采纳新的制度安排。周雪光(Zhou, 1993)在研究美国专业许可证制度在各州的扩散时也指出，职业权力（某个具体职业的声望以及影响力）推动了专业许可立法，而政府能力（州政府的人均财政收入和党派竞争）也在其中起到了显著作用，即州政府能力越强，该州采纳专业许可立法的比率也越高，但政府的作用因职业类型的不同而有所差别。

那么，在海棠湾休闲度假区开发模式变迁作为一种特定制度安排的演化与发展的具体场域，政府能力是如何影响政府主导模式的确立与推进的呢？其所对应的理论问题是：政府能力影响制度变迁的具体机制是什么？

### 6.1.3 政府能力与开发模式变迁

从上文的分析可以发现，对政府能力的研究存在基于政治学维度和基于行政学维度两个传统（张钢、徐贤春，2005）。侧重政治维度的研究传统虽然能给出一个几近完美并容易理解的政府能力框架，但却由于不具有现实的可操作性而难以对政府能力进行更加深入细化的研究，致使理论和实践存在巨大差异。偏重行政或管理维度的研究传统虽然分析框架清晰而具体因而很容易进行操作化分析和实证研究，但由于过度简化而可能失于片面，致使难以建立起对政府能力及其建设途径的全面而深刻的理解。因此，必须在现实可操作性和全面理解政府能力的框架之间取得一种平衡，使研究既能够反映出政府能力的本来面貌又具有现实的研究可操作性。本研究更倾向于从政府职能的角度来理解政府能力，即认为政府能力是指"政府在管理社会的过程中所实际拥有的能量和能力"（陈国权，1999）。在海棠湾开发模式变迁的具体语境下，所谓政府能力就是三亚市政府采纳并有效推进政府主导开发模式的过程中所实际拥有的能量和能力。

同样，出于对中国政治/政府现状，尤其是海棠湾案例的具体情境的考虑，本研究综合王绍光、胡鞍钢（1993）及张钢、徐贤春（2005）对国家能力、政府能力的分类框架，认为在海棠湾开发模式变迁的具体语境下，三亚市政府采纳并有效推进政府主导开发模式的能力，主要有汲取能力和调控能力两种。下文将从这两种能力入手分析政府能力是如何影响政府主导开发模式的确立与推进的。

(1) 政府能力与推动开发模式变迁的动力

从第五章的分析其实可以清晰地看出，三亚市政府是海棠湾休闲度假区开发模式变迁的主要推动力量（省政府、开发企业、村民等也是主要影响力量）。在三亚市政府的推动下，海棠湾休闲度假区的开发模式经历了由政府主导、企业配合模式向政府全方位主导模式的转变。那么，三亚市政府推动开发模式变迁的动机抑或动力来源何在呢？借鉴曹正汉、史晋川（2009）提出的"抓住经济发展的主动权"的理论假说：

> 关于地方政府战略行为的假说：地方政府在特定环境中决定其工作重心时，或面临环境变化进行工作重心转移时，其行为目标和行为所依据的原则是"抓住经济发展的主动权"。所谓"抓住经济发展的主动权"，就是地方政府所决定的工作重心必须满足这样的

条件：这种工作重心之实施，既能有效地推动地区经济增长，又能不放弃其对地区经济的领导权和控制权。(p. 14)

本研究认为，海棠湾休闲度假区开发模式的转变经历清晰地表明，三亚市政府推进海棠湾开发模式变迁的动机(动力来源)是抓住度假区开发建设的主动权，使海棠湾——三亚市政府“一号工程”的“工作重心”，既能有效地推动三亚城市经济的快速增长，又能不放弃三亚市政府对海棠湾度假区开发建设的领导权和控制权(主动权、主导权)。诚如时任海南省省委常委、三亚市市委书记江泽林在海棠湾的政府全方位主导渐入佳境的2010年初的发言[1]指出的：

无论是在控制基础设施的开发建设成本还是在土地的招、拍、挂环节选择建设项目企业都能牢牢掌握主动权，能有效避免土地的价格和价值的扭曲现象，扭转政府在招商中的被动局面。

海棠湾管委会的受访者，也对上述观点进行了佐证：

现在任何一个区域，如果你全部交给企业来做的话，最终的结果，能够有好结果的，我觉得不会太多。肯定是要政府主导。……但是给企业做的话，确实是风险非常之大，而且是整个进度，会非常复杂，不受你控制的。(访谈记录：CHH015)

那么，紧接着的问题是，在市场化改革日渐推进的背景下，度假区的开发建设，尤其是度假区的土地一级开发与招商引资，完全可以通过市场机制来自发调节(亚龙湾国家旅游度假区的企业主导开发实践业已证明，市场机制的自发调节，完全可以完成度假区的土地一级开发与招商引资任务)，为什么三亚市政府还要借助行政力量来全方位主导、强势推进海棠湾休闲度假区的开发建设呢？也就是说，为什么三亚市政府要紧紧地抓住海棠湾开发建设的主动权呢？

---

〔1〕 资料来源：《建设国际旅游岛全省各地出实招——市县委书记座谈会发言摘登》，见：海南省人民政府网站(www.hainan.gov.cn)。

实际上，现有关于官员激励的文献已经对转型期中国地方政府的行为逻辑给出了有力的解释。众多研究表明，1980 年以后，中央政府实行行政分权（中国"上下分治"的治理体制，参见：曹正汉，2011；"分权化威权主义"，参见：Landry，2008，转引自：郁建兴、高翔，2012；"发展型地方政府"，参见：郁建兴、高翔，2012）和财政分权（财政包干制、1994 年正式实施的分税制），将地方事务授权地方政府处理，形成了所谓"属地管理"和"行政逐级发包"的行政体制和官员晋升的锦标赛模式（周黎安，2008）。在官员晋升的"锦标赛模式"下，地方政府开始把发展经济作为执政的"第一要务"。然而，要想在激烈的"政治晋升锦标赛"中获胜，就必须在推动本地区经济发展的指标上有良好的表现。推动地区经济的发展，也面临着强烈的政府能力约束，尤其是财政能力约束。因此，在现行的官员激励体制之下，作为地区经济发展重要财政收入（尤其是"土地财政收入"）来源的旅游度假区，自然成为地方政府有效作为的"工作重心"。抓住这些区域开发建设的主动权，最大限度地增加财政收入缓解政府能力约束，也理所当然地成为地方政府官员的理性选择和目标诉求。

具体到三亚市以及海棠湾休闲度假区的案例中。首先，第四章的分析业已表明，三亚市的财政收入一直以来都处于较低水平，地方政府对于区域经济发展的调控能力十分有限。直至 2000 年房地产市场重新升温，尤其是 2005 年以来，三亚市财政收入才实现了所谓的跨越式增长，但财政约束始终是三亚市政府面临的主要约束之一。近年来，随着琼海、万宁、陵水等东部沿海县市以房地产为投资主体的宏观经济的发展，三亚市面临的地区竞争以及相应的官员晋升竞争也日渐激烈。在政府能力的约束之下，三亚市政府有着强烈的渴望来变革土地开发模式，争取土地开发效益和财政收入的最大化。海棠湾地区作为三亚市最大的一片海滨地域和未开发的处女地，开发前景被看好，其在吸引投资、增加地方财政收入（尤其是土地财政）方面具有巨大的潜力。因而，三亚市政府希望抓住这一区域的开发建设主动权，最大化政府财政收入和提升政府能力，也是在情理之中。

其次，三亚市政府有着"失去"海滨旅游度假区开发建设主动权的"经验教训"，亚龙湾旅游度假区便是很好的案例（具体详见本书第八章"开发模式的第三次变迁"访谈记录）。亚龙湾旅游度假区对地方财政收入以及地方政府能力贡献较低的历史，已然成为三亚市政府官员深刻的"集体记忆"。

第三，不可否认，在海棠湾开发建设初期（2007 年之前），引入大企业参与土地一级开发的模式，是受到省市两级政府认可的，也是尝试着推进的开发模式。然而，各大开发商缓慢的开发建设进展与近乎苛刻的土地溢价收入分享比例[1]，不断地挑战着面临巨大的财政约束的省市两级政府的迫不及待的心态。在适当的时机，三亚市政府终于决定采取政府全方位主导的开发模式，放弃之前尝试推进的引入大企业参与土地一级开发的模式。海棠湾管委会的一位受访者，也直截了当地说出了在尝试推进大企业参与土地一级开发的阶段，三亚市政府所处的相对被动与"弱势"地位：

> 具体跟企业的洽谈。我们最早还是倾向于大企业参与这个模式。政府还专门有主持大会，专门是跟那几个大企业，一个个来谈，然后是领导觉得不好决策。……比如上海家化跟李嘉诚之间，如果是有不同意见，你三亚市政府想要协调那是很难协调的。因为，这些东西，你三亚市政府的话，实际上他们要是听你的还可以，要是不听你的呢，你也给它没办法。……所以，最终还是决定（土地一级开发）我们自己来做。可能的情况是，个别企业觉得，那个时候是政府有求于企业。……在一级土地开发上，当时候是政府资金比较困难嘛，他们的条件比较高一点，现在政府资金不困难了，他们也觉得不好意思了。（访谈记录：CHH015）

因此，从上文的分析可以看出，政府能力，尤其是财政汲取能力的约束，成为三亚市政府变革度假区开发模式的驱动力。

（2）政府能力与政府主导开发模式的确立与推进

前文已经论述了提升政府能力、突破政府财政汲取能力的约束是三亚市政府转变海棠湾度假区开发模式的主要动力。下文将从政府汲取能力和政府调控能力两个方面，继续分析政府能力是如何影响政府主导开发模式的确立与推进的，也就是说政府能力是如何影响作为一种制度安排的开发模式的制度化进程的。

① 政府汲取能力："土地财政"与国家开发银行专项贷款。在政府从社

[1] 有报道(《南海网—海南日报》)指出有些主开发商提出的土地溢价收入分成比例为 99∶1，几经谈判后降为 95∶5。当然，这一比例是否属实，难以验证。但作者在海棠湾管委会的调研确实证实，当时三亚市政府难以接受过低的土地溢价收入分成比例。

会汲取各种资源(财政资源、人力资源、信息资源、文化资源等)的能力方面,财政汲取能力是前提和基础[1]。前文提及,政府在度假区土地一级开发和招商引资上的全方位主导需要耗费大量的财力,那么这些财力是从何而来的?下文将指出,近年来三亚市政府与土地相关的财政汲取能力的不断提升以及专门支持海棠湾开发建设的国家开发银行贷款,不断强化了三亚市政府的汲取能力,为政府主导海棠湾土地一级开发(以及海棠湾管委会的运作)奠定了坚实的财政基础,成为当时三亚市政府做出主导海棠湾开发建设的决策的信心来源。这一点也得到了三亚市发改委官员的证实:

> 到2006年,新的书记来了之后,就慢慢地把土地一级开发停了。一个是三亚市政府有钱了,另外一个是三亚市政府跟国开银行的合作的规模也是越来越大了。(访谈记录:NHG011)

首先,与土地相关的财政汲取能力不断提升。财政汲取能力是地方政府从社会汲取资源的主要能力之一。财政收入占GDP的比重则是反映一个地区财力集中程度的综合指标,也是反映地方政府汲取财政资源能力的重要指标。从图6-1可以看出,三亚市自2005年以来地方财政收入占GDP比重不断攀升,说明三亚市政府汲取社会资源的能力也在迅速强化。从表6-1则可以进一步发现,三亚市地方财政收入的主要来源是与土地相关的各项收入(包括与土地相关的各种税费、土地出让金),而其中土地出让收益更是地方财政收入最直接的来源之一。2007年至2011年间,海棠湾的国有建设用地出让更是给三亚市财政收入至少贡献了上百亿的土地出让收益(见表6-2)。因此,这种财政汲取能力更多地表现为"土地财政"汲取能力。这也说明,自2005年以来,三亚市财政汲取能力的强化,很大程度上源自土地出让收益以及其他相关的土地开发收益。

[1] 人力资源、信息资源、文化资源等由于涉及政府内部信息,资料不易获取,且人力资源、信息资源、文化资源等的汲取很大程度上依赖于财政资源的汲取,因此本研究只涉及财政资源汲取能力。

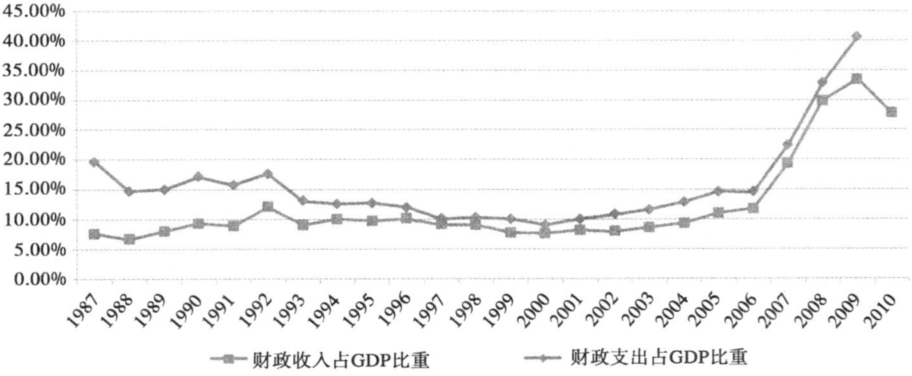


**图 6-1　1987～2010 年三亚市地方财政收入、支出占 GDP 比重**

**表 6-1　2006～2010 年三亚市与土地相关的财政收入状况**

| 年份 | GDP | 地方财政收入 | 地方财政总收入占GDP 比重 | 土地出让收益 | 土地出让收益占地方财政收入比重 |
|---|---|---|---|---|---|
| 2006 | 860 019 | 100 947 | 11.74% | 75 915 | 75.20% |
| 2007 | 1 137 357 | 220 934 | 19.43% | 233 821 | 105.83% |
| 2008 | 1 492 809 | 446 377 | 29.90% | 235 008 | 52.65% |
| 2009 | 1 733 198 | 580 159 | 33.47% | 312 463 | 53.86% |
| 2010 | 2 307 900 | 641 588 | 27.80% | 695 946 | 108.47% |

注：此处地方财政收入是指三亚市本市一般预算总收入，按照相关法律规定，土地出让收益纳入国库预算管理，但每年的土地出让收益较难准确预测。因此，2010 年的实际土地出让收益甚至远远高于当年的本市一般预算总收入。

**表 6-2　2007～2011 年海棠湾部分国有建设用地出让情况**

| 出让成交年份 | 地块编号及位置 | 土地出让金 | | 土地用途 |
|---|---|---|---|---|
| | | 单价 | 总额 | |
| 2007 | 海棠湾中部的龙江塘游览区内 9—11 号 | 233 | 203 694.192 | 商服用地 |
| 2007 | 海棠湾中部的龙江塘游览区内 12 号 | 233 | 39 726.267 | 商服用地 |
| 2010 | 海棠湾 C6 片区 5 号酒店 | 408 | 51 230.928 | 商服用地(酒店) |
| 2010 | 海棠湾 C10 片区 D01—03 地块北侧 | 274 | 10 955.068 | 教育科研用地 |
| 2010 | 海棠湾 9 号酒店 | 446 | 129 634.36 | 商服用地(酒店) |
| 2010 | 海棠湾 10 号酒店 | 281 | 81 939.6 | 商服用地(酒店) |
| 2011 | 海棠湾 C9 片区 | 149 | 71 222 | 文体娱乐用地 |
| 2011 | 海棠湾 40 号开发单元 A8—04 地块 | 318 | 91 821.010 9 | 其他商服用地 |

注：资料来源于三亚市国土环境资源局(http://www.sylr.gov.cn/)发布的《国有建设用地使用权出让成交公示》，作者整理。土地单价为：万元/亩。

其次，国家开发银行的专项贷款支持。海棠湾休闲度假区内的土地一级开发规模巨大，所需建设的投资额也巨大。虽然近年来三亚市与土地相关的财政收入不断增加，尤其是土地出让收益激增。但这些财政收入并不能完全用于支持海棠湾的基础设施建设和征地拆迁与补偿安置工作。正如海棠湾管委会的一位受访者所言："现阶段主要是国开行（国家开发银行）的贷款。开发模式确定了以后，你是政府主导了，这么大的投入的话，要拿财政税收来，肯定是不行的"（访谈记录：CHH015）。因此，倘若三亚市政府决定主导海棠湾的开发建设，则依旧面临着巨大的资金缺口。正是在2006年至2007年间，三亚市政府开始了与国家开发银行的第三轮开发性金融合作洽谈。之前的两轮开发性金融合作分别始于2003年底和2006年初，国家开发银行分别授信三亚市政府15亿元（实际贷款18.865亿元）支持三亚市旧城改造、57亿元政策性贷款用于"十一五"规划期间城市和农村建设项目。2007年4月，国家开发银行与三亚市政府正式签署了300亿元的贷款协议，约定在3到5年内由国家开发银行为三亚市提供300亿元贷款，且贷款资金将专门投入到海棠湾的基础设施建设与征地拆迁上。这一贷款协定的签订解决了海棠湾开发建设的启动资金的"燃眉之急"。紧接着，2007年5月，三亚市政府就紧锣密鼓地开始了海棠湾征地拆迁的丈量工作，为政府主导海棠湾开发建设迈出了第一步。

② 政府调控能力：资源的整合、配置与运用。资源的配置、整合与运用能力，涉及政府从社会汲取到各种资源之后，如何运用以便实现对社会（经济、社会、文化等诸方面）进行调控、实现公共利益之目的的能力。毫无疑问，三亚市不断增强的财政汲取能力（不断增加的地方财政收入和银行贷款）为提升三亚市政府的宏观调控能力（资源整合、配置与运用能力）、为海棠湾的开发建设（尤其是基础设施建设和征地拆迁与补偿安置）奠定了一定的金融基础。

从图6-1可以看出，2000年以来，三亚市地方财政支出占GDP的比重不断上升，尤其是2007年以来，这一比重一直保持在20%以上。作为衡量社会资源配置格局的一个重要指标，地方财政支出占GDP的比重不断上升也从一个侧面反映出近年来三亚市政府财政资源整合、配置与运用能力的强化。这种宏观调控能力的提升也不断地促进了海棠湾的基础设施建设。例如，2007年以来的三亚市地方财政预算都将海棠湾的基础设施建设列为财政支出的支持重点。[1]

国家层面出台的法规，也不断约束着海棠湾地区土地出让收益的使用范围。例如，2006 年出台的《国务院办公厅关于规范国有土地使用权出让收支管理的通知》(国办发〔2006〕100 号)和《财政部、国土资源部、中国人民银行关于印发〈国有土地使用权出让收支管理办法〉的通知》(财综〔2006〕68 号)，就明确地规定土地出让收入使用范围为：① 征地和拆迁补偿支出(包括土地补偿费、安置补助费、地上附着物和青苗补偿费、拆迁补偿费)；② 土地开发支出(包括前期土地开发性支出以及按照财政部门规定与前期土地开发相关的费用等)；③ 支农支出(包括计提农业土地开发资金、补助被征地农民社会保障支出、保持被征地农民原有生活水平补贴支出以及农村基础设施建设支出)；④ 城市建设支出(包括完善国有土地使用功能的配套设施建设支出以及城市基础设施建设支出)；⑤ 其他支出(包括土地出让业务费、缴纳新增建设用地土地有偿使用费、计提国有土地收益基金、城镇廉租住房保障支出、支付破产或改制国有企业职工安置费支出等)。因此，源自海棠湾的土地出让收益必须要有较大比例用于支持海棠湾地区的土地一级开发，尤其是基础设施，征地、拆迁和补偿、安置工作。海棠湾管委会的受访者也对源自海棠湾的土地出让收入以及国家开发银行贷款在海棠湾开发建设中的作用给予了介绍：

> 土地收入是属于市财政的，市财政肯定会安排一部分资金回来。贷款的话，银行不是说你要贷一百万就给你一百万。你肯定得有个 20、30 万，它的 70 万才会进来的。你不可能每一个项目都用开行的贷款。贷款主要是用于那些主要的项目，比如基础设施啊。拆迁款、征地款主要是政府财政来支撑的。所以说，土地收入主要是给市财政，市财政全市统筹的，也会有计划地安排一部分到海棠湾。不是说你卖多少地，全部收入都归海棠湾，哪有这样的事。(访谈记录：CHH015)

三亚市人大常委会财经工委《关于三亚市人民政府提请审议海棠湾路网

[1] 参见《关于 2007 年三亚市和市本级预算执行情况及 2008 年三亚市预算草案的报告》以及 2008 年、2009、2010 年的系列报告，三亚市财政局。

建设二期等7个项目特许建设及回购协议议案的调研报告》(2010年6月22日;以下简称《报告》)部分地披露了使用财政收入、国家开发银行贷款进行的具体的开发建设项目的基本情况:

解放军总医院海南分院建设项目。三亚市人民政府于2009年与中国人民解放军总医院签订合作协议,根据解放军总医院海南分院战略合作协议,市政府已将海棠湾南区C10片区范围内的596亩医疗卫生用地无偿划拨给解放军总医院,建设海南分院。总投资估算32.26亿元,解放军总医院自筹13.06亿元,省政府出资2亿元,市政府出资17.2亿元,市政府拟向开行贷款16亿元,这次提请人大审议回购23.033 1亿元,从2012年开始分13年回购。截止2010年5月底,解放军总医院海南分院项目,市财政已垫付5.2亿元(将来用开行贷款置换),预计今年7月全部完成主体结构工程,2011年6月底前完成项目建设。建成后的解放军总医院海南分院为解放军总医院编制内的医疗机构。

海棠湾基础设施建设项目。海棠湾基础设施建设项目从2007年起开始利用开行贷款,额度为40亿元,截至今年5月底止,到账37亿元,已使用34亿元,还有3亿元到账贷款未使用。目前,海棠湾A、B、C、D、E、F、G等路网约25公里已建成通车。今年下半年,海棠湾3、4、5、6号路将陆续通车,规划区"三纵九横"的路网将于2011年全部竣工通车。同时,供水、供电、电信、燃气等配套工程与市政道路同步建设。为加快海棠湾路网工程二期项目建设,拟再向开行贷款19亿元,这次提请人大审议回购24.672 7亿元,从2013年开始分9年回购。

海棠湾生态综合整治项目。海棠湾生态综合整治项目,拟申请开行贷款14亿元,这次提请人大审议回购18.573 8亿元,从2013年开始分9年回购。

海棠湾安置区建设项目。海棠湾安置区建设项目拟申请开行贷款14亿元,这次提请人大审议回购18.098 6亿元,从2013年开始分9年回购。建设7个具有三亚本土特色的风情小镇安置区,建成后的风情小镇将安置农户8 800多户3.52万人,目前,龙海、林旺两个风情小镇于2010年3月份下旬正式动工建设,预计两年内建成使用。

以上种种证据均表明，随着地区经济尤其是旅游经济、房地产经济的升温和发展（第四章），三亚市与土地开发的财政资源汲取能力、以及由此而来的宏观调控能力不断得到加强和提升。政府能力的有效提升，为三亚市政府主导海棠湾开发建设奠定了金融基础，提供了资金保障。三亚市时任副市长岳进在接受记者采访时也表示[1]，“随着经济的发展，三亚有信心、有实力实行政府主导下的一级开发”。

③ 政府自主性：政府强势推进的保障。所谓政府自主性是指“拥有相对独立的利益结构的地方政府，超越上级政府和地方各种具有行政影响力的社会力量，按照自己的意志实现其行政目标的可能性，以及由此表现出来的区别于上级政府和地方公共意愿的行为逻辑”（何显明，2008）。地方政府是两大政治委托人（中央政府与地方公众）的代理人，其行为有两大责任约束机制，也就是常说的“对上负责与对下负责的统一”。因此，地方政府自主性概念的内涵也可以从纵向维度、横向维度两个方面来理解。本书所指地方政府自主性是指横向维度的自主性，是“地方政府行为能够在何种程度上摆脱地方各种具有行政影响力的社会群体的左右，保持自身在利益上超越性和行为取向的公正性”（何显明，2008）。

如前文所述，2004 至 2006 年，海棠湾的开发历程实际上是各大开发商争夺土地一级开发权、三亚市政府居中协调并与之博弈的过程。虽然各种规划咨询等前期工作顺利推进，但实质上的开发建设进展缓慢。这显然与当时采取的各大开发商分区主导开发建设的模式有关。在这一模式下，地方政府一方面要单个地与分区开发商博弈合作开发的种种细节，另一方面还要协调各开发商之间的竞争与矛盾。面对强势的外来资本，三亚市政府当时处于相对弱势的地位，政府的自主性较低。有报道[2]甚至指出，当时的情况是开发商“绑架”政府。三亚市政府的官员，也道出了面对强势的外来资本，当时的三亚市政府在招商引资、编制规划、协调各方利益上的种种所谓“不顺”，也指出在确定了政府主导模式之后，由于政府自主性的强化，各种工作得以顺利

〔1〕 参见《“海棠湾模式”为国家海岸奠基》(http://news.qq.com/a/20101108/000267.htm)。

〔2〕 参见《“海棠湾模式”为国家海岸奠基》(http://news.qq.com/a/20101108/000267.htm)。

推进：

你这么一说我就想起了当时候在上海李泽楷他们，那时候于迅书记晚上都不睡觉啊，谈到晚上一两点多。因为那时候我们对海棠湾的定位是高端的度假，和记黄埔他们主要是做地产的，他们就非常强调这个楼面低价，说你楼面低价都三千多了，我哪里还有什么钱赚，就算这个账，就为这个事谈来谈去，第二天领导就生气了，说你签不签嘛，签就签，不签就拉倒。后来还是签了一个意向书。（访谈记录：NHG011）

当时候，就是在原有的这个开发模式之下，我们做规划都不顺。不管什么样的开发模式，规划都是属于国家规划法（城乡规划法）定下来的，当然是政府主导了。但是政府主导做的规划也都是磕磕碰碰的，因为企业它们对规划有很大的影响力。当时候它们提出一些要求啊，你是没办法去满足它们的。它们毕竟还是从经济这方面考虑多一点。所以说2006年这个时候，就开始定下来是政府主导了。抛开他们，然后我们做起来，那基本上就很顺了，做规划啊什么之类的，一直到2008年，我们的分区规划到控规全部完了，然后管委会成立，然后马上上马就做。都是越来越快，而且效果越来越好。（访谈记录：CHH015）

很显然，当时政府所处的自主性较低的弱势地位主要是源自政府能力尤其是财政汲取能力和宏观调控能力较低的事实。随着财政约束的不断突破所带来的政府能力的提升，政府自主性也不断增强，从而有可能超脱于强势资本的控制，追求地方政府的利益目标。政府能力、政府自主性与政府主导开发模式的确立与推进之间的关系，可以见图6－2。

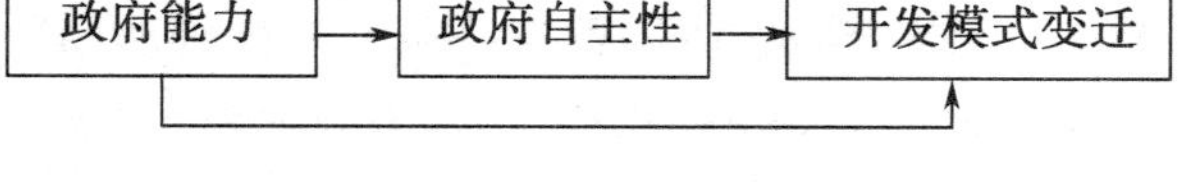


**图6－2　政府能力、政府自主性影响开发模式变迁的过程**

### 6.1.4　小结

从上文的分析可以发现，一方面，政府能力的欠缺（资源的匮乏）约束了地方政府官员推动地方经济发展从而实现政治晋升的行为，使得地方政府有动力来推动旅游度假区的开发建设向政府主导模式转变，以便抓住度假区开发建设的主动权，最大化土地财政收益、提升政府能力。这一发现支持了雪拉、李敬穆（Sherer & Lee，2002）的研究结论，即资源的匮乏驱使（*drives*）组织采纳新的制度——采纳某种特定的、被广为接受的制度安排。另一方面，政府能力的提升，尤其是源自于土地财政和土地开发专项贷款的财政汲取能力的提升，不但增加了地方政府的调控能力，也明显地改善了地方政府的自主性，从而使得旅游度假区的开发建设向政府主导模式的转变成为可能。这一发现支持周雪光（Zhou，1993）的研究结论，即政府能力促成（*enables*）组织对新制度的采纳（州政府能力越强，该州采纳专业许可立法的比率也越高）。值得引起注意的是，雪拉、李敬穆（Sherer & Lee，2002）的研究认为，制度变迁及其扩散过程中，人力资源状况不论是在制度扩散的早期还是晚期，都只是驱使律师事务所采纳新的制度安排，若非资源的匮乏不论何时都不会有动力进行制度的变革。本研究的上述分析发现，政府能力影响制度变迁（旅游度假区开发模式变迁）是经由两条途径，而不是之前研究文献中的单一途径（Sherer & Lee，2002；Zhou，1993）的。在制度变革的初期，政府能力的匮乏驱使着政府采纳新的制度安排；晚期，政府能力的提升保障了制度变革的顺利完成。因此，诚如雪拉、李敬穆（Sherer & Lee，2002）指出的，制度变迁研究从来都不是也不应该“空对空”地谈制度，而是要具体到制度本身的特性及其变迁的具体场域。本研究发现与之前研究的差异，可能是由于所研究的制度及其变迁本身的不同造成的。

## 6.2　合法性资源与开发模式变迁

### 6.2.1　问题的提出

从第五章对海棠湾休闲度假区开发模式转变过程的叙述中也不难发现，政府全方位主导模式的确立与强势推进，是对海棠湾之前（2004 至 2006 年）初步采纳的、也是当时海南全省（如石梅湾旅游度假区）和三亚全市（如三亚湾新城）广泛采纳的政府主导、企业配合的开发模式的放弃。如前文所述，在市场化推进至今的背景下，包括度假区在内的各种经济开发性质区域的开发建设，尤其是土地一级开发与招商引资工作，完全可以通过市场机制来自发调节，这种借助于行政力量来全方位主导、强势推进的开发模式，首先就有可能“违背”了中央政府倡导的市场化、民营化改革精神（例如，目前学界和业界对近几年的“国进民退”也颇有争议；又例如，近年来对中国“地方发展型政府”的关注)，且海南建省之初就被中央政府在市场化改革探索方面寄予厚望，如国内首创的由外商承包成片开发的“洋浦模式”、“大社会、小政府”的改革尝试，就是很好的例证。其次，这种以政府垄断开发主导权和直接从度假区开发建设中获利的模式(“地方发展型政府模式”)，也面临着来自各方的正当性的压力，如政府与开发商可能的“共谋”导致的社会不公、社区居民利益受损、官员腐败等(陈映芳，2008)。第三，李普赛特(1981/2011)曾指出，“合法性的危机是变革的转折点，它产生于向新社会结构过渡的时期。新社会结构建立以后，如果新制度在足够长的时间内不能满足主要群体的期望以便在新基础上树立合法性，就会产生新的危机”。同样，在海棠湾的具体语境下，如果新确立的政府主导开发模式在足够长的时间内不能满足主要群体的期望、兑现政府的承诺以便在新基础上树立并强化合法性。那么，也会产生新的合法性危机而使得开发模式难以为继。因此，分析开发模式变迁的合法性，一方面固然要考虑到新的开发模式确定时的合法性，而且也要充分考虑到在新的开发模式推进中，政府是如何拓展合法性资源的。

那么，由此便产生了一个值得探究的问题：既然新的开发模式从一开始采纳到后续实施都可能面临着合法性的危机(合法性资源匮乏的状态)，那么三亚市政府确定并强势推进政府主导的开发模式的合法性从哪里来呢？合法性资源是如何影响海棠湾的政府主导模式的确立与推进的呢？三亚市政府是如何运用、拓展合法性资源来消解合法性危机的呢？

### 6.2.2 合法性资源：一个理论框架

(1) 合法性与合法性资源

合法性(*legitimacy*)是社会学、政治学的核心概念，是任何有关权力研究都必须面对和思考的问题。虽然合法性理论的思想渊源可追溯至亚里士多德，“但在这个问题上的系统化研究并因此使得合法性成为现代政治分析的一个核心概念，很大程度上应归功于马克斯·韦伯”(王葎，2007)。韦伯在其名著《经济与社会》中，对合法统治进行了精彩的论述，他认为，“由命令和服从构成的每一个社会活动系统的存在，都取决于它是否有能力建立和培养对其存在意义的普遍信念”(转引自：王葎，2007)。“这种把合法性等同于社会公众对政治系统的认同和忠诚的观念，代表了当代社会对于合法性概念最一般、最普遍的认识”(王葎，2007)。很显然，韦伯的论述是经验主义的。与此相对应的则是规范主义研究者的论述。在规范主义研究者看来，“经验主义研究者忽视了价值判断和理性标准，合法性的获得从而成了一个技术性问题，真理和正义也就因此被排除在合法性问题之外。与经验主义针锋相对，规范主义把某种永恒的美德、正义等价值规范视为合法性的基础。他们认为，不管有没有得到公众的同意和忠诚，只要它符合美德、正义，那就是合法的”（翁时秀，2008）。

在合法性研究领域另一位具有深远影响的德国学者哈贝马斯则试图跨越经验主义和规范主义的鸿沟，他指出“合法性意味着某种政治秩序被认可的价值，合法性的要求恰恰是以理性为基础”（哈贝马斯，1989）。“合法性意味着，对于某种要求作为正确和公正的存在物而被认可的政治秩序来说，存着一些好的依据。一个合法性的秩序应该得到承认。合法性意味着某种政治秩序被认可的价值——这个定义强调了合法性乃是某种可争论的有效性要求，统治秩序的稳定性也依赖自身在事实上的被承认”（哈贝马斯，1989）。哈贝马斯的合法性概念包含两个维度：其一是形式合法性，即公众对政治系统的同意和忠诚；其二是实质合法性，即政治系统与社会价值规范相符合（翁时秀，2008）。

实际上，不论是韦伯意义上还是哈贝马斯意义上的合法性概念，“其与政治话语有着密切关联的背后，本质上都归属于一个更为广泛、更为深刻的价值论语境——合法性理论的发生、发展，都组织在对合法性背后的价值标准、价值基础的揭示之中”（王葎，2007）。“正是作为价值主体的人的自我意识的觉醒，才使合法性真正成为‘有意味’的现代‘问题’，合法性的发生逻辑深深植根于人类价值冲突、价值判断和价值选择的历史；合法性的获得依托一种价值叙事的方式，合法性的价值基础则是一种生成的价值视野——一种不断交融、扩展着的共享的价值视域”（王葎，2007）。因此，所谓的合法性危机/正当性[1]危机，其实在某种程度上就是一种价值资源匮乏、道德资源匮乏所形成的价值危机（陈映芳，2008）。

那么，合法性的基础抑或来源/资源有哪些？韦伯关于政治合法性基础的论述成为这个领域的经典。韦伯构建了三种理想的或理论的模型来说明高度复杂的政治统治和政治服从的基础（燕继荣，2004）。三种合法性类型分别为传统型（建立在长期形成的传统风俗和习惯的基础之上）、个人魅力型（建立在某人的非凡个性和超凡感召力的基础上）和法理型（建立在一系列清

---

〔1〕 英文“*legitimacy*”一词经常被翻译成“合法性”、“正当性”。本研究采用“合法性”这一翻译。

晰而明确的规则和制度的基础上)(燕继荣,2004)。在韦伯论述的基础上,后续学者也对合法性的来源进行了类型的划分,如马宝成(2003)认为,政治权力的合法性基础一般包括三个方面:意识形态基础(政治权力从人们的认知、价值观、信仰等理念方面获得支持)、制度基础(规则基础:政治权力的获得必须遵循宪政制度)、有效性基础(政治权力必需取得实际成效)。王海洲(2008)则指出,合法性来源于以下三个方面:合法性的规则基础(包括由风俗习惯、宗教传统以及共同体观念等构成的价值系统)、合法性的法律基础(强调合法性的合乎法律性)、合法性的民意基础。王宁(2009a)在分析中国消费制度的转型时将合法性资源较为宽泛地界定为"国家或组织所拥有的名望、声望或威望,以及获得这些名望的途径和资源。合法性资源的多寡体现为人们对国家或组织的接受、支持、拥护和顺从程度"。

(2) 合法性资源与制度变迁

合法性资源在制度变迁中发挥着核心作用(DiMaggio & Powell,1983;Pierre,1993;Sherer & Lee,2002)。那么,合法性资源是如何影响制度变迁的呢?在研究制度扩散的诸多研究中,合法性的作用主要体现在合法性是作为一种限制制度变迁或者强迫组织趋同的力量存在的。在此领域不少学者进行过富有成效的研究。迪马奇奥、鲍威尔(DiMaggio & Powell,1983)的开创性研究发现,强迫性机制、模仿机制、社会规范机制(合法性机制)三个机制导致了制度的趋同性或者说组织形式、组织行为的趋同性。其中,社会规范机制(合法性机制)的过程是指,某一特定组织由于某些原因采取了一项新的制度安排,而这项制度安排可能具有更充足的合法性资源,久而久之,随着采纳的组织越多,这项制度安排逐渐"制度化"亦即逐渐被认为是"广为接受"的。这一过程,其实就是所谓的合法性机制过程。托尔波特、朱克(Tolbert & Zucker,1983)的研究提出了两个相互竞争的理论,即理性选择和合法性机制。通过对1885年至1934年间美国城市采纳公务员制度的过程(公务员制度的扩散过程)的分析,他们发现,在早期阶段一些美国城市采纳公务员制度是理性选择的结果(即这种制度符合这些城市的政治、经济与社会特质);在后一阶段,随着公务员制度的逐渐蔓延,越来越多的城市采纳了公务员制度,这是合法性机制发挥作用使然。然而,雪拉、李敬穆(Sherer & Lee,2002)以美国大型律师事务所人力资源管理制度变迁和扩散为例的研究指出,声誉、地位越高(合法性资源越充足)的办公室,越有可能(能力和条件)在制度扩散的早期阶段采纳新的制度安排。而在制度扩散的晚期,因为某项制度已经被制度化了，已经具备了合法性，因此无需考虑合法性的问题。是否采纳新的制度安排，完全取决于机构本身的人力资源稀缺状况。因此，合法性资源（声誉、地位）实际上是促成了（*enables*）制度变迁，使得制度扩散在早期成为可能。

在特定制度安排的演化与发展方面，皮埃尔（Pierre，1993）曾以瑞典在20世纪80年代进行的行政管理体制变革为例，对合法性是如何影响制度变迁的进行过研究。他认为，瑞典政府的这场旨在将全国的官僚体系从传统的韦伯式的科层制（*traditional Weberian bureaucracy*）改革为更加开放、客户导向和回应性的公共行政管理体系的制度变迁的目的，在于重拾公共部门和官僚体系的合法性（应对公共部门和官僚体系的合法性危机）。王宁（2007）分析了中国自1949年以来私人消费制度的转型。他指出，"消费制度与劳动激励关系的变化，又同国家的合法性资源有着内在的联系"。改革开放以前，在私人消费领域，国家遵循的是理性化逻辑，即抑制私人领域内的消费并采取神圣化的激励机制来鼓励大众参与劳动，实现赶超。因为那时候党和国家领导人有着非常高的声誉因而也有着丰富的合法性资源可资利用，能够使得抑制消费的制度安排得以低成本落实。然而，由于多年以来生活水平并没有得到明显改善，国家逐渐陷入到合法性危机之中，神圣化的激励机制难以继续奏效。因而，国家变革了私人领域的消费制度，采取了补偿消费的政策，来不断地重获合法性资源。因此，在私人消费制度领域，合法性危机（合法性资源的匮乏），实际上驱动着国家采取制度变革。王利平、葛建华（2009）则从制度环境和合法性的视角解释了国有企业从单位体制到现代企业制度的转变。他们认为，国有企业在与内外环境的互动中，实现了从一种合法性（单位体制所具备的合法性）到另一种合法性（现代企业制度所具备的合法性）的转变。中国经济的高速发展以及经济和政治体制改革的日益深化，使得单位体制逐渐陷入了合法性危机之中。因而，建立现代企业制度是国有企业消解合法性危机、重拾合法性的有效渠道。

从以上的分析可以发现，在制度扩散、特定制度安排的演化与发展方面，合法性（合法性资源）影响制度变迁的途径是不一样的。在一些场域，合法性是作为一种限制或强制力量存在的。合法性一方面可能限制特定组织采纳某种制度安排的选择（DiMaggio & Powell，1983；Tolbert & Zucker，1983），另一方面也可能迫使组织采纳新的制度安排来消解合法性资源匮乏的境况/合法性危机（Pierre，1993；王利平、葛建华，2009；王宁，2007）。在另外一些场域,合法性资源的优势(声誉、地位)使得某些组织能够(*enables*)首先采纳某种新的制度安排,从而使得制度扩散成为可能(Sherer & Lee,2002);合法性资源的拓展使得某种特定的制度的演化与发展得以实现(冯仕政,2007)。

那么,由此而来的问题是,在海棠湾休闲度假区开发模式变迁的具体场域,合法性资源到底是如何影响政府主导模式的确立与推进的呢?

### 6.2.3 合法性资源与政府主导开发模式

本研究认同哈贝马斯的合法性概念,认为"合法性意味着某种政治秩序被认可的价值"。因此,以此类推,在度假区开发模式的具体领域,合法性意味着某种开发模式被认可的价值,或曰被认可的程度(王葎,2007)。具体到海棠湾开发模式变迁的场域,本研究认为,以上关于合法性来源的分类都一定程度上忽视了政府层级的存在。在中国现行的行政体制中,地方政府(省、市政府)是处于中央政府(委托方)和县级及以下政府(代理方)之间的中间层政府(管理方)[1]。中间型政府(在本研究的语境中,主要是指三亚市政府作为中间政府)一方面需要激励下级政府完成各种行政发包的任务,另一方面也要履行对上级政府的职责。因此,实际上在地级市政府层面,政府的行为一方面不仅需要辖区居民/企业的认可,另一方面也需要上级政府的认可,方能获得上下一致的合法性。因此,本研究基于海棠湾、三亚市政府的实际,提出合法性的三个来源亦即合法性资源的三个方面:合乎法律性(政府主导开发模式的法律基础)、民意基础(政府主导开发模式的商业逻辑与价值资源)、政治基础[2](政府主导开发模式的科层制逻辑与政治机会)。

(1) 合乎法律性:政府主导开发模式的法律基础

合乎法律性,对应于英文中的"*legality*"[3],是指政治组织以及其具体的行动符合相关法律法规的程度。在开发模式的具体语境中,所谓开发模式的合乎法律性是指开发模式涉及的各种制度安排符合国家层面法律法规的

---

〔1〕 此处关于中国政府层级的划分有借鉴周雪光教授2011年12月19日在中山大学政治与公共事务学院开展的题为《中国政府的治理模式:一个控制权理论》演讲上的内容。

〔2〕 从内外或曰上下两个角度来关注基层政府/组织行动的合法性,并非本研究首创。冯仕政(2007)在分析南街村的政治化与集体化时,就已经关注到了南街村来自村庄内村民和上级政府部门/领导人认可的内、外/上、下双重来源的政治合法性问题。

〔3〕 "*legality*"一词也经常被译为"合法性",但此处的"法"是指成文的法律法规,而不是自然法意义上的正义、公平等价值理念。因此,为了行文之便利,多数文献在同时指涉"*legitimacy*"和"*legality*"时,一般将前者翻译为"合法性"或"正当性",而将后者翻译成"合乎法律性"。本研究采纳此种做法。

约束。首先，城市土地国家所有(城市政府代管，实际上垄断了土地的所有权和收益权)、农村土地集体所有但政府拥有土地征收权/征用权的土地法律制度，使得地方政府不仅掌握了度假区(不论其是城市土地抑或农村集体用地)最重要的资源——土地的使用权和开发权，而且顺理成章地成为了度假区开发建设的主要获益者之一。其次，在度假区土地一级开发上，政府作为辖区的行政管理主体，拥有征地拆迁和安置补偿的行政权力，为其强势推进土地一级开发奠定了法律法规基础，在不同的地区和时段，政府可以选择是否引入企业来参与征地拆迁和安置补偿工作，从而形成不同的开发模式。第三，在土地出让的法律法规上，从全国范围内来看，2002 年 5 月 9 日，国土资源部以 11 号令出台的《招标拍卖挂牌出让国有土地使用权规定》(简称“招拍挂”)，实质上是明确了经营性国有土地使用权出让必须采取招标、拍卖或挂牌的制度。2007 年 9 月 28 日，国土资源部以第 39 号令出台的《招标拍卖挂牌出让国有建设用地使用权规定》，根据《物权法》的相关内容对 2002 年规定进行了补充和修改，使得“招拍挂”制度更加具备可操作性。这样一系列法律法规的出台，实际上就使得国有建设用地的出让只能由地方政府完成，且必须采用“招拍挂”方式，内在地排除了之前广为采纳的经营用地的政府协议出让、企业获得“生地”整理成“熟地”后再转让的可能性，也从理论上终结了企业一二级联动开发的可能性(如亚龙湾一期，见第七章)。因此，从法律法规的角度来看，地方政府具备了度假区土地一级开发的主导地位，是否引入企业参与一级开发，则因不同地区和时段而异。因此，“招拍挂”制度出台后的度假区(土地一级)开发模式，无外乎政府全方位主导和政府主导、企业参与两种。

(2) 民意基础：政府主导开发模式的商业逻辑与价值资源拓展

在度假区开发模式的具体语境下，所谓合法性的民意基础是指政府所拥有的来自于社会(投资企业、社区居民)的认可、支持和拥护。具体而言，因为参与海棠湾休闲度假区的投资企业典型地遵循着市场逻辑、商业逻辑，因此开发模式的变迁必须符合市场逻辑、商业逻辑。在度假区的开发建设中，不论是政府全方位主导土地一级开发还是企业参与土地一级开发，其最关心的还是征地拆迁之后的安置和补偿，但不同的土地一级开发主体，所带来的征地、拆迁以及相应的安置和补偿后果会有显著的差异。因此，政府全方位主导下的土地一级开发，尤其是征地拆迁和安置、补偿工作，只有做得比企业参与下的更好，才能获得社区居民的认可和支持，也才能获取更多的合法性资源。那么，三亚市政府是如何遵循商业逻辑，不断地推进由企业参与的开发模式向政府全方位主导的开发模式的转变的呢？三亚市政府又是如何拓展价值资源，以获得区内居民的认可和支持，从而不断地提升合法性的呢？下文将从这两个方面来分别阐述。

① 商业逻辑下政府主导开发模式的确立与推进。在政府全方位主导模式确立前，三亚市政府是倾向于而且也尝试着推进大企业参与开发这一模式的。如第六章所介绍的，2005 年之后，陆续有大企业与三亚市政府签署了分区的土地一级开发意向性合作协议，但这种意向性的、框架性的合作协议并不具备法律地位，因此在 2006 年底至 2007 年初，三亚市政府在省委省政府的支持下决定尝试着采取政府全方位主导模式后，整体性地与七家大企业解除了之前签署的意向性合作协议。在此，三亚市政府与开发企业之间的关系与互动遵循的是一种商业逻辑，或曰市场的逻辑：

> 当时候，很多企业提出的要求，你要是满足，它才会进来。并不是说政府不同意他们来做。它有这个条件，然后我们有我们的条件，它没办法接受我们的条件。我们的条件它满足不了，它自己一算，觉得是亏的，它也不愿意进来。（访谈者：所以这完完全全是商业上的行为？）嗯，只是说它提出来的条件，我们觉得没办法接受，我们提出的条件，它没办法接受。最后，双方只好折中。后来即便是折中，它们也没办法满足我们提出的条件。（访谈记录：CHH015）

在三亚市政府宣布全方位主导海棠湾开发建设后，之前获得土地一级开发权的诸多大企业也遵循着商业逻辑，做出了各有差异的选择。例如，一心想要在海棠湾从事房地产开发的香港盈科地产和香港保利集团，由于开发理念和条件与海棠湾规划及政府要求不尽一致而选择了退出，至少是迄今为止，也没有继续在海棠湾地区拍得土地进行二级开发。最早关注并介入海棠湾开发的上海家化集团则选择继续关注并宣称将要择机竞拍土地进行酒店开发建设。当时也获得了分区土地一级开发权限的新加坡星狮集团、海南翰星实业投资有限公司则进行了不同的选择——竞拍土地进行土地二级开发。例如，新加坡星狮集团旗下的海南建丰旅业开发有限公司就曾竞拍到海棠湾的酒店建设地块，目前正在建设三亚海棠湾椰子洲岛度假酒店。海南翰星实业投资有限公司也竞拍到海棠湾地块，目前正在建设南中国海影视城项目。

因此，也正是由于开发企业遵循的是一种商业逻辑抑或理性逻辑，不论是在此之前的参与土地一级开发，还是后续的参与土地二级开发，只要符合企业的商业利益，企业都会尽全力参与海棠湾的开发建设。也正是由于遵循了商业逻辑，海棠湾开发模式的转变才得以获得开发企业的认可和支持，才得以顺利推进。

② 价值资源的拓展与政府主导开发模式的确立与推进。在海棠湾开发建设的具体语境下，所谓的价值资源的开拓是指三亚市政府不断地通过意识形态的宣传和实际的行动来增加民众和企业的这样一种认知，即：政府主导的海棠湾开发建设是更加有利于区内民生条件的改善（保障老百姓的利益）、政府公共物品的供给（政府财力的提升）、生态环境的保护，从而不断地消解政府主导的开发模式所面临的来自舆论和社区居民的政治压力，增加这种开发模式的合法性。尤其是近年来，随着当地居民的生计与出路日益受到学界和社会的关注，民生问题/民生支出等已经开始成为海南省内各级政府的重要话语。各级政府官员也多次在不同场合强调了海棠湾的政府主导开发模式更加有利于改善区内的民生条件，并且这种强调是明显地建立在对企业主导/企业参与的开发模式的批判或批评的基础之上，例如：

其实，我们一个非常重要的问题，就是要解决老百姓的问题。那么你要让那个企业来做，让企业来解决老百姓的问题，那它是无能为力，而且是不可能做得好。你要解决老百姓的问题，那你一定要有一定的财力支持了。你没有一点钱的话。给企业做的话，解决老百姓问题中的很大一部分的钱，它是不会给你出的。即使是它给你出了，它会要求你付出更大的代价。（访谈记录：CHH015）

海棠湾开发由政府主导的开发模式，坚持政府统一规划，统一征地、拆迁、安置，统一进行基础设施建设，统一招商引资的模式……一是保证规划得以完整实施，确保规划的高起点；二是有利于统筹城乡，避免损害群众利益，能让群众共享开发成果[1]。

这种模式值得推广……第三是解决老百姓的问题。避免很多

〔1〕 共筑和谐发展之路——徐绍史（时任国土资源部部长、党组书记、国家土地总督察）海南考察调研侧记（http://www.hainan.gov.cn/data/news/2011/04/126848/）。

矛盾和纠纷问题，有利解决百姓安置补偿问题[1]。

虽然三亚市政府以及海棠湾管委会在民生改善上的种种行为可能并不必然满足区内居民的要求，但毫无疑问，政府的种种努力（详见第六章），例如征地赔偿款的快速落实与支付，区内农民社会保险制度的建立，临时安置区的建设，风情小镇的理念与实践，对海棠湾内居民响应政府号召、以大局为重、支持海棠湾开发建设的种种意识形态的呼吁，对区内劳动力的培训以及鼓励区内进驻企业对海棠湾籍的就业人员优先雇佣的奖励机制等，都在很大程度上消解了来自社区居民的政治压力，不断地尝试着塑造出一个关注民生的"好政府"的形象。

值得引起注意的是，在政府的主流话语中，企业参与下的开发建设的另一弊端就是"圈而不建"，延误海棠湾开发建设的时机。在三亚市建设国际性热带海滨风景旅游城市的定位与目标导向下，随着三亚湾海坡片区、亚龙湾旅游度假区和大东海旅游区的日渐成熟和饱和，海棠湾作为一块尚未开发的处女地的开发建设进展，对当时三亚市政府施政和绩效的重要性和紧迫性不言而喻（见本章"推动开发模式变迁的动机：抓住度假区开发建设主动权"部分），其开发建设的提前启动（见第四章），也对这种重要性和紧迫性做了很好的脚注。因此，海棠湾在三亚市政府的全方位主导下，土地一级开发和二级开发确实得以迅速推进。尤其是土地一级开发和出让方面，巨额的土地出让收益和国家开发银行的专项贷款，加快了基础设施建设的进展，因而也获得潜在二级开发投资商的认可和支持。例如，原本就获得了分区土地一级开发权的新加坡星狮集团，当时热情参与竞得土地一级开发权，实属"醉翁之意不在酒"。正如海棠湾管委会受访者指出的，"星狮集团离一级开发还是两个概念。它们对一级开发都不感兴趣的，它们就是希望你政府投钱做一级（开发），然后赶紧给它一块地，它好使用"（访谈记录：CHH015）。

(3) 政治基础：政府主导开发模式的科层制逻辑与政治机遇

科层制逻辑的存在，表明三亚市政府作为整个国家行政体系中的一个层级，其行动除了要符合普遍性的法律法规、获得辖区内民众和企业的认

[1] 原三亚市副市长、时任国土资源部耕地保护司司长严之尧在陪同徐绍史考察海棠湾时的讲话，来源同上。

可和支持外，还需要取得上级政府部门的认可和支持。科层制逻辑也意味着，地方政府的官员们会选择那些最有利于职业晋升的做法，或最大限度地规避会影响其职业晋升的做法（周雪光、艾云，2010）。具体到海棠湾开发建设的语境下，三亚市政府只会选择那些有助于响应上级政府部门号召，获得上级部门认可、肯定，从而增加政治晋升机会的开发模式；在推进政府主导的开发模式时，也会尽最大的努力抓住一切可能的政治机遇，来凸显种种政绩，获得上级部门/领导人的认可、肯定和支持。那么，三亚市政府主导海棠湾开发建设的决策是如何获得海南省委、省政府以及中央领导的支持和认可的呢？

首先，这不得不从海南全省的宏观经济发展背景和成片开发区域开发模式的变迁入手。其中，洋浦开发区的开发建设历程与开发模式变迁就是一个缩影。2004年以来，洋浦经济开发区开发模式的转变对海南省内其他成片开发区域，尤其是作为海南省重点项目、三亚市“一号工程”的海棠湾的开发模式的变迁不无影响。以下是作者根据各方材料，对2004年以来，洋浦经济开发区开发模式变迁的一个案例描述：

> 早在20世纪80年代末海南建省之初，洋浦就引起了中央政府和海南省筹备委员会的关注。以当时省委书记许世杰为首的决策团队提出的外商主导成片开发的模式，被称为“洋浦模式”，即“引进外资、成片承包、系统开发、综合补偿”。虽然经历了所谓的“洋浦风波”[1]，但这一模式作为国内成片开发的首创，依旧对日后海南全省各地成片开发区域的开发模式产生了深远影响，如海口金盘开发区、万宁石梅湾旅游度假区、三亚亚龙湾旅游度假区等。1998年，一直致力于洋浦土地一级开发和招商引资工作的熊谷组（香港）有

〔1〕 1988年10月16日，儋县（洋浦开发区所在县，现已升格为儋州市）与熊谷组（香港）有限公司签订的《海南洋浦地区30平方公里国有土地使用权出让协议书》；1998年12月31日，海南省人民政府向国务院呈交《关于让外商承包成片开发洋浦的请示》。1989年，5名全国政协委员在全国政协七届二次会议上集体发言，指出上述让外商承包的开发模式有损国家主权和尊严，是丧权辱国的行为。随即，200多名政协委员也分别联名提交了关于这一问题的议案，从而在国内引起轩然大波，国内一些学生甚至上街游行，贴出“声讨海南卖国”的标语，这一连续风波事件，史称“洋浦风波”。由于恰逢1989年的政治事件，该风波直至1992年才算正式平息。据国务院1992年3月9日批复精神，1992年8月18日海南省人民政府与熊谷组（香港）有限公司签订的《洋浦经济开发区国有土地使用权出让合同》，才正式拉开外商成片开发洋浦的序幕。

限公司撤资[1]，正式退出洋浦的开发建设。2004年，海南进入到一个实施“大企业进入、大项目带动”的新阶段。时任海南省委副书记、省长卫留成在当年全省经济形势分析会上指出，“海南省将筹建省建设投资控股公司，搭建政府投资主体。今后，无论是已经开发建设的园区，还是即将规划开发的园区，都要争取实行政府控股主导”。这就给整个海南全省的经济开发区开发模式的转变提出了新要求，也奠定政府主导将是今后发展趋势的基调。卫留成进一步指出，“海南要加快开发区建设，实行政府主导、公司参与、整体规划、稳健招商”。在海南省经济建设和体制改革的龙头区域——洋浦，“将重组洋浦土地开发有限公司，新组建的公司实行政府主导、政府控股，从根本上改变洋浦开发区长期由境外公司控股的局面，掌握开发区招商引资的主动权”。同时，不光是洋浦，作为省长的卫留成，也对省内其他区域的开发模式转变，提出了建议和要求：“海口、三亚、琼海、儋州等有条件的市县，也可以考虑成立建设投资控股公司，建立投资主体，利用部分贷款发展特色县域经济，支持中小企业发展”。紧接着，2004年11月，海南省政府就向国务院提交了《海南省人民政府关于加快海南洋浦土地开发有限公司重组的请示》，提出以海南省政府主导、中国石化集团参与重组海南洋浦土地开发有限公司的战略构想。2005年3月，经国务院同意，财政部回函同意海南省的重组方案。2005年09月28日，海南省政府与相关方签订了重组海南洋浦土地开发有限公司的协议，确定了海南洋浦土地开发有限公司新的股权结构：海南省发展控股有限公司占40%、中国石化集团占30%、海南洋浦开发(香港)有限公司占30%。此举也正式标志着洋浦经济开发区政府主导开发模式的初步确立。这一旨在政府主导的方案的出台，按卫留成的说法，是学习广东省东莞市松山湖开发区等地的做法后省政府的一个重大举措，是典型的“制度学习”的后果。2007年8月6日，海南省政府发文正式成立洋浦经济开发区管理委员会(2007年9月，三亚市政府正式成立了海棠湾管委会和海棠湾开发建设有限公司)。2008年1月，国有独资、

[1] 熊谷组(香港)有限公司参与洋浦土地一级开发和招商引资工作的方式，是成立其控股的海南洋浦土地开发有限公司。

省属的海南省洋浦开发建设控股有限公司(简称"洋浦控股")正式成立,成为洋浦经济开发区的投融资平台和建设主体。2010年2月,"洋浦控股"成建制并入洋浦经济开发区管委会。由此,洋浦经济开发区正式进入到一个政府主导开发的阶段。

应该指出的是,2004年以后,海南在全省范围内大力推广"大企业进入、大项目带动"战略并尝试性地推进政府主导开发模式,绝非空穴来风,而是事出有因。在建省之初,政府能力薄弱的现实条件下,作为市场化改革的试点区域,海南省引入大型企业进行土地一级开发、招商引资,是理性的选择。自20世纪90年代初,海南全省有93处企业主导或参与的成片开发区域,面积接近1 000平方公里,但截至2004年底,这些开发区成片开发实际仅使用土地面积49平方公里[1]。大量的成片开发区域"圈而不建",让海南省各级政府部门陷入了"被动"的境地,经济社会的发展也因之受到一定影响。此外,虽然海南"建设国际旅游岛"正式上升为国家战略是在2009年底,但早在之前的几年中,建设方案能获批,在岛内已经广为流传。因此,省内各级政府对于推进东部沿海地区的海滨旅游度假区建设,也是极为重视。

在这样的一种宏观背景下,海南省政府积极地寻求政府主导开发模式,从而有效地消解开发建设主动权不足的境况,以掌握辖区经济开发建设的主动权,自是情理之中的事情。也正是在这种环境下,洋浦经济开发区的开发模式实现了向政府主导的转变,从而也为省内其他有条件地区实施政府主导开发模式提供了借鉴和榜样,甚至是一种无形之中的压力和要求。在洋浦开发区政府主导顺利推进、成效显著的情况下[2],通过制度扩散效应、制度学习效应,2006年底至2007年初,三亚市政府响应省政府的号召和要求,决定海棠湾地区的开发建设实施政府主导,也就顺理成章,不难理解了。

其次,既然从科层制的逻辑出发,三亚市政府响应省政府的号召和要求,选择政府主导的开发模式是其理性选择,那么,在后续的政府主导开发模式的推进中又是如何不断地利用各种政治机遇来获得更高层级的政府部门、领导人的认可与支持的呢？这一点可以从两个相互关联的方面来回答。其一,具有政治意义的解放军总医院(301医院)海南分院项目落户海棠湾及其开

〔1〕 资料来源于《崔元星：土地一级开发的海南模式》(http://talk.bbs.house.sina.com.cn/thread—4556822-1.html)。

〔2〕 参见洋浦经济开发区官方主页公布的年度公报(http://www.yangpu.gov.cn/)。

工建设。关于解放军总医院(301医院)海南分院项目落户海棠湾,目前已经引起了诸多社会关注和讨论。本研究只关注其背后的政治意义,其他方面不做评论[1]。关于301医院海南分院项目的政治意义,时任海南省委副书记、省长罗保铭,解放军总医院副政委何振喜等均给予了强有力的说明。2010年4月27日,省长罗保铭亲率省政府办公厅、政策研究室、发改委、财政厅、住房和城乡建设厅、交通厅、国土环境资源厅、卫生厅、林业局、通信管理局、海南电网公司、海南电信公司等部门领导,冒雨考察了海南分院的建设情况,现场办公中指出:"能否解决好海南分院困难,是考验省委省政府党性强不强、落实首长指示坚决不坚决的政治问题"[2]。何振喜也指出:在三亚设立分院的目的,"首先就是考虑为各国政要提供优质的保健服务"[3]。三亚市政府作为这一"行政发包"项目的最终落实方,对解放军总医院海南分院建设项目也可谓着力颇多。例如,根据2009年三亚市人民政府与中国人民解放军总医院签订的战略合作协议,三亚市政府通过无偿划拨形式为解放军总医院海南分院提供596亩医疗卫生用地;并出资17.2亿元(占总预算投资32.26亿元的53.32%;解放军总医院自筹13.06亿元,占总预算投资的40.48%;另外的2亿元由海南省政府出资)[4],建成后海南分院将成为解放军总医院编制内的医疗机构,由解放军总医院全权经营管理。另外,在推进解放军总医院海南分院建设用地所在地块上的征地拆迁和安置上,三亚市政府也是不遗余力的强势推进(见第七章)。三亚市政府所有的这一切,固然是有其他经济社会方面的考虑,但更多地体现了处身中国政府体制下的地方政

---

〔1〕 关于解放军总医院(301医院)海南分院项目落户三亚市海棠湾的讨论,可以参见天涯社区的以下帖子及回帖:①《海棠湾301医院,领导的度假酒店》(http://bbs.city.tianya.cn/tianyacity/content/73/1/578093.shtml);②《解放军总医院将在海南建设海南分院三亚分院位于海棠湾》(http://bbs.city.tianya.cn/tianyacity/Content/73/1/564753.shtml);③《海棠湾建解放军总医院怎么样》(http://bbs.city.tianya.cn/tianyacity/Content/73/1/564767.shtml)。

〔2〕 资料来源:《海棠湾上鏖战急 301医院海南分院建设纪实》(http://news.163.com/10/0607/11/68IS3GP7000146BD.html)。

〔3〕 资料来源:《海棠湾建解放军总医院怎么样》(http://bbs.city.tianya.cn/tianyacity/Content/73/1/564767.shtml)。

〔4〕 资料来源:三亚市人大常委会财经工委《关于三亚市人民政府提请审议海棠湾路网建设二期等7个项目特许建设及回购协议议案的调研报告》(2010年6月22日)。

府及其官员在科层制的逻辑下争取和创造一切条件抑或“借口”[1]来汇集政治资源、争取政治机会的种种努力。

其二，诸多国家领导人到访海棠湾视察工作，对海棠湾的政府主导开发模式、开发建设进展给予不同程度的肯定。据《国家海岸·海棠湾开发建设简报》的系列报道，截止 2011 年 12 月，共有六位中共中央政治局委员（其中 2 位常委）视察过海棠湾，两位分别对海棠湾的政府主导模式“深表赞许”、“充分肯定”。另有中共中央委员、中共中央统战部部长杜长青，全国政协副主席白立忱，原中央政治局常委罗干等视察过海棠湾，并分别做出“充分肯定”、“政府主导开发建设的理念非常好”、“充分肯定”等表态。当然，毫无疑问，以上国家领导人视察海棠湾，并非一定是专程到访，但是海南省政府和三亚市政府肯定会尽量将海棠湾、洋浦等省内重点工程作为“典型”推荐给来访的国家领导人，希望得到他们的认可和支持，以便不断强化政府主导开发模式的合法性。

### 6.2.4 小结

上文的分析从横向的角度，从合乎法律性、民意基础和政治基础三个方面分别阐述了三亚市政府部门如何应对合法性危机、拓展合法性资源从而逐步确立和推进政府主导开发模式。从中不难发现，合法性资源影响政府主导模式的确立和推进的过程，其实也是从两条途径展开的，而不是之前研究文献中的单一途径（DiMaggio & Powell，1983；Sherer & Lee，2002；Tolbert & Zucker，1983；王宁，2007；冯仕政，2007；王利平、葛建华，2009）。其一，在海南省内首创“外商承包成片开发”模式的洋浦经济区，从 2005 年开始陆续展开了走向政府主导开发模式的历程。政府主导开发模式逐渐在海南省市政府中受到认可因而合法性也不断增加。在政府主导开发模式的合法性增加的背景下，连同中国转型期行政管理体制的特性（科层制的逻辑），合法性机制驱使（*drives*）三亚市政府转海棠湾的开发模式为政府主导。这一发现，既支持了制度扩散研究领域的观点（DiMaggio & Powell，1983；Tolbert & Zucker，1983），也支持了特定制度演化与发展方面的研究发现（王宁，2007；王利平、葛建华，2009）。其二，政府主导开发模式的确立和推进，无可避免地会面对来自企业和社区居民的合法性的质疑，从而有可能陷入合法性资源匮

[1] “借口”一词在此有着特定意涵，意指地方政府通过诸多大型事件、项目来吸引国家领导人的关注和到访，并以此来汇集大量政治和经济资本。资料来源：保继刚教授、李郇教授 2011 年 11 月 21 日在中山大学的讲演《“借口”：中国城市资本高度集聚的政治经济学》。

乏的危机之中。三亚市政府基于商业逻辑通过与企业的互动以及自由裁量权的使用以及贴心的服务，赢得了企业的认可；通过在征地拆迁和安置补偿中对社区居民的妥协、对民生改善的关注以及话语权的掌控，拓展了价值资源。因此，在这一场域，合法性资源的拓展，实际上是促成(*enables*)了政府主导开发模式的确立和推进。这一发现，支持雪拉、李敬穆(Sherer & Lee, 2002)和冯仕政(2007)的结论，即合法性资源的拓展/合法性危机的消解使得制度变迁成为可能。这一研究发现，归因于海棠湾开发模式变迁本身的特点：既是一种特定的制度安排的演化与发展，也是政府主导开发模式作为一种制度安排的扩散过程中的一个环节。海棠湾案例的研究发现，再一次回应了雪拉、李敬穆(Sherer & Lee,2002)关于制度变迁研究的忠告：制度变迁研究从来都不是也不应该“空对空”地谈制度，而是要具体到制度本身的特性及其变迁的具体场域。

## 6.3 开发模式变迁的逻辑

本书第一章从总体上阐述了中央政府、地方政府、企业和社区在旅游度假区开发建设以及开发模式变迁的具体场域中的微动行动逻辑。但毫无疑问，这种阐述是框架性的、总体意义上的。因此，接下来的具体问题是，国家、地方政府、企业和社区作为行动主体在海棠湾度假区历次开发模式变迁中，体现出了怎样的制度变迁逻辑呢？也就是说，各自的行动逻辑是否有经历转型？又是如何转型的呢？从上文的分析和阐述可以发现，海棠湾度假区开发模式的历次变迁，虽然国家和社区都有“在场”，但主要涉及的主体却是地方政府和企业。因此，下文将主要分析地方政府和企业在开发模式变迁中的制度转型逻辑(见表 6-3)。

**表 6-3 开发模式变迁的逻辑**

| 阶段/事件 | 地方政府 | 企业 |
|---|---|---|
| 企业参与土地一级开发阶段(2004～2006) | 理性化逻辑 | 理性化逻辑 |
| 决定采取政府主导开发模式 | 理性化逻辑 | 理性化逻辑 |
| 政府主导开发模式推进阶段(2007 年 5 月之后) | 合法性逻辑 | 理性化逻辑 |

首先，来看三亚市地方政府在海棠湾度假区开发模式变迁中的行动逻辑。很显然，在 2007 年之前由七家大企业开展土地一级开发的阶段，地方政

府囿于财政能力、宏观调控能力等政府能力不足、政府自主性缺失等，引入大企业参与甚至主导海棠湾地区土地一级开发是一种现实的理性选择，也是三亚市诸多开发区采取的模式，且“大企业进入、大项目带动”自 2004 年开始成为海南全省大力推行的战略。然而，一方面，客观上由于七家大企业的开发进展缓慢，使得三亚市地方政府在面临严峻的财政约束和地区竞争约束的背景下“等不及”，开始思考着转变开发模式；另一方面，不断积累的土地财政和国开银行的专项土地开发贷款增加了地方政府的财政汲取能力以及相应的调控能力和自主性，使得开发模式的转变成为可能。因此，扭转开发模式本身也就成为一种理性选择。当然，开发模式的转变并不必然意味着顺利推行，因此海棠湾在新的开发模式下也经历了缓慢的试运行阶段。这一阶段，其实就是政府主导开发模式的合法化阶段，也就是地方政府不断地拓展合法性来源的过程。显然，地方政府遵循的是合法性的逻辑。地方政府为入驻企业提供的至少具有“量身定做”色彩的招商引资工作以及后续的管家式贴心服务、在土地征地拆迁和安置补偿中为当地农民采取的一系列措施以及退让和妥协以及近年来三亚市乃至海南省政府为海棠湾的政府主导开发模式所进行的一系列推广与宣传工作，都明显地体现了地方政府为合法化政府主导开发模式的种种努力。

其次，来看企业在海棠湾度假区开发模式变迁中的行动逻辑。从上文的分析中其实可以明显地发现，企业所遵循的逻辑一直没有太大的变化，即一直遵循着理性化的逻辑。不论是在 2004 年至 2006 年之间的开发权争斗，还是在 2007 年之后部分原定开发企业的退出以及重新进入，都体现出企业在利润导向和与地方政府权力关系约束下的理性化逻辑。

## 6.4　本章小结

本章从政府能力和合法性资源的理论视角，对海棠湾国际休闲度假区开发模式变迁何以可能这一问题进行了回答。研究指出：(1) 政府能力影响制度变迁的途径是双方面的。一方面，政府能力的欠缺(资源的匮乏)驱使地方政府推动旅游度假区的开发建设向政府主导模式转变，以便抓住度假区开发建设的主动权，最大化土地财政收益、提升政府能力。另一方面，政府能力的提升，尤其是源自于土地财政和土地开发专项贷款的财政汲取能力的提升，不但增加了地方政府的调控能力，也明显地改善了地方政府的自主性，从而使得旅游度假区的开发建设向政府主导模式的转变成为可能。(2)合法性资源影响制度变迁的过程也是从两条途径展开的。一方面,合法性机制驱使地方政府转变度假区的开发模式。另一方面,合法性资源的拓展,也促成了政府主导开发模式的确立和推进。(3)三亚市政府在海棠湾开发模式变迁中的行为逻辑经历了理性化逻辑到合法性逻辑的转变。上述研究发现,能够让我们更充分地理解在转型期中国,政府能力和合法性资源是如何影响制度变迁的。

# 第七章 亚龙湾国家旅游度假区开发模式变迁

本章的主要任务是对亚龙湾国家旅游度假区自上世纪80年代末以来，尤其是2005年之后的发展历程以及所经历的开发模式变迁做出详细的阐述；并对历次开发模式变迁所带来的不同的政治与经济后果进行分析。正如下文即将详细阐明的，亚龙湾国家旅游度假区是三亚市乃至全国范围内少见的发展较为成熟的海滨旅游度假区，其开发历程亦是中国度假旅游产业发展历程的缩影，见证了中国度假旅游业尤其是海滨旅游度假区日渐成熟的过程；其开发模式的诸多变迁经历也折射出其所处的三亚市、海南省乃至整个中国在经济、社会与政治等诸多方面所经历的制度变迁；相应地，开发模式变迁所引致的政治与经济领域的诸多后果也正是转型期中国(尤其是海南省和三亚市)在市场化改革与现代化进程的双重变迁中所不得不认真面对和思考的重要议题。因此，毫无疑问，对亚龙湾国家旅游度假区开发模式变迁及其政治与经济后果的深入阐述和分析具有较强的理论和现实意义。

## 7.1 亚龙湾国家旅游度假区简介[1]

“亚龙湾”的称谓，与三亚市改革开放、建设国际热带滨海风景旅游城市这个大背景密切相关。1986年，“牙龙湾”规划为三亚市旅游开发区，为了赋予这个开发区全新的文化内涵，三亚市决定将“牙龙湾”更名为“亚龙湾”。亚龙湾国家旅游度假区坐落在三亚市东南25公里处，是中国唯一一处国家级热带滨海旅游度假区，享有“天下第一湾”之美誉。1992年10月经国务院批准设立，是首批12个国家级旅游度假区之一。

[1] 主要参考亚龙湾国家旅游度假区官方网站(http://www.ylb.com)发布资料。

亚龙湾拥有一流的度假旅游条件,一方面体现在一流的自然生态环境方面,曾于2005年被《中国国家地理》杂志评为"中国最美八大海岸之首";2008年亚龙湾沙滩被联合国环境规划署和保护海洋与海岸带国际合作组织(COBSEA)授予"2008东亚海协作体清洁海滩奖"。具体而言:(1)海水:亚龙湾是国家级海滨浴场,是海南省三个国家重点海水浴场之一(其余两个为海口市的假日海滩和三亚市的大东海),海水没有受到任何污染,海水能见度达10米以上。据海南省环境监测中心站发布的《海南省国家重点海水浴场水质周报》[1](2009年第3期至2011年第12期,一共45期)显示,亚龙湾的海水评价一直为"优",游泳适宜度一直为"最适宜游泳"。亚龙湾附近水域海底资源也十分丰富,色彩斑斓的珊瑚礁、五颜六色的热带鱼类、美味可口的海底珍品、养育珍珠的野生贝类,构成了极富梦幻色彩的海底景观,是南中国海域的潜水胜地。(2)沙滩:晶莹细洁的沙滩呈优美的月牙型绵延八公里,沙粒洁白细腻,纯净匀细,同世界各大海滨胜地的沙滩比较,亚龙湾的沙质名列前茅。(3)气候:亚龙湾属低纬度热带季风区海洋性气候,全年长夏无冬,春秋季不明显,年平均气温25.5℃,最低水温22℃,全年日照时间为2 563个小时,每年有近300天是艳阳高照,常年可以进行海水浴、日光浴、沙滩活动、潜水和多种海上运动。(4)空气:三亚空气中负氧离子含量每立方米10 000个以上,居中国城市第一,世界城市第二。(5)植被:亚龙湾三面环山,山峦叠翠,拥有十分罕见、发育良好、覆盖面广的热带植物,区域内到处是椰子、油棕、木棉、剑麻、野菠萝、木麻黄、仙人掌,在亚龙溪一带生长着热带珍稀树种"红树林"和活化石"龙血树",青山翠谷是亚龙湾的又一大环境特色。(6)岛屿:亚龙湾的海面上,以野猪岛为中心,南有东洲岛、西洲岛,西有东排、西排,对于海上运动爱好者有着强烈的吸引力。锦母角、亚龙角水深流急,激浪拍崖,怪石嶙峋,景观变化万千,是著名的岬角,也是攀崖等探险活动的良好场所。另一方面,亚龙湾是目前三亚市高星级度假酒店最为聚集的地区,截止2011年底,拥有正式评定星级的五星级酒店7家(见第四章表4-3;2011年新增五星级酒店为丽思卡尔顿酒店)、待评5家。

---

[1] 资料来源于海南省国土环境资源厅官网(http://www.dloer.gov.cn)。

## 7.2 亚龙湾国家旅游度假区开发模式变迁历程

本研究所指的开发模式，是各主体互动关系意义上的模式，尤其是指政府、市场与社会的互动关系模式。因此开发模式从本质上来说是一种制度安排。自上世纪 80 年代末始，亚龙湾国家旅游度假区的开发模式经历以下几次变迁。

### 7.2.1 政府主导模式阶段(1995 之前)〔1〕

(1) 政府主导开发模式的形成

亚龙湾旅游度假区开发的政府主导模式的形成经历了两个时期，其一为 1988 年至 1992 年由海南省旅游总公司统一开发的时期(海南省政府直管模式)，其二为 1992 年至 1995 年由三亚市政府控股的亚龙湾开发股份有限公司〔2〕主导开发的时期(三亚市地方政府主导模式)。1988 年 10 月，海南省政府发文(琼府〔1988〕92 号)委托海南省旅游总公司对亚龙湾旅游区进行统一开发(主要包括土地征用及相关的拆迁安置和补偿、基础设施建设和接待设施建设等)，实际上标志着亚龙湾土地成片开发的开始。海南省范围内土地成片开发的历史实际上可以追溯到洋浦开发区。1988 年 6 月，省委书记许世杰等省领导就曾提出了洋浦开发的模式(“洋浦模式”)，即“外商成片承包开发”。在当时海南省建省之初百业待兴的现实条件下，引进熊谷组(香港)这一外资企业对整个洋浦 30 平方公里的土地进行成片的一级开发(土地开发整理、基础设施建设、招商引资等)，实属大胆的创新之举。土地成片开发一时间在省内蔚然成风。因此，也正是在这样的制度背景下，省政府委托海南省旅游总公司对亚龙湾进行一体化开发。然而，省旅游总公司的统一开发模式本质上是海南省政府对地处三亚市的亚龙湾的直管模式，因而无可避免地会由于体制原因而进展不顺。在此背景下，三亚市政府与省旅游总公司展开了亚龙湾旅游度假区的开发权“争夺”〔3〕。1990 年 3 月，海南省旅游总公司

〔1〕 亚龙湾国家旅游度假区在 2005 年之前尤其是 1995 年前后的发展历程，刘俊(2006)在其博士论文中进行过较好的梳理。本节将不再重复展现刘俊(2006)博士论文中已经展现过的内容，而是将主要利用最新获得的资料来不断增进对亚龙湾开发模式及其变迁的认识。

〔2〕 公司全称是“三亚亚龙湾开发股份有限公司”，为行文之便利，下文将可能使用到“亚龙湾开发股份有限公司”、“三亚亚龙湾开发股份有限公司”、“亚龙湾开发公司”等。

〔3〕 具体争夺的过程，参见刘俊(2006)，本章不再赘述。

提出如下方案：其一，成立海南省牙龙湾[1]旅游区开发建设指挥部，建议由省政府副省长担任总指挥，对亚龙湾进行统一规划、统一开发、统一经营和统一管理；其二，指挥部成立“海南三亚牙龙湾旅游开发总公司”，负责旅游区的开发事宜。建议“海南三亚牙龙湾旅游开发总公司”由海南省旅游总公司旗下的亚龙湾开发公司和三亚市一家公司联营。这个方案最终没有被采纳。开发权“争夺”的结果是，由三亚市政府委托三亚市开发建设总公司招股成立亚龙湾开发股份有限公司，省旅游总公司以移交的财物入股（包括其所建设的所有设施以及土地使用证等）。由此，亚龙湾度假区进入到由三亚市政府控股的亚龙湾开发股份有限公司主导开发的时期。

1992 年 5 月 28 日，由中国光大国际信托投资公司、海南省旅游总公司、海南省国际信托投资公司、海南省证券公司、海南省开发建设总公司和三亚市开发建设总公司等共同投资创立的亚龙湾开发股份有限公司经三亚市政府批准成立（股权结构见表 7－1）。同年 6 月 10 日，三亚市政府正式授权亚龙湾开发股份有限公司成片开发亚龙湾旅游区（三亚市政府函〔1992〕91 号文《关于亚龙湾开发股份有限公司享有成片开发的亚龙湾旅游区域的批复》），并约定市政府将分期把旅游度假区规划范围内的土地出让给亚龙湾开发股份有限公司。同年 10 月 4 日，国务院批准建立亚龙湾国家旅游度假区。1994 年，为保证亚龙湾旅游度假区开发的完整性，三亚市政府委托亚龙湾开发股份有限公司代表三亚市政府对亚龙湾国家旅游度假区实施“统一规划、统一出让、统一开发、统一管理”。

（2）政府主导模式的特点

① 三亚市政府与主开发商的关系：不分你我。在三亚亚龙湾开发股份有限公司主导亚龙湾度假区的开发建设后，亚龙湾开发股份有限公司成为亚龙湾区域的主开发商，由三亚市政府授权进行“统一开发、统一规划、统一征地、统一招商、统一建设”的成片开发。在当时的土地开发法律法规条件下，如《中华人民共和国城镇国有土地使用权出让和转让暂行条例（1990.05.19）》、《城市国有土地使用权出让和转让规划管理办法（1992.12.04）》等，亚龙湾区内土地开发的基本程序是：三亚市政府依法将区内六盘村、博后村部分村民集体用地征收转为国有建设用地，然后通过协议出让的法律程序出让给亚龙湾开发股份有限公司（由亚龙湾开发股份有限公司向三亚市政府支付

---

〔1〕 当时即称为“牙龙湾”，后改名为“亚龙湾”。

**表 7－1　三亚亚龙湾开发股份有限公司股本结构及其变迁**

| 股东名称 | 1992 | 1993 | 1995 | | 2003 | | 2005 | | 2010 | |
|---|---|---|---|---|---|---|---|---|---|---|
| | 比例(%) | | 持股数 | 比例(%) | 持股数 | 比例(%) | 持股数 | 比例(%) | 持股数 | 比例(%) |
| 亚龙湾开发股份(香港)有限公司 | | | | | 341 000 000 | 50.82 | 341 000 000 | 50.82 | 341 000 000 | 50.82 |
| 香港鹏利集团(中粮集团) | | | 31 000 | 50.82 | | | | | | |
| 三亚市国有资产管理公司(三亚市政府) | 40 | 16 | 4 800 | 7.87 | 52 800 000 | 7.87 | 52 800 000 | 7.87 | 52 800 000 | 7.87 |
| 中谷集团三亚贸易有限公司 | | | | | | | | | 32 880 000 | 4.9 |
| 国泰证券有限公司 | | | | | 18 490 000 | 2.75 | 18 490 000 | 2.75 | | |
| 国泰君安证券股份有限公司 | | | | | | | | | 18 490 000 | 2.76 |
| 中国光大国际信托投资公司 | 12 | 4.8 | 1 440 | 2.36 | 18 040 000 | 2.68 | 18 040 000 | 2.68 | | |
| 海南省国际信托投资公司 | 12 | 4.8 | 1 440 | 2.36 | | | | | | |
| 海南省证券公司 | 12 | 4.8 | 1 440 | 2.36 | | | | | | |
| 海南金元投资控股有限公司 | | | | | 15 840 000 | 2.36 | 16 940 000 | 2.52 | 16 940 000 | 2.52 |
| 海南省旅游总公司 | 12 | 4.8 | 1 440 | 2.36 | 13 740 000 | 2.05 | 13 740 000 | 2.05 | | |
| 海南省旅游投资控股集团有限公司 | | | | | | | | | 10 540 000 | 1.57 |
| 信达资产管理公司海口办事处 | | | | | | | 11 485 000 | 1.71 | 11 485 000 | 1.71 |
| 海南省开发建设总公司 | 12 | 4.8 | 1 440 | 2.36 | 11 485 000 | 1.71 | | | | |
| 三亚银泰城市开发有限公司 | | | | | 9 020 000 | 1.34 | 9 020 000 | 1.34 | | |
| 三亚天域实业有限公司 | | | | | | | | | 9 020 000 | 1.34 |
| 中国光大(集团)总公司 | | | | | 8 800 000 | 1.31 | 8 800 000 | 1.31 | 8 800 000 | 1.31 |
| 明诚投资咨询有限公司 | | | | | 5 500 000 | 0.82 | 5 500 000 | 0.82 | 8 500 000 | 1.27 |
| 其他法人 | | | 12 000 | 19.67 | | | | | | |
| 内部职工 | | | 6 000 | 9.84 | | | | | | |

资料来源：1992、1993 和 1995 年数据转引自：刘俊(2006)；其余年份来源于三亚亚龙湾开发股份有限公司历年股东大会资料。由于各个年度股东数量及名称发生了变化，为表示出这种变化本表在每个年度都列出了所有年份的股东名称。

土地使用权出让金)；亚龙湾开发股份有限公司在对受让的土地进行土地一级开发(基础设施建设等)后，依法转让给外来投资商；外来投资商利用转让的国有建设用地修建度假娱乐设施、开展经营活动。由于亚龙湾开发股份有限公司由三亚市政府控股且直接受三亚市政府领导和控制，如时任三亚市市长王永春担任公司董事长，因此实际上三亚市政府与所谓的主开发商的关系就显得非同一般，在土地出让过程中，三亚市政府也予以亚龙湾开发股份有限公司诸多优惠，如土地出让金甚至可以在土地转让成功之后再支付，因而具有代销性质，按刘俊(2006)的话说，就是“肉烂在一个锅里，不必分你我”。三亚市政府与主开发商之间的这种关系也为日后开发模式变迁后政企关系的复杂变化埋下了伏笔。

② 主开发商与外来投资企业的关系：一个形象的比喻。亚龙湾开发股份有限公司作为亚龙湾区域的主开发商，在 1995 年中粮集团入驻控股之前主要是从事土地的一级开发，亦即将政府出让的“生地”通过基础设施建设转为“熟地”后，通过招商引资吸引外来投资商进行二级开发，即度假酒店等经营性设施的建设和运营。在这一阶段，主开发商/三亚市政府并未直接介入土地的二级开发中，二级开发均为外来的投资商[1]。这样的一种关系，其实就如张五常(2008)在《中国的经济制度》一书中描述的那样：

> 一个县可以视作一座庞大的购物商场，由一家企业(即县政府)经营；租用这商场柜台的客户可比县的投资者。商场租客交一笔固定的租金(相当于投资者支付的地价)，外加分成租金(相当于政府每年收的增值税)。我们知道，由于有分成，商场业主会小心选择租客，也会多方面给租客提供服务，正如县政府对有号召力的投资者也提供不少优惠(pp. 161～162)。

在亚龙湾度假区，情况极其类似。三亚市政府控制的亚龙湾开发股份有限公司经营、控制着整个旅游度假区(“购物商场”)，其通过度假区内的土地一级开发改善区内的土地价值和投资环境以吸引外来投资商(“租客”)，投资

---

〔1〕 至少从外来投资商的名称可以做出如上判断，当然，这些外来投资商与主开发商亚龙湾开发股份有限公司各入股公司是何种关系，就目前掌握的资料来看(参见刘俊，2006，p. 58)，无从判断。但有一点可以肯定的是，作为主开发商的亚龙湾开发股份有限公司并没有直接参与区内的二级开发。

商向亚龙湾开发股份有限公司支付转让土地的土地使用金(以及后来亚龙湾开发股份有限公司极力争取来的物业管理费),并向政府支付各种税费。

③ 主开发商与当地社区的关系:利益冲突的起始。作为主开发商的亚龙湾开发股份有限公司与当地社区(主要是田独镇六盘村、博后村)的关系同样体现出多重复杂的景象。一方面,主开发商与当地社区由于度假区开发的征地拆迁、安置和赔偿等系列问题产生利益冲突。具体的情况是:亚龙湾开发的起步区域,主要占用六盘村(原称六盘管区;指行政村)、博后村(原称博后管区;指行政村)的农民集体所有土地。由于三亚市政府授权亚龙湾开发股份有限公司进行"统一开发、统一规划、统一征地、统一招商、统一建设"的成片开发,因此区内土地一级开发所涉及的征地、拆迁、安置和补偿等地方政府应该承担的职责就落到亚龙湾开发股份有限公司身上(三亚市人民政府市府〔1993〕85号《三亚市人民政府关于亚龙湾国家级旅游度假区征地拆迁安置问题的通知》和三亚市人民政府市府〔1993〕159号《三亚市人民政府关于亚龙湾国家旅游区征地拆迁安置问题的补充通知》)。当地社区村民与亚龙湾开发股份有限公司之间的利益冲突也由此掀开序幕。持续不断的利益冲突主要集中于征地赔偿的纠纷上。据海南省三亚市中级人民法院发布的资料显示,六盘村委会新村队、东方一队、东方二队和青梅队就曾分别在2000年就征地赔偿起诉亚龙湾开发股份有限公司(和三亚亚龙湾民族经济发展公司)[1]。此外,亚龙湾开发股份有限公司历年年报都有大量篇幅说明由于村民阻挠、闹事等原因阻碍征地、施工等的进展。

### 7.2.2 企业主导模式阶段(1995~2008)

(1) 企业主导模式的形成

在1995年中粮集团入主控股之前,亚龙湾度假区的开发建设名义上也是企业在主导,但是由于该企业当时本身由三亚市政府控股并领导的性质使得亚

〔1〕 三亚市人民政府市府(1993)85号《三亚市人民政府关于亚龙湾国家级旅游度假区征地拆迁安置问题的通知》决定,由田独镇人民政府、六盘管区(六盘村委会)、三亚亚龙湾开发股份有限公司及三亚银泰城市开发有限公司组建三亚亚龙湾民族经济发展公司。三亚亚龙湾民族经济发展公司负责村民的搬迁安置以及补偿款的发放和管理及使用等任务。六盘管区以土地赔偿款及安置补助费作为本金入股。民族经济发展公司董事长由田独镇政府推选产生、副董事长及一名副总经理由六盘管区推选产生、总经理由亚龙湾开发股份有限公司推荐并由民族经济发展公司董事会任命。在民族经济发展公司董事会的9名董事中,六盘管区推选4名;田独镇政府和亚龙湾开发股份有限公司各推选2名;三亚银泰城市开发有限公司推选1名。该公司后因管理层的投资失误最终破产。

龙湾的开发建设本质上是完全掌握在三亚市政府手中,当时的亚龙湾开发股份有限公司实质上是三亚市政府主导亚龙湾度假区开发建设的载体抑或工具。

三亚市政府主导亚龙湾开发建设的时期(尤其是1992年至1994年),刚好是整个中国宏观经济过热、海南省全省上下掀起房地产热潮的时期。当时候的三亚市也是掀起了楼市狂潮(见第四章)。三亚市的开发在经历了1988年至1991年的激情与探索之后,迅速转入疯狂与躁动不安的阶段,来自岛内外的资本,其中大多数具有国有资本性质或具有政府背景,大量进入房地产领域。三亚市政府主导的亚龙湾开发股份有限公司也不例外,涉入度假区外的房地产开发中。1994年开始,三亚市以及整个海南省的楼市泡沫破灭,亚龙湾开发股份有限公司陷入资金困境,区内投资建设难以为继。从外部环境来看,1995年6月10～13日,全国旅游市场工作会议在三亚召开。这次会议的主题就是"'96中国——带你步入一个崭新的度假天地",并确定1996年的中国旅游主题年开幕式在亚龙湾国家旅游度假区中心广场举行。深陷困境的亚龙湾开发股份有限公司面临着内忧外患。在此背景下,亚龙湾开发股份有限公司的增资扩股显得十分必要和紧迫。1995年初,亚龙湾开发股份有限公司做出决策,决定增资扩股,吸引外资,以每股2元的价格发行3.1亿新股,由中粮集团旗下香港鹏利集团[1]和香港胡汉辉集团控股的亚龙湾开发股份(香港)有限公司全额认购,占公司总股本的50.82%,三亚亚龙湾开发股份有限公司因此转变为外资控股的中外合资股份制企业。根据此次股权变革,亚龙湾开发股份(香港)有限公司成为控股股东,掌握着亚龙湾度假区开发建设的主动权和主导权。中粮集团控股的三亚亚龙湾开发股份有限公司继承了原有的权利和义务。

(2) 开发模式变迁的后果

由三亚市政府主导的开发转入由企业主导的开发,亚龙湾旅游度假区内的利益主体关系发生了深刻的变化。

① 三亚市政府与主开发商的关系:介入与反介入的互动与博弈。中粮集团入主之后,由中粮集团旗下企业——亚龙湾开发股份(香港)有限公司控

〔1〕 中粮集团(全称为中国粮油食品(集团)有限公司)旗下香港鹏利集团于2000年易名为中国粮油食品集团(香港),即中粮集团(香港)。名义上,三亚亚龙湾开发股份有限公司的控股股东是亚龙湾开发股份(香港)有限公司,这个"壳公司"是中粮集团旗下的香港鹏利集团和香港胡汉辉集团旗下的企业所组成的合资公司,但控制权仍属于在北京的中粮集团总部。因此,三亚亚龙湾开发股份有限公司的实际控制人是中国中粮集团有限公司(简称中粮集团)。下文均直接采用"中粮集团旗下"、"中粮集团控股"、"中粮控股"等说法。

股三亚亚龙湾开发股份有限公司；而三亚亚龙湾开发股份有限公司正是亚龙湾度假区的主开发商，由三亚市政府授权进行“五统一”的开发。因此，在控股权变化之后，三亚市政府与主开发商（三亚亚龙湾开发股份有限公司）的关系发生了显著的变化。虽然从表面上看，只是控股股东的更替，实质上却是度假区主导权、主动权的易手。虽然三亚市政府作为第二大股东以及股东大会中的席位均可以对公司的运营产生一定的影响，但决策权却并非掌握在三亚市政府手中。此外，虽然三亚市政府作为整个三亚市地域的行政管理主体，自然也具有亚龙湾地域的行政主导权，但是由于区内居民的搬迁等原因以及度假区本身的性质，三亚市政府对亚龙湾度假区的管辖也仅能限于诸如规划、环保、卫生等领域，对区内的土地开发、招商引资等丧失了主导权。尤其是随着亚龙湾基础设施不断完善、外来投资商日渐增加因而区内土地日渐增值的背景下，土地转让的收益全部归三亚亚龙湾开发股份有限公司，且包括海滨一线土地在内的众多优质地段的土地已经陆续地出让给亚龙湾开发股份有限公司。这对于当时的三亚市地方财政收入而言，从另一个侧面来说，无遗是重大的“损失”，但也无可奈何。如 2003 年，亚龙湾开发股份有限公司全年实现主营业务收入 16 294 万元，其中土地收入占 78%达 12 709 万元；景点收入和酒店收入分别占 4%和 18%。对于地方政府官员而言，这也无遗是“设租”机会的严重流失。当然，这不意味着三亚市政府就会完全丧失了介入亚龙湾开发建设的冲动，相反，正是在巨大利益的诱惑下，这种介入的动机愈加强烈，介入活动也日渐增多。强制性拍卖事件就是其中很好的一例[1]。

这种介入与反介入的互动与博弈的结果，自然取决于双方力量的均衡。诚如亚龙湾开发股份有限公司的某位受访者指出的：

> 我们之所以成功，就是因为我们这个规划。虽然也被改了，但是，百分之九十的情况下，是严格遵守的。就那么一点点，百分之十，没弄好。好像就给人的感觉，是做得很成功。其实就是说，严格执行规划了。第一期的规划，是中规院做的。第二期，然后是请美国的一家公司做的。这些规划做好了之后，企业能否执行，关键是要顶住上面的压力。你不能说，市政府来了，说你这块地，有一个项目，牵涉到我的政绩，人家投资 150 个亿呢，你就把这块地给我吧。

---

〔1〕 参见刘俊(2006)，pp. 71～72。

那人家规划里边，就不是做这个的，你非要逼着我做这个。作为政府来主导的话，规划局局长，你能顶过市长吗？所以，你局长，作为一个规划的执行单位，你顶得过市委书记和市长吗？所以就为以后的失败埋下了种子。因为你已经把规划改变了。你已经把用地性质改变了。嗯，在规划的执行中，一定要排除各种干扰。因为，你这个团队一定要能排除干扰。我们是“中字头”企业，我不怕你。嗯，对中粮集团，我们不怕你。三亚市市政府牛，你再牛，你能牛得过？换句话说，其他企业(你能牛得够?)。所以，我告诉你，你刚才说的那种模式，牵涉到很多因素。不是说，一定企业来了，就一定成功，政府来了，就管不好。首先呢，中粮集团是啥呢，我们董事长来了，省长都要来接待，陪同。三亚市委书记你要跟他牛，那还差很远呢。所以说，关键是看你哪一家企业来的呢。我们能顶得住呀。一般企业它顶不住呀。那还是没用呀。在中国，你没有社会地位，你没用。就说你有几百亿，几千亿，你没人也没用的。(访谈者：也就是说要有政治背景?)对呀，中粮那是中央直属的 33 家央企之一。那是中字头的。(访谈记录：WH016)

② 主开发商与外来投资企业的关系：土地一二级市场联动开发导致主开发商“既当裁判员又当运动员”。如前所述，在政府主导时期，亚龙湾开发股份有限公司虽然是亚龙湾区域的主开发商，但其当时并不直接参与区内的二级开发，即不参与具体的经营性项目的建设和运营。1995 年，中粮集团的入主改变了这种格局，度假区因而进入到一个“一二级开发联动”的阶段。第一次大的转变发生在 1997 年。当年，亚龙湾开发股份有限公司投资 1 000 万元建设的蝴蝶谷以及投资 1 500 万元建设的贝壳馆相继开放；1998 年，投资 1.5 亿元的经济型酒店仙人掌(现为四星级酒店)开业。第二次大的转变发生在 2003 年。当年，亚龙湾开发股份有限公司正式开始涉足房地产业。如《2003 年董事会工作报告》[1]就指出：

以旅游与地产结合为立足点，发挥公司土地资源优势，加大房

〔1〕 来源于三亚亚龙湾开发股份有限公司的股东大会资料，如无特别说明，下文引用的股东大会资料均不在赘述资料来源。

> 地产开发的力度，实现从“地主”向开发商转型，寻找更为有效的新增长点，打造核心竞争力，以保证公司可持续发展。2003年，初步完成了一些项目的选址、立项、房地产开发资质申报等工作，房地产开发工作已步入正轨，主营业务开始转型。

2007年，亚龙湾开发股份有限公司投资的公主郡项目一期正式完工，迅速销售一空。2011年，公主郡三期正在如火如荼地进行。顶级度假豪宅项目“龙溪29项目”也已于2011年春节开盘。

在这样的一种土地一级市场与二级市场联动开发的状况下，亚龙湾开发股份有限公司其实就是“既当裁判员又当运动员”。作为“裁判员”，主要是指其对继续作为“购物商场”存在的度假区拥有排他性的开发和经营主导权，可以基于度假区发展的整体利益和公司自身的利益在规划允许的前提下引入外来投资者，提升和推进度假区的开发；同时，作为运营商负责整个区域部分公共物品的供给，如物业管理等。亚龙湾开发股份有限公司2003年的年度报告曾指出：“长期以来，我公司一直代行一级政府职能，实施对整个开发区的管理”。在诸多努力争取之下，亚龙湾开发股份有限公司获得了度假区内物业管理费用的收取权，但仍有不少区内企业的物业管理费难以收取，并因此而陷入法律纠纷。亚龙湾开发股份有限公司2010年的年度报告曾指出：“针对物业管理费收取难问题，公司从2010年3月份开始，通过法律途径，向三亚市城郊人民法院起诉了与公司签订的《土地转让合同》或《物业管理委托合同》中有关于收取综合服务管理费约定的6家单位，目前三亚市城郊人民法院已全部开庭审理完毕，现正在等待法院判决”。

作为“运动员”，从企业的本质的角度，亚龙湾开发股份有限公司与其他外来投资企业一样，都是市场竞争和运作的主体。但毫无疑问，亚龙湾开发股份有限公司作为一级开发商自然拥有区内其他企业无可比拟的优势，比如区内土地使用权、与三亚市政府的关系资源等。因此，土地一级市场与二级市场联动开发所致的“既当裁判员又当运动员”的特殊身份，使得亚龙湾开发股份有限公司与区内其他二级开发公司之间的竞争抑或矛盾日渐凸显[1]。

③ 主开发商与当地社区的关系：利益冲突的延续。在企业主导模式下，作为主开发商的亚龙湾开发股份有限公司依旧承担着土地征收、赔偿和安置

---

〔1〕 具体的案例可参见刘俊(2006)，pp. 68～69。

的诸多工作，因此主开发商与当地社区之间的关系依旧延续了政府主导时期的模式，即主要是：当地村民由于失地而日趋边缘化，但随着权利意识的觉醒和生存压力的迫使，不断地走上维权之路，如前文所述的村民上诉案就发生在2000年；由于天生具备的“弱者”的身份，处于弱势地位的村民也只能采取一些到施工或征地现场闹事宣示反抗的无奈之举。

具体的土地纠纷事宜已经过去了近10年，但从三亚市中级人民法院发布民事判决书依然可以管窥到纠纷的基本概况。据(2000)三亚民初字第34号显示(以东方二队诉讼案为例)：

> 原告东方二队诉称，1993年12月25日，我队672.97亩的土地被国家依法征用，用地单位被告开发公司与我队签订《征(拨)土地权协议书》。协议书约定开发公司应依法及时支付我队被征用的水田及其他土地的土地补偿费、安置补助费、青苗及其他附着物补偿费共计5 495 633.63元，但亚龙湾开发股份有限公司未及时将征地补偿款支付给我队，且未经我队集体同意而将该补偿款转给自己参股的被告亚龙湾民族经济发展公司。亚龙湾民族经济发展公司收到亚龙湾开发股份有限公司转来的征地款后却未偿还我队，也未安排我队村民就业或发放生活费。经我队多次追讨，亚龙湾民族经济发展公司才偿付了2 265 860元，尚拖欠各项补偿费和安置费3 229 773.63元。由于我队的绝大部分土地被征用，被告又不能解决我队村民的就业及生活来源，造成村民生活贫困，女子失学。为此，特向人民法院起诉，请求法院判令亚龙湾民族经济发展公司偿还我队土地补偿费、安置补助费、青苗及其他附着物补偿费共计3 229 773.36元及支付利息，亚龙湾民族经济发展公司负连带清偿责任；本案诉讼费及我队实现债权的一切合理费用由被告负担。

然而被告亚龙湾民族经济发展公司和亚龙湾开发股份有限公司却有着不一样的说法：

> 被告民族公司辩称，我司是根据三亚市人民政府市府〔1993〕85号《三亚市人民政府关于亚龙湾国家级旅游度假区征地拆迁安置问题的通知》(以下简称85号文)一文决定，由田独镇人民政府、六盘

管区(六盘村委会,下同)、开发公司及三亚银泰城市开发有限公司组建而成。该文还明确规定土地补偿安置费统一集中于我公司。同年9年16日,三亚市人民政府又以市府〔1993〕159号《三亚市人民政府关于亚龙湾国家旅游区征地拆迁安置问题的补充通知》(以下简称159号文),再次明确我公司在此次征地拆迁安置工作中担负村民的搬迁安置、青苗补偿费的发放及土地补偿费的管理使用等。开发公司是根据85号文和159号文及田独镇人民政府和六盘管区的委托书,把土地补偿费及安置补助费直接支付给我公司,实际上是将六盘管区入股我司的股本金支付我公司,因而不存在我司和开发公司共同侵害东方二队的合法财产权。事实上,我司至今仅收到开发公司转来六盘管理区土地补偿费及安置费约1 708万元,且我司已退还该管区被征用水田的部分土地补偿费及安置费581万元。

根据三亚人民政府85号文和159号文的精神,并依据市征地小组的统计资料,我公司自1995年3月开始,对已被征用水田的东方二队村民每月发放生活补助费。但由于被征用水田的村民安置就业后,仍不同意停发生活补助费,造成既已招工,又领取生活费。为此,我司于1998年与田独镇人民政府、六盘管区及东方二队签订《合同书》,将被征用水田的土地补偿费及安置费直接发放给东方二队,此后不再向该队村民发放生活补助费。合同并规定其余非水田的土地补偿安置费由我司董事会安排使用,不再付给东方二队,该合同应受法律保护。此外,我公司自成立以来,安排包括东方二队在内的六盘安置区村民就业,为该区配置文化体育设施,提供医疗、保安服务,进行牧业管理。总之,我司补偿安置费,并为六盘安置区村民的生产、生活和就业做了大量的工作。

被告亚龙湾开发股份有限公司未作书面答辩,庭审时辩称,我公司已按三亚市人民政府文件的指定,向民族公司付清东方二队的土地补偿费。由于我公司已履行了义务,故不是本案的被告。

三亚市中级人民法院的判决支持了被告的请求,虽然判决被告亚龙湾民族经济发展公司应向原告东方二队支付水田补偿及安置补助费337860元及利息,但东方二队的其他诉求均被驳回。六盘村委会其他的三个自然村(东方一队、新村对和青梅队)的诉讼案的判决与东方二队的完全一致,只是人名和地名不一样。东方二队等四个自然村均不服三亚市中级人民法院的判决,遂向海南省高级人民法院上诉。2001年,海南省高级人民法院本院认为[1],原审判决认定事实不清,证据不足,处理不当。依照《中华人民共和国民事诉讼法》第一百五十三条第一款第三项之规定,裁定如下:一、撤销三亚市中级人民法院(2000)三亚民初字第34号民事判决;二、发回三亚市中级人民法院重审。

由于研究的条件限制且此事已经过去了10余年,因此在以上的纠纷中,三亚市中级人民法院的判决究竟存在哪些认定不清的事实,亦即纠纷中究竟谁是谁非,已经难以判定。但可以肯定地指出的是,三亚市政府当时决定成立亚龙湾民族经济发展公司的初衷固然是积极的,但这种显然不符合当时六盘管区居民素质和能力的制度安排,将失地被安置的村民更进一步地推向了贫困与再贫困深渊,也促发了村民与主开发商以及民族经济发展公司之间的利益冲突。

### 7.2.3 政府主导、企业配合模式阶段(2008～)

(1) 政府主导、企业配合模式的形成

政府主导的回归得益于2002年5月9日国土资源部以11号令出台的《招标拍卖挂牌出让国有土地使用权规定》(简称“招拍挂”)。这一规定实质上是明确了经营性国有土地使用权出让必须采取招标、拍卖或挂牌的制度。该法令明确提出,2002年7月1日之后新出让的国有建设用地,必须采用“招拍挂”制度。2007年9月28日国土资源部以第39号令出台了《招标拍卖挂牌出让国有建设用地使用权规定》,指出该规定自2007年11月1日开始实行。2007年新出台的规定实际上是根据《物权法》的相关内容,对2002年规定进行补充和修改,使得“招拍挂”制度更加具备可操作性。主要的改动如下:其一,将“国有土地使用权”明确为“国有建设用地使用权”;其二,将工业用地纳入“招拍挂”出让范围;其三,明确规定国有建设用地使用权可以分层出让,即国有建设用地使用权可以分层设立,分别在土地的地表、地上或者地下设立;同一块国有建设用地,可以设立多种使用权。

“招拍挂”制度的出台与完善实际上就使得土地一级开发和二级开发联

[1] 裁定的内容仅针对东方二队的上诉,但针对其他三个队的上诉的判决内容类似,仅举一例说明。相似的内容表述亦见诸《三亚亚龙湾开发股份有限公司2003年年度报告》。

动的可能性大大降低。因为不管是由企业还是政府来主导土地一级市场开发，国有建设用地的出让必须采取招标、拍卖或挂牌的制度，使得原则上所有潜在土地需求者都由机会获得出让的土地，参与土地一级市场开发的企业也并不必然能获得“招拍挂”出让的土地。

在这样的土地政策背景下，亚龙湾度假区理应也就进入到一个由政府主导、土地开发商配合的新阶段。然而，由于早在 2002 年“招拍挂”制度正式实施前，三亚市政府就已经陆续以协议出让的方式出让(或约定将出让)6 100 亩的国有建设用地(俗称“一期”)[1]，亚龙湾开发股份有限公司在 2002 年之后的很长一段时间依然有土地是通过协议出让方式获得、并出让给外来投资企业或自行进行项目投资建设。早在 2003 年亚龙湾开发股份有限公司就开始了与三亚市政府关于亚龙湾二期开发模式的协商[2]。但是，真正意义上的政府主导、土地开发商配合的新阶段，始于 2008 年 4 月 15 日三亚市政府和亚龙湾开发股份有限公司正式签署的《三亚亚龙湾二期土地合作开发协议书》。双方做出如下基本约定：对约 4 000 亩土地进行一级开发，基础设施年平均投资 6.30 亿元，3 年内完成投资 19 亿元，并完成区域内基础设施项目建设；土地溢价收入实行三亚市政府与亚龙湾开发股份有限公司“五五分成”的方案。由此，随着亚龙湾开发股份有限公司自持土地逐渐出让或自营建设完毕，亚龙湾度假区内土地出让正式进入“招拍挂”时代。

(2) 开发模式变迁的后果

① 三亚市政府与主开发商的关系：主导权向政府回归。与上世纪 90 年代初期三亚市政府通过控股亚龙湾开发股份有限公司从而实现主导亚龙湾度假区开发建设的方式不同，在政府主导、企业配合模式下，虽然在有些场合名义上亚龙湾开发股份有限公司依然是亚龙湾度假区的主开发商，但实际上亚龙湾二期的开发建设的主导权已经回归到了三亚市政府手中。在度假区

[1] 实际上所谓的亚龙湾一期和二期的划分并非正式的划分。据笔者在三亚市发改委访谈获得的情况是(访谈记录：NHG011；访谈记录：ZFH010)：1995 年三亚市土地管理局与亚龙湾开发股份有限公司签署了 6 100 亩协议出让的合同，作为起步区。在 2002 年“招拍挂”制度出台之后，协议出让难以为继，因此以新土地出让制度的出台作为分界点，之前已经出让完毕的或者约定出让的归为一期；之后的均纳入第二期。

[2] 《亚龙湾开发股份有限公司 2003 年股东大会资料》就曾披露：根据亚龙湾控制性修编规划，做好亚龙湾二期用地的前期准备工作。

规划编制[1]、征地拆迁和安置方面，虽然亚龙湾开发股份有限公司依然享有介入和参与的权利，但度假区的土地出让以及相应的招商引资工作，已经丧失了主导权(虽然具有一定的影响)，转而由三亚市政府来主导。“根据规定，亚龙湾二期土地开发及转让将主要由政府主导……转换思维方式，主动配合政府工作”。也就是说，亚龙湾开发股份有限公司参与某地块的土地一级开发，但并不必然能受让到该地块，因而风险也骤然上升：

> 第二，即便是他动了。那也是说，在同等条件下，我们享有优先通过招拍挂获得土地使用权的权利。什么是同等条件下呢，这个同等条件下，就很麻烦了。弹性很大。比如，一共是200亩，然后招拍挂，我们公司出价400万一亩，另一家公司出价420万一亩，就不是同等条件下，就给其他公司了。在二期开发中，我们是有做很多基础设施的，将来，根据协议来分成土地的溢价收入。(访谈记录：WH016)

相应地，2008年，三亚市委市政府成立了亚龙湾国家旅游度假区工作委员会和管理委员会，来具体负责新政策背景和开发模式下亚龙湾度假区的工作。因此，在政府主导、企业配合的模式下，三亚市政府与作为主开发商的亚龙湾开发股份有限公司的关系，也悄然发生了变化，按照亚龙湾开发股份有限公司自己的话说就是：

> 尽快制定亚龙湾二期供地计划，同时要考虑亚龙湾二期拍卖土地可能出现的情况，积极主动地与政府沟通，随时掌握和关注政府对亚龙湾各地块的招商意向，提前进行项目策划，报政府联审会，以便在政府组织招拍挂前做好准备工作，避免被动。在与政府合作过程中，要提出公司对于地块规划指标控制、竞买主体资格要求、招拍挂程序等的设定要求，控制招商项目的准入门槛，引导合理的业态布局，贯彻落实亚龙湾二期的规划理念，完善度假区内的服务功能。同时，要切实做好可行性分析、开发计划和资金计划等。(资料来

---

〔1〕 规划编制费，按照规定，属于土地开发成本，应由主开发商承担。见《海南省人民政府关于规范企业参与土地成片开发的通知琼府〔2006〕34》。

源：《三亚亚龙湾开发股份有限公司 2009 年年度报告》)

在与政府合作过程中，要随时掌握和了解政府对亚龙湾各地块的招商意向，同时要关注其他企业项目进入动态，在此基础上结合度假区的总体规划和度假区的业态研讨二期土地拍地方案，切实做好可行性分析、开发计划和资金计划，为公司参与二期土地竞拍做好充分的准备。(资料来源：《三亚亚龙湾开发股份有限公司 2010 年年度报告》)

从上文的表述可以发现，亚龙湾开发股份有限公司在土地出让"招拍挂"制度背景下所能做的主要还是利用自身优势去影响政府的决策，谋取对自身更有利的环境。以下的案例就说明了亚龙湾开发股份有限公司，在 2002 年实行"招拍挂"制度之后，竭力利用各种资源获取竞争优势。

全力争取亚龙湾海港城土地开发权益。协调解决亚龙湾海港城 1 325 亩土地历史遗留问题，这是关系到公司今后几年开发建设快速向前发展的重要保证。根据亚龙湾控制性修编规划，做好亚龙湾二期用地的前期准备工作。……对我公司一期预留的海港城 1 325亩土地问题，省、市两级政府意见不一致，但依据国土资源部 2003 年 10 月 13 日颁发的《关于进一步治理整顿土地市场秩序中自查自纠若干问题的处理意见》，所确定的"历史遗留"问题截止日期和政策界线，完全符合我 1 325 亩地的实际情况，因此，我们要争取尽快拿下政府的审批文件。要根据亚龙湾控制性修编规划，做好亚龙湾二期用地的前期准备与规划工作。目前，二期开发模式框架已确定，给政府已作过多次请示汇报，一些具体的交涉工作业已开始。(资料来源：《三亚亚龙湾开发股份有限公司 2003 年年度报告》)

……

港城红树林区 890.77 亩土地作为历史遗留问题，不仅获得各级政府批准，继续以协议方式按原协议价出让，而且还对其用地性质和地块指标作了适当调整。同时，经政府批准，对 F-01 和 G-28 等地块做了局部调整。这几项调整，既符合亚龙湾控规要求，又能有效发挥稀缺土地资源的最佳效应。(资料来源：《三亚亚龙湾开发股份有限公司 2005 年年度报告》)

② 主开发商与外来投资企业的关系：理论上的平等竞争地位。首先，主开发商依旧可以通过自身资源谋得各种竞争优势。在政府主导、企业配合模式下，理论上来说，亚龙湾开发股份有限公司作为主开发商，与其他外来投资商一样同为度假区内的企业，展开平等的竞争。然而，主开发商依旧可以通过自身资源谋得各种竞争优势。以下实例便是明证。

> 由于亚龙湾一期土地开发已接近尾声，目前除中心广场及现办公场所用地之外，其他一线临海可建设用地均已建成或正在建设国际标准的高星级酒店。因临海一线可建设用地的日益稀缺，土地价值随之攀升，现有办公场所地块目前的使用功能并没有充分发挥其土地的价值，功能与资源的不匹配造成土地价值的贬损。办公场所外迁后，将有机会盘活土地，无论是进行项目开发，还是用于转让，都可以为公司带来更高的效益。
>
> ……
>
> 亚龙湾 A－07 地块是亚龙湾唯一的行政管理用地，该地块原属田独镇六盘管区红色一、二队，不属于我司与政府签订协议的一期 6 100亩范围。为拿到该地块，我司做了大量的沟通和协调工作，在亚龙湾度假区地价飙升的情况下，终以 68.1 万元/亩底价竞得行政中心 52.57 亩土地，为我司的发展壮大和提升亚龙湾区域整体办公设施配套提供了有力保障。（资料来源：《三亚亚龙湾开发股份有限公司 2009 年年度报告》）

其次，二级开发商可以且开始“越过”一级开发商谋划土地开发。在政府主导、企业配合模式下，虽然亚龙湾开发股份有限公司参与土地的一级开发，但区内的土地的出让以及相应的招商引资工作是由三亚市政府主导的。因此，二级开发商完全可以不需要经由亚龙湾开发股份有限公司而直接与三亚市政府“共谋”或与村民谋划区内二期土地开发。亚龙湾高尔夫球会二期的案例[1]，非常生动且明确地对这种变化进行了诠释：

---

〔1〕 该案例来源于网络，笔者进行了综合和处理，并尝试着重新叙述此案例。相关报道参见：http://house.ifeng.com/news/tudimarket/detail_2011_07/07/7495088_0.shtml 以及 http://finance.sina.com.cn/roll/20110623/103010042720.shtml。

亚龙湾高尔夫球会位于亚龙湾度假区中部，由中国光大集团投资、三亚祈年高尔夫管理顾问有限公司管理，是中国最南端的国际标准滨海地冠军赛度假型球会，先后被国内外权威媒体评选为“中国十佳球会”、“中国十佳球场”、“美国本土之外世界百佳球场”。一期为18洞(含9洞灯光场)，占地1 000多亩，建设用地来源于亚龙湾开发股份有限公司转让土地；球会于2000年1月1日正式开业。由于经营业绩十分突出，该球会近年来一直在谋划二期开发事宜。跟一期开发不一样，二期开发所需要的土地(在2009年通过的《亚龙湾国家旅游度假区控制性详细规划》中指明该地块为“运动主题公园”)亦为亚龙湾度假区二期用地，土地开发事宜由政府主导。因此，正常的合法渠道和程序应该是[1]：由三亚市政府国土部门依法征收该区域土地将农民集体用地收归为国有建设用地、由相关企业或机构(亚龙湾开发股份有限公司)进行土地整理与一级开发之后进入三亚市土地储备中心以纳入年度供地计划、在时机成熟时由三亚市国土部门按照“招拍挂”制度出让土地(一般情况下，亚龙湾高尔夫球会应该可以以其优势地位获得该地块土地使用权)。然而，限于2004国务院出台的高尔夫球场建设禁令[2]，为了顺利推进二期开发进程，亚龙湾高尔夫球会尝试着采用“租地”的方式，从农民手中获取土地。然而，根据《土地资源管理法》第六十三条规定：农民集体所有的土地的使用权不得出让、转让或者出租用于非农业建设。因此，这种做法本身就是违法的。这种违法的行为一方面得到了六盘村东方一小组大部分村民的抵抗，大部分村户并没有签署租地合同，但原因主要还是觉得租金过低且相应的安置等欠缺。据负责人黎国兴的介绍，亚龙湾高尔夫球会提出的方案是租用1 000余亩地，租期50年，每亩地的租金为每年2 000元。另一方面，亚龙湾高尔夫球会的租地努力却并没有停止，反而变本加厉。例如，村民黎国忠抱怨说，为了加速租地进程，高尔夫球会在上游将大小龙塘水源控制并截断，以至于村民的耕地在旱季因缺水而不得不形成荒

〔1〕 参照《三亚市人民政府关于印发〈三亚市土地储备办法实施细则〉的通知(三府〔2010〕149号)》的相关规定。

〔2〕 2004年，国务院通知明确规定，不管是否办理了规划、用地和开工批准手续，只要尚未动工建设，所有高尔夫球场建设，都一律停止开工。

置的既定现实；而在涝季，高尔夫球会则会故意放水，冲毁六盘村村民的庄稼，一年冲两次，我们都习惯了。面对高尔夫球会咄咄逼人的租地气势和行为，三亚市政府显然是保持了默许的态度。这次的“非法租地风波”最终还是在以《南方周末》为主的众多媒体的关注和披露下，由国家土地督察广州局责令三亚国土局叫停。

亚龙湾高尔夫球会二期的案例，固然说明了高尔夫球会扩张的冲动与妄为，但也从另一个方面说明，在新的开发模式下，由主开发商亚龙湾开发股份有限公司与三亚市政府在亚龙湾度假区二期开发上缓慢的协商与合作进程，导致用地供需矛盾日渐紧张和突显。

③ 主开发商/政府与当地社区的关系：利益冲突的再延续。在政府主导、企业配合模式下，虽说征地拆迁必须是政府主导的，但作为参与土地一级开发的亚龙湾开发股份有限公司却依旧承担着部分土地征收、赔偿和安置工作。因此，开发商(一级和二级开发商)/政府与当地社区之间的关系，并没有发生本质的变化，而是依旧延续了政府主导时期和企业主导时期的模式，即主要是：当地村民继续由于失地以及一系列制度安排而日趋边缘化，但随着权利意识的觉醒和生存压力的迫使，不断地走上维权之路，但限于反抗能力，却又只能采取诸如前往工地阻挠施工等“弱者的武器”，如前文亚龙湾高尔夫球会二期案例所述的抗争与申诉等。亚龙湾开发股份有限公司的公司年报做出的如下表述，虽然只是一家之言，却也道出了目前亚龙湾度假区村民维权和“闹事”已经处于常态：

瑞吉酒店项目2009年2月21日奠基，并被确定为海南省重点项目，三亚市特大重点项目。在项目施工过程中，有大量非法渔船涌入亚龙湾青梅港河道和部分村民进入施工现场，阻挠施工，导致建设工期严重滞后。(资料来源：《三亚亚龙湾开发股份有限公司2009年年度报告》)

除了渔民占据河道影响游艇码头工程施工外，六盘村部分村民也以沙坝用地未补偿为由阻挠施工，隔三差五到瑞吉酒店工地闹事，在沙滩上烧烤、喝酒并直接威胁和恐吓项目施工人员，甚至扣留施工车辆和机械，强行要求停工。目前已发展到部分作业区域被迫完全停工，严重影响了工程进度。(资料来源：《三亚亚龙湾开发股

份有限公司 2009 年年度报告》)

……

由于亚龙湾内任何项目的建设都受到农民的干扰，为防患于未然，我们在项目报批的同时就于 2010 年 8 月举行了开工仪式，希望借此推进前期清表、围墙砌筑等工作。但在该项目在施工过程中，因土地赔偿问题屡遭农民阻挠施工，后经多方努力，受干扰问题已基本解决，项目已全面开工。(资料来源：《三亚亚龙湾开发股份有限公司 2010 年年度报告》)

## 7.3 本章小结

本章对亚龙湾国家旅游度假区开发模式的变迁进行了梳理，指出其经历了政府主导模式、企业主导模式到政府主导、企业配合模式的转变，并分析了各模式下政府与主开发商、主开发商与其他外来企业以及主开发商与社区居民之间的关系，即分析了开发模式的转变导致的利益主体之间关系的变化。在开发模式变迁中，依然存在着一些亟待进一步解释的现象，将在下一章给予理论解释。

# 第八章 制度费用与开发模式变迁的路径依赖：对亚龙湾案例的解释

第七章对亚龙湾国家旅游度假区开发模式的变迁进行了梳理，指出其经历了由政府主导模式、企业主导模式到政府主导、企业配合模式的转变，并分析了开发模式的转变所导致的利益主体之间关系的变化。在开发模式变迁过程以及错综复杂的后果中存在亟待进一步解释的现象，即：制度变迁会存在路径依赖，这已经为诸多研究证实。那么，旅游度假区开发模式的变迁是否也存在路径依赖的特征？如何来理解旅游度假区开发模式变迁的路径依赖？这种路径依赖又是如何生成的？本章将整合路径依赖理论与制度费用理论，对上述问题给予回答。

## 8.1 亚龙湾开发模式变迁的路径依赖：若干经验证据

第七章指出亚龙湾国家旅游度假区的开发模式经历了由政府主导模式、企业主导模式到政府主导、企业配合模式的转变。那么，这种开发模式变迁是否体现出了路径依赖的特征？下文将找出若干经验证据给予肯定的回答。

首先，度假区"成片开发"的理念和模式得以持续贯彻。亚龙湾旅游度假区的开发并非一开始就考虑到采用"成片开发"的理念和模式。如1987年年底，全国政协常委、香港投资商霍英东就曾与后来担任海南省委书记的许士杰会谈，前者表示"对亚龙湾旅游区第一期开发工程的投资额为673万美元，并将与海南旅游部门合资兴建一座拥有250个房间的别墅式宾馆"[1]。直至1988年海南正式建省后，省政府正式发文要求由海南省旅游总公司统一

[1] 资料来源于《海南建省以来年度回顾·1987年·伟人一席话，琼州春潮涌》，载：海南省人民政府网站(www. hainan. gov. cn)。

征用亚龙湾旅游区土地，“应向国内、国际招标进行开发建设。具体由省旅游总公司牵头办理”。这个表述实际上就是由省旅游总公司主导进行“成片开发”的理念的雏形。至1992年，三亚市政府主导成立三亚亚龙湾开发股份有限公司，正式由省政府和市政府授权，对亚龙湾旅游度假区进行“五统一”的主导开发。1995年至2008年，中粮集团主导开发阶段，延续了“五统一”的主导开发。2008年之后，度假区开发进入“政府主导、企业配合”阶段，企业主导的“五统一”难以为继，但二期开发的“成片开发”理念依旧不变。

其次，在所经历的历次开发模式中，三亚市地方政府与主开发商（企业）始终保持着密切的合作关系，并且主开发商（企业）的积极作用始终得以维持。在1995年中粮集团入主之前的政府主导模式阶段，虽然海南省旅游总公司的主导开发与三亚市政府之间产生了一定程度的利益冲突，但在后续的开发权“争夺”中，三亚市政府提出的“组建股份制企业”的方案胜出。在1992年至1995年间，由三亚市政府控股和领导的三亚亚龙湾开发股份有限公司主导亚龙湾旅游度假区的开发建设。虽然在此阶段，三亚市地方政府与主开发商是“不分你我”的关系，但各自职责却相对明晰。1995年之后，中粮集团通过控股三亚亚龙湾开发股份有限公司从而主导亚龙湾旅游度假区开发建设。虽然，三亚市政府与主开发商之间就亚龙湾开发建设问题，频频地体现出“介入”与“反介入”的互动与博弈，但其基本的特征始终是各司其职。虽然是企业主导，但也体现出明显的政企合作的特征。2008年，三亚市政府与三亚亚龙湾开发股份有限公司签署二期开发合作协议，进入到政府主导、企业配合阶段，政府与企业合作的基本特征也得以维持。在新的宏观政策框架之下，理论上三亚市政府在面对亚龙湾二期的开发建设时，可以像新兴的海棠湾度假区一样，选择政府全盘主导，即主导规划设计、主导征地拆迁、主导基础设施建设、主导招商引资等，亦可选择引入其他企业作为度假区的主开发商。但现实的选择是，新的开发模式继续维持了三亚亚龙湾开发股份有限公司作为主开发商的地位。虽然主导权转入地方政府，但作为主开发商的三亚亚龙湾开发股份有限公司依旧在征地、拆迁中承担大量工作，并能够对度假区的规划设计、招商引资等产生一定影响。

第三，在不同开发模式主导下，主开发商始终可以通过自身资源谋得各种竞争优势。如第七章在论述开发模式变迁引致的后果时指出的，在中粮集团控股的三亚亚龙湾开发股份有限公司主导亚龙湾开发建设的时期，当时的制度安排即赋予了该公司土地一级开发和二级开发联动的优势。在转入政府主导、企业配合的新阶段，虽然亚龙湾旅游度假区二期区域开发建设的主导权回归至三亚市政府，理论上，三亚亚龙湾开发股份有限公司不能够再延续之前的土地一级、二级联动开发的优势，与区内现有以及潜在的其他开发投资企业一样，都是由三亚市政府“经营管理”的亚龙湾度假区这一“购物商场”中的“租户”，是平等竞争的关系。而实际上，三亚亚龙湾开发股份有限公司却依旧可以继续利用其与地方政府的合作关系以及资源，谋取竞争优势。

第四，主开发商/政府与当地社区的关系始终是利益冲突的模式。如第七章所展示的，在 1992 年三亚亚龙湾开发股份有限公司开始主导亚龙湾开发建设时，亚龙湾度假区所在的六盘村等，就因《三亚市人民政府关于亚龙湾国家级旅游度假区征地拆迁安置问题的通知》的决定而“被”整合进新成立的亚龙湾民族经济发展公司，需要支付给村委会的征地拆迁、赔偿安置款“被”要求作为股本进入该公司。毫无疑问，当时三亚市政府的初衷也许是好的。但是，当时六盘村村民的知识储备、经营能力和经济条件，是否能够保证其在亚龙湾民族经济发展公司管理决策中应有的权利和保障应有的利益？是否能够保证在这一制度安排下社区村民的意愿得到充分的考虑和尊重？这些问题由于年代久远，难以考究。但可以肯定的是，亚龙湾民族经济发展公司后来由于管理层的投资失误而导致破产进而导致 4 个自然村的征地赔偿安置款“打水漂”的事实[1]，却不容忽视（刘俊，2006）。在亚龙湾旅游度假区开发建设进程中，本地村民的意识、知识、能力等内生性因素固然是其不断边缘化的缘由，但需要指出的是，这种边缘化实际上是外部强制性制度安排对社区利益长期漠视的结果，更多地是“被”边缘化（代姗姗，2011）。我们固然可以用“非法”、“无赖”、“流氓”、“无知”、“闹事”等词汇来描述和形容当地村民在面对自己的权益得不到重视和保障时做出的举动，但我们更加需要关注的是，是什么导致并延续了旅游度假区开发模式设计与变迁中社区角色的缺失？是什么导致并延续了社区居民与地方政府/主开发商之间长期以来的利益冲突？

应该说，以上四个方面的路径依赖的特征是紧密联系在一起的。正是由于“成片开发”理念（更进一步地说是经由地方政府或主开发商排他性地“成片开发”的理念）的延续，才导致后续的政府与主开发商之间关系发展的路径依赖；政府与主开发商之间关系发展的路径依赖，也导致了主开发商与引入

〔1〕 可参见第五章的“主开发商与当地社区的关系：利益冲突的延续”部分。

外来投资企业之间、主开发商(以及政府)与社区村民之间错综复杂的关系。因此,政府与主开发商之间关系发展的路径依赖,乃是整个亚龙湾旅游度假区开发模式变迁的路径依赖的最根本来源和最显著特征。

## 8.2 开发模式变迁路径依赖的生成

### 8.2.1 路径依赖的两种模式:"不断被践踏的小径"VS."道路分岔口"

最早对路径依赖进行经济学讨论的是保罗的(David Paul)《技术选择、创新和经济增长》一书(刘和旺,2006)。20世纪80年代之后,阿瑟(Arthur)和保罗(David Paul)对技术变迁的关注,使得路径依赖作为一种分析视角和方法逐渐引起经济学界的广泛关注。保罗(1994)指出,某一过程的路径依赖后果是指:"具有正反馈机制(*positive feedback*)的随机非线性动态系统,一旦为某种偶然事件所影响,就会沿着一条固定的轨迹或路径一直演化下去"(转引自:刘和旺,2006)。阿瑟(Arthur,1989)的研究重点则是经济中的收益递增(*increasing returns*)与路径依赖的关系。他指出,"微小的历史事件可能导致一种技术在与另一种技术竞争时胜出",亦即"一种技术的市场份额不仅依赖于偏好和技术的可能性,而且还依赖于收益递增而导致锁定效应(*lock-in*)的历史小事件"(刘和旺,2006)。

诺思(North)是最早将"路径依赖"引入制度变迁研究中的学者。在《制度、制度变迁与经济绩效》一书中,诺思(North,1990)指出,研究技术变迁的路径依赖方法,可以用来分析制度变迁,因为收益递增性质的技术的竞争,实质上是拥有这些技术的组织之间的竞争。因此,技术变迁机制同样适用于制度变迁。诺思(North,1990)认为:"发展路径一旦被设定在一个特定的进程上,网络外部性、组织的学习过程,以及得自于历史的主观模型,就将强化这一进程"。在《理解经济变迁过程》一书中,诺思(2008b)进一步指出,所谓的制度变迁的路径依赖,其实就是"从过去衍生而来的制度和信念影响目前的选择"。

从以上的介绍其实可以发现,在经济学以及其他的社会科学中,路径依赖理论已经被"速记"为:"过去形塑未来的选择"、"历史是重要的"(Ebbinghaus,2009)。然而,仔细审视可以发现,制度变迁的路径依赖理论其实沿循着两种截然不同的模式(*models*)抑或进路(*approaches*)。

皮尔逊(Pierson,2000)曾指出,社会科学研究中使用的路径依赖概念,有宽松和严谨之分。艾宾豪斯(Ebbinghaus,2009)更形象地指出,其中的一种进路/模式就是将路径依赖的过程理解成为"不断被践踏的小径"(*Trodden Path*),见图8-1。这种理解路径依赖过程的进路/模式显然是沿袭了理解技术变迁的路径依赖的思路,认为制度尤其是社会规范等非正式制度的采用和扩散的过程,犹如新技术的扩散一样,由于网络效应的存在,因为使用的人越来越多而形成一种自我强化(*self-reinforcing*)的机制,从而进入到一种依赖/惯性的状态,技术革新/制度创新及其扩散将面临更大的成本,从而使得技术变迁/制度变迁进入到一个所谓的锁定状态(*lock-in*)。在旅游研究中,吉尔、威廉姆森(Gill & Williams,2011)曾指出,路径依赖理论在旅游研究中的运用并不多见。然而,随着旅游研究中问题意识的增加以及相关学科理论借用与发展的深化,尤其是从理解技术变迁的思路来看待路径依赖的研究,在旅游文献中也呈现出增长的趋势。例如,吉尔、威廉姆森(Gill & Williams,2011)对加拿大威斯乐(*Whistler*)度假区治理模式的变迁所做的分析就是很好的案例。在国内旅游学界,徐红罡、吴悦芳、彭丽娟(2010)也曾以世界遗产地西递和宏村旅游线路的固化为例,指出旅游线路的固化本质上是路径依赖的结果。

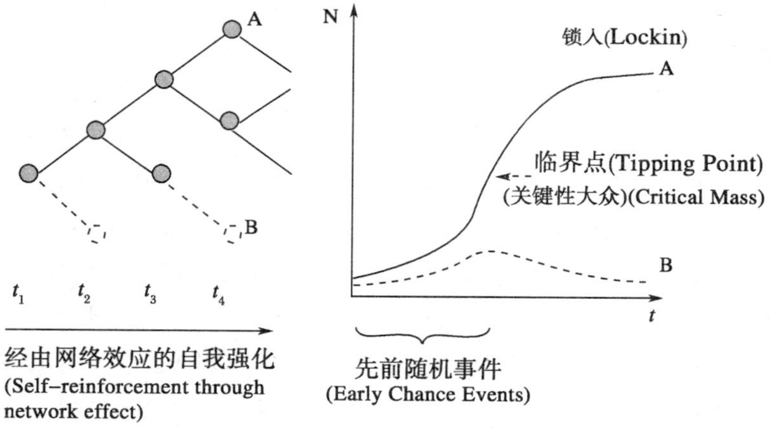


**图8-1 理解路径依赖的模式Ⅰ:"不断被践踏的小径"(*Trodden Path*)**

资料来源:艾宾豪斯(Ebbinghaus,2009),由作者翻译、调整。

另一种进路/模式则是所谓的"道路分岔口"(*road juncture*),见图8-2。这种理解制度变迁路径依赖过程的进路/模式源自历史制度主义的传统。在这一进路/模式中,所谓的"路径"(*path*)并非用来描述个体行动者基本决策的反复进行所产生的制度的出现和延续,而是借以指某一具体制度/制度安排的长期发展路径(*pathway*)。这些制度抑或制度安排受到集体行动者的形塑,并可能继续受到集体行动者的调适。按照诺思(North,1990,pp. 98～99)的话说就是:"路径依赖是一种从概念上缩小选择集并跨越时间地连接决策的方式"。柯志明(2000;转引自:林国明,2002,pp. 12～13)也曾以"小钢珠游戏"形象地描绘了他所理解的路径依赖:

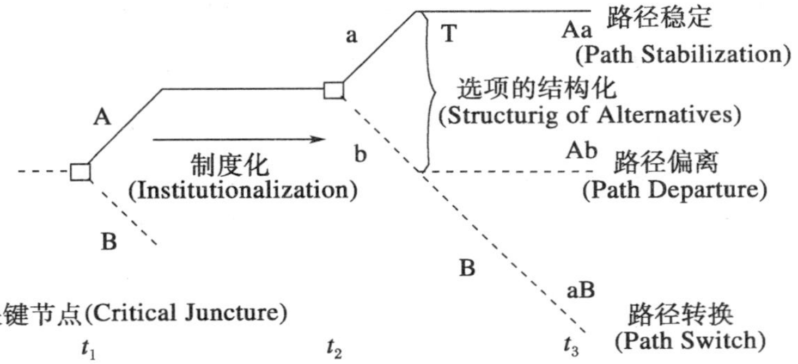


**图 8－2　理解路径依赖的模式Ⅱ:"道路分岔口"(*Road Juncture*)**

资料来源:艾宾豪斯(Ebbinghaus,2009),由作者翻译、调整。

> 笔者所感受到的历史演化过程则比较像是在小钢珠游戏里,沿着上窄下宽的树枝状路径,拾级而下。每一选择不仅是放弃了一些可能的替代机会,而且前一个选择所决定的路径往往限定了下一个选择的可能路径。从事一个选择的同时已经排除了其他的选择,也构成了其后选择的限制条件。

很显然,理解路径依赖的"不断被践踏的小径"的进路/模式,主要是集中于分析制度尤其是非正式制度的扩散过程;而"道路分岔口"的进路则更多地指某一特定的制度或制度安排的发展与演化进程是如何受到之前决策的影响。诚如艾宾豪斯(Ebbinghaus,2009)评论道的,历史决定论意义上的路径依赖原理(*deterministic path-dependence theorem*),即将制度变迁的路径依赖过程看成是"不断被践踏的小径"的模式/进路,只能限于理解在相对严格的条件下制度扩散的延续性,亦即缺乏外力干预下的持续性自我强化。这种历史决定论意义上的路径依赖原理既不能解释制度的出现也没办法解释制度的变迁,因为这种理论将制度的出现归因于概率事件(*chance event*)而将制度变迁本身排除在外。发展意义上路径依赖的模式/进路(*developmental* approach)，即将制度变迁的路径依赖过程看成是“道路分岔口”的模式/进路，则可以用于历史研究的探索，具有能够应对制度维持和变迁的灵活性。两种理解路径依赖的不同模式的差异及其共同点，见表 8-1。由于本章关注的是亚龙湾旅游度假区开发模式作为一种制度/制度安排的变迁过程(见图 8-3)，因此“道路分岔口”的分析进路显然更符合客观现实因而也更具有解释力度。因此，下文的分析主要从“道路分岔口”的进路展开。

**表 8-1　路径依赖的两种模式的基本特征比较**

| 比较项目 | 路径依赖模式Ⅰ | 路径依赖模式Ⅱ |
|---|---|---|
| 比喻 | 不断被践踏的小径<br>(*Trodden Path*) | 道路分岔口<br>(*Road Juncture*) |
| 过程 | 社会规范的扩散 | 选项的结构化 |
| 模式 | Polya 罐子模型(Polyaurn)，<br>见图 8-1 | 决策树，见图 8-2 |
| 事件 | 基本决策的重复进行 | 制度变迁的结果 |
| 层次 | 个体的社会网络(微观层面) | 集体或法团行动(宏观层面) |
| 起始动力 | 小概率事件<br>临界点：关键性的改革群体 | 重大关键性节点<br>后续节点：充分的\部分的或毫无制度持续性 |
| 结果 | 通过自我强化的惯性 | 制度变迁的开放式程序 |
| 自我强化机制 | | 协调(网络效应)<br>既得利益(沉默成本)<br>制度互补性(制度效应)<br>内部化(将××认为理所当然) |
| 制度变迁 | 外部于模型<br>(受制于惯性) | 路径稳定、路径偏离、路径转换或路径终止等各种方式 |
| 变迁因素 | 仅限于外生性因素 | 内生性因素(例如：去制度化)和外生因素(例如：革命) |

注：来源于 Ebbinghaus(2009)，由作者翻译。

### 8.2.2　制度费用：一个理论视角

如前文所述，亚龙湾旅游度假区开发模式变迁存在明显的路径依赖，且这种路径依赖可以从“道路分岔口”的进路来理解。然而，依旧不甚明朗的是，为什么在开发模式变迁的关键节点上，对开发模式选择具有影响力的逻辑主体，最终会选择某种特定的制度安排而不是其他的制度安排呢?

制度变迁路径依赖的生成机制是诸多新制度经济学研究试图回答的问题。诺思(North，1990)在阿瑟、保罗等关于技术变迁、制度变迁观点的基础上，进一步批判性地指出：即“有两种力量形塑了制度变迁的路径：收益递增[1]，以及明显的交易费用为其特征的不完全市场”。一方面，收益递增的存在使得制度是重要的；另一方面，明显的交易费用则使得低效率的制度安排也会长期驻存。在对各种纷繁复杂的制度变迁进行实证研究时，诸多学者给出了具体的解释，关键性的解释变量主要有：制度遗产、利益集团、有限理性等。例如，诺思(North，1990)在回答“为什么有些社会停留在低效率的发展道路上”这一具体的问题时指出，交易成本、政治因素、锁入等可以部分地解释这种“次优”经济路径存在的缘由(转引自：Ebbinghaus，2009)。国内学者吴敬琏(1995)也曾指出，中国的改革，毫无疑问是一次重大的制度变迁过程，其间的路径依赖特征非常明显：其一，初始的体制选择会提供强化现存体制的刺激和惯性，因为沿着原有的体制变化路径和既定方向前进，比另辟蹊径要来得方便一些；其二，一种体制形成以后，会形成某种既得利益集团，他们力求巩固现有制度，阻碍进一步的改革，哪怕新的体制较之现存的体制更有效率。

诚如现有文献所展现的，在制度变迁中，一方面，决策主体必须考虑到放弃原有制度安排的成本，亦即制度的“机会成本”；但另一方面，也是目前研究中所忽视的或考虑不够的，决策主体也必须考虑到新采纳的制度安排的成本。既往的研究把主要的注意力放在历史是如何约束现有选择之上，如不少学者(Ebbinghaus，2009；Thelen，1999)指出，“对制度变迁的社会机制的研究毫无疑问才刚刚起步，部分原因是关于制度的理论思考与实证研究都还主要集中在对制度变迁的抵制上(*resistance to change*)”。实际上，当制度变迁的行动者做出决策时，一方面固然要受到过去的制度安排及其遗产的影响；另一方面也需要考虑到各种新的制度安排的制度成本，从而在各主体之间所进行的权衡制度的成本与收益的多重博弈中达成均衡。即：当制度变迁的行动者做出决策时既需要考虑“过去”也需要考虑“未来”。因此，在笔者看来，张五常从广义上界定的“制度费用”是一个具有较好的弹性和覆盖面的解释性概念。一方面可以连接诸如

[1] 虽然最早关注到收益递增与制度变迁的路径依赖之间关系的是诺思，但他并没有进一步展开解释“收益递增”与“制度变迁”的内在关联机制与传导机制。韦森(2002)认为：“从经济学上我们自己可以进一步推断，有收益递增存在就有政治或经济企业家寻租的机会，从而这些政治或经济企业家就有可能通过维系和保持制序(即‘制度’，作者注，下同)安排来继续寻租。当然他们也可以通过设计某种制序来创造其寻租的机会”。因此，可以理解的是，收益递增已经成为一种制度得以存在的共识。

制度遗产等概念，另一方面既可以涉及制度变迁的机会成本，也可以考虑到新的制度安排的潜在费用。因此，在运用制度费用这一概念进行论述之前，有必要对“制度费用”这个基本概念进行一番简要介绍。

（1）制度费用的概念

交易费用是新制度经济学主要的理论板块之一。弗鲁博顿、芮切特（2006）指出，新制度经济学创始人之一的罗纳德·科斯（Ronald Coase，1937；收录于罗纳德·科斯著，盛洪、陈郁译校，2009）在其《企业的性质》一文中对交易费用的“发现”以及他对这些分析工具富有启发性的利用促发了一场微观经济学的思想革命。在传统的经济学即新古典经济学那里，企业被视为生产函数，市场关系由供求曲线表达。不论是市场交易还是企业内的交易都实际上被假设是瞬间完成的；反过来说，交易活动是不稀缺的，交易费用为零。而科斯的《企业的性质》则试图回答这样一个基本问题，即“既然经济个体之间可以通过市场交易实现生产合作，为什么还要存在企业?”为解释这些问题，科斯提出了“交易费用”这一概念。“交易费用”概念的首要意涵是，交易活动是稀缺性的、可计算的、也是可比较的。企业的存在是为了节约市场交易费用，即用费用较低的企业内交易取代费用相对较高的市场交易。然而，“交易费用”理论并没有立刻引起学术界的广泛关注，直到20世纪60年代，才逐渐开始受到重视。20世纪60年代开始，新制度经济学家们陆续开始将“交易费用”理论运用于代理关系、寻租活动、企业内部考察等领域。其中，阿罗和西蒙等人提出的“有限理性”概念和“信息费用”概念等，都在不同程度上说明了用于交易的各种费用的存在和稀缺，也不断地充实了交易费用的概念（转引自：周雪光，2003）。其实，交易费用概念的一般化早在20世纪60年代就已开始。在《企业的性质》的基础上，科斯的《社会成本问题》（1960；收录于罗纳德·科斯著，盛洪、陈郁译校，2009）一文就曾进一步指出了交易费用对制度形式的影响，以及交易费用和权力配置对资源配置和收入分配的影响。由此，“交易费用”概念被逐渐扩展到包括度量、界定和保障产权的费用、发现交易对象和交易价格的费用、讨价还价的费用、订立合约的费用、执行交易的费用、监督违约的费用等（盛洪、陈郁，2009）。因此，“交易费用”概念也最终获得了一般性的表述。例如，阿罗（Arrow，1969）就指出：“交易费用是经济制度的运行费用”；威廉姆森（Williamson，1975；1979；

1985)则曾将“交易费用”描述为物理学中摩擦力。张五常(Steven N S Cheung)[1]则更进一步指出,科斯等学者所论述的“交易费用”实际上是狭义上的,是指“使用市场的费用”,而实际上,不论是企业还是市场,都是制度安排,都是需要费用的。市场的使用(即价格机制的运作)也不是免费的,也是需要费用的。与其说人们是在“市场”与“企业”之间选择,不如说人们是在不同的制度之间进行选择。那么这种费用应该如何来称呼呢?张五常认为,这些广义上的费用都可以被称为“制度费用”,亦即制度得以运行和发挥作用所需要的所有费用。考虑到研究的主题以及表述的方便,下文将交错使用“制度费用”和“交易费用”两个概念。

(2) 制度费用的类型划分

总体而言,威廉姆森(Williamson,1975;1979;1985)曾将交易费用区分为以下几项:① 搜寻费用:商品信息与交易对象信息的搜集;② 信息费用:取得交易对象信息与和交易对象进行信息交换所需的成本;③ 议价费用:针对契约、价格、品质讨价还价的成本;④ 决策费用:进行相关决策与签订契约所需的内部成本;⑤ 监督交易进行的费用:监督交易对象是否依照契约内容进行交易的费用,例如追踪产品、监督、验货等;⑥ 违约费用:违约时所需付出的事后费用。弗鲁博顿,芮切特(2006)对纷繁复杂的交易费用类型进行了总结性的归纳,将交易费用划分为以下三类:市场型交易费用(*market transition costs*)、管理型交易费用(*managerial transition costs*)和政治型交易费用(*political transition costs*)。其中,市场型交易费用主要包括信息和谈判的费用,具体而言涵盖搜寻和信息费用、讨价还价和决策费用、监督和执行费用;管理型交易费用主要是指建立、维持或改变一个组织设计的费用、组织运行的费用。与管理型交易费用类似,政治型交易费用则包括建立、维持和改变一个体制中的正式和非正式政治组织的费用以及政体运行的费用。实际上,管理型交易费用和政治型交易费用,都是关切到某一特定组织的建立、维持和改变的费用,只是管理型交易费用中的组织是指企业,而政治型交易费用中的组织是指政府。由于组织内部广泛地存在着代理关系,因此,弗鲁博顿、芮切特(2006)也指出,管理型交易费用和政治型交易费用可以被解释为代理费用或产生与“委托—代理”关系中的费用。因此,交易费用实际上可以

---

[1] 本段参考张五常教授(Steven N S Cheung)官方博客(http://blog.sina.com.cn/zhangwuchang)上的内容。

划分为涉及组织间交易的“市场型交易费用”和涉及组织内部运作的“组织型交易费用”。

### 8.2.3 理论整合：基本命题与经验证据

整合路径依赖理论的道路分岔口模式和制度费用理论，本研究提出如下基本命题：

> 首先，在关键性节点上，理论上对开发模式选择及变迁具有影响力的行动主体（各级政府、企业、社区居民等）面临着诸多选择。其次，制度费用的存在从两个方面约束/结构化了潜在的选项：一方面使得开发模式的选择必须考虑到放弃之前制度安排的机会成本；另一方面必须考虑到选择新的制度安排的潜在新增成本。第三，制度遗产、利益集团讨价还价能力等均不同程度地、不同方向地影响了制度费用和制度收益。

下文将收集经验证据对上述论点给予支撑。

(1) 开发模式的第一次变迁（1992 年）

从图 8-3 可以发现，在 1990 年至 1992 年期间，海南省旅游总公司主导亚龙湾的开发建设，但由于体制上的不顺畅，开发建设进展十分缓慢，面临瓶颈、亟待突破。因此，可以肯定的是，在此开发模式下的制度收益不论是在海南省政府还是三亚市政府而言，都是难以令人满意的。改变开发模式的动机由此出现。按诺思（North，1990）的话说就是：

> 一种相对代价的变化使交换的一方或双方（不论是政治的还是经济的）感知到：改变协定或契约将能使一方甚至双方的处境得到改善，因此，就契约进行再次协商的企图就出现了。(p. 119)

在此时，理论上存在着诸多可能的新模式。如海南省旅游总公司就曾提出了建立“开发建设指挥部”并成立由省旅游总公司与三亚市合资的开发公司专司开发建设事宜。但毫无疑问，在这种开发模式的制度安排下，亚龙湾的开发建设权虽然在名义上是三亚市政府与省政府分享，但实质上主导权却掌握在省政府手中。亚龙湾的开发建设依旧要面对省政府与三亚市政府之间的体制障碍。这种体制障碍造成的制度成本，即所需的制度费用是巨大的，因而无法调动三亚市政府的积极性。在中国当时的政治与经济体制下，区域开发主动权的丧失也意味着“寻租”机会以及政治机会的流逝（周黎安，2008；曹正汉、史晋川，2009），这对于分权体制下不断拥有地方自主权和逐利动机的地方政府而言（曹正汉，2011；许成钢，2010；杨善华，苏红，2002），也是难以接受的。因此，海南省旅游总公司提出的开发模式方案，不论是从制度收益还是制度成本的角度，对三亚市政府而言都是“次优”选择。此时的三亚市政府在话语权和合法性上显然具有优势，其依据当时的《风景名胜区管理暂行条例》、《中华人民共和国城市规划法》指出，亚龙湾旅游度假区理应由三亚市政府统一负责进行规划、管理和建设。也正是在这个阶段，海南省内的股份制试点工作正如火如荼地展开。1991 年 3 月，海南省委省政府成立了股份制试点领导小组及其日常工作机构，并出台了《海南省全民所有制股份企业试点暂行办法》；《海南省经济特区股份有限公司条例》也已经省人大审议。这些国家层面的法律法规以及当时省内掀起的股份制公司热潮，均为三亚市争取亚龙湾开发建设的主导权并提出创建股份制企业提供了合法性。在内部动机与外部条件的推拉作用下，亚龙湾终于在三亚市政府的积极努力下进入到了地方政府主导的阶段。

(2) 开发模式的第二次变迁(1995 年)

在 1995 年这样一个关键年份，三亚市政府控股领导的亚龙湾股份有限公司在 1992 年至 1994 年的“楼市狂潮”中陷入经营困境。比开发建设的经济窘境更加紧迫和重要是将于 1996 年在亚龙湾度假区举行的“’96 中国休闲度假年”开幕式，届时部分中央和省内领导将到会。这对于亚龙湾乃至三亚而言均是政治上的大事。因此，在经济与政治双重压力之下，亚龙湾的开发建设面临艰难抉择。此时的可能选择有许多，至少有：其一是保持股份制开发公司主导开发的模式，但必须增资扩股，引进外来资本，这会使得三亚市政府“丧失”亚龙湾开发建设的主导权、主动权（或曰控制权、领导权）（曹正汉、史晋川，2009）。其二，通过政府注资继续保持三亚市政府的控股地位，沿袭政府主导模式。就第二种选择而言，当时三亚市政府及省政府的财政能力显然已经无法支撑（1993 年至 1996 年 4 年间三亚市地方财政收入仅分别为 14 021万元、18 771 万元、19 432 万元和 21 860 万元；而 1995 年中粮集团旗下企业入主亚龙湾开发股份有限公司时投入的股本为 31 000 万元）。除此之外，三亚市政府当时的人力资源储备也无法继续保障亚龙湾旅游度假区的高规格开发[1]。因此，放弃亚龙湾旅游度假区开发建设的主导权，引入大型企业主导开发，便成为三亚市政府“无奈”的理性选择[2]。中粮集团的入主以及其所标志的开发模式的转变正是在这样的情况下得以实现。

需要指出的是，尽管当时的三亚市政府是在内外困境下“被迫”放弃了亚龙湾旅游度假区开发建设的主动权、主导权。但这一事实并不完全支持曹正汉、史晋川(2009)提出的“抓住经济发展的主动权”的理论假说[3]。在20世纪90年代，不光是亚龙湾旅游度假区，海南全省范围内大部分的土地成片开发区域是交由外来企业来主导的，例如洋浦经济开发区、石梅湾旅游度假区等。这些区域显然都是当地经济发展的重点区域和政府工作的重心所在。但当地政府推进这些地区的发展实践(“放弃”主导权、主动权，由企业主导成片开发)，不论是主动为之，还是被动选择，都没有体现出“既能有效地促进地区经济增长，又能不放弃对地区经济的领导权和控制权”的条件。因此，“抓住经济发展的主动权”的理论假说，还亟需更多不同地域发展实践的经验检验，也亟需更多地关注不同地域、不同阶段地方政府主导地区经济发展的能力差异。

(3) 开发模式的第三次变迁(2008年)

2002年至2008年这一时期，是亚龙湾旅游度假区由一期逐渐过渡到二期的阶段。开发模式的转变也在逐渐酝酿。2002年和2007年分别出台的《招标拍卖挂牌出让国有土地使用权规定》和《招标拍卖挂牌出让国有建设用地使用权规定》使得亚龙湾开发股份有限公司主导、一二级联动开发的模式难以为继，开发模式的转变势在必行。因此，在这一关键节点上，开发模式的转变同样面临着诸多选择。至少有以下三种：其一，仿照海棠湾

[1] 刘俊(2006,p.59)在其博士论文中也曾引用受访者的话，指出：“现在回头来看，引入中粮集团开发亚龙湾不一定会成功，但以三亚当时政府官员的眼界和能力开发亚龙湾一定会失败”。这对于当时情况而言不无道理。

[2] 在这种新的制度安排下，三亚市政府以及其他国有资本持有主体的共计3亿元注册资本，尽管已经大大缩水，但仍旧以3亿元作价入股，其中三亚市政府占7.87%的股权。这是新的开发模式下三亚市政府获得的诸多制度收益之一。

[3] 该文认为：1980年代以后，中国地方政府在决定其工作重心的行为上，其行为目标和行为所依据的原则就是“抓住经济发展的主动权”。该文进一步指出，地方政府所决定的工作重点必须满足这样的条件：这种工作重心之实施，既能有效地促进地区经济增长，又能不放弃对地区经济的领导权和控制权。应该说，这个理论假说确实能够部分地解释某些特定地区(如该文例举的杭州萧山)、不同阶段(本研究涉及的亚龙湾度假区开发模式的第一次变迁、第三次变迁)的发展实践，也揭示出地方政府在市场化改革背景下的演化方向与内在逻辑。

休闲度假区的政府全方位主导模式，即政府主导规划设计、征地拆迁安置、土地整理、招商引资等。其二，在“招拍挂”制度背景下，继续与三亚亚龙湾开发股份有限公司合作，由政府主导规划、招商引资等工作，三亚亚龙湾开发股份有限公司继续参与土地一级开发和部分征地拆迁工作。其三，选择引入其他企业作为主开发商，由政府主导规划、招商引资等工作，新入驻企业作为主开发商参与土地一级开发和部分征地拆迁工作。下文将逐一分析每种备选开发模式的制度费用。

① 政府全方位主导开发模式。如第五、六章所述，政府全方位主导模式其实是我国大陆地区大城市政府普遍采用的土地开发模式。毫无疑问，在这一模式下，政府能够实现土地收益的最大化，亦能掌握土地出让的进度并掌控招商引资情况，并使度假区朝着三亚市政府主观意愿的方向发展，即能够有效地实现地方政府对旅游度假区开发建设的主导权、主动权。然而，毋庸置疑，政府全方位主导模式是有其适用条件亦即制度费用的。其一，土地一级开发需要巨大的资金投入，主要包括征地、拆迁、安置补偿等土地储备工作费用，规划咨询费用，以及基础设施建设[1]投入等。其二，土地一级开发的金融风险增加（以土地作为资本的投融资活动所带来的风险；相关文献亦可参见：周飞舟，2007）。如前文所述，三亚市政府主导海棠湾休闲度假区土地开发的融资活动已经带来了较大的金融风险。因此，在亚龙湾二期开发中，尽量避免土地一级开发的金融风险是理性的，也是必须的。其三，机构设置与运行的财政压力增大。如果仿效海棠湾休闲度假区政府全方位主导的模式，则需要成立专门的政府派出机构，这势必增加政府编制和由此而来的财政压力，这也显然与海南省内所积极倡导和宣传的“小政府、大社会”理念不符合。因此，虽然在 2010 年 10 月 12 日，亚龙湾旅游度假区所在的吉阳镇（原田独镇），在亚龙湾开发股份有限公司的多次催促和三亚市政府的责成下，成立了“中共海南三亚亚龙湾国家旅游度假区工作委员会”和“海南三亚亚龙湾国家旅游度假区管理委员会”（以下分别简称工委、管委会），这种模式固然是对海棠湾管理模式的部分学习和模仿。但实际上，就目前机构设置而言，亚龙湾工委和管委会均仍挂靠吉阳镇党委和政府，与吉阳镇实行“两块牌

[1] 亚龙湾开发股份有限公司与三亚市人民政府签订《三亚亚龙湾二期土地合作开发协议书》就曾约定，由亚龙湾开发股份有限公司对约 4 000 亩土地进行一级开发，基础设施年平均投资6.30亿元，3 年内完成投资 19.00 亿元，并完成区域内基础设施项目建设。

子、一套人马"体制[1],目前实际运作尚未进入正轨[2]。其四,在竞争日趋激烈的全球背景下,海滨旅游度假区经营成败会直接决定海滨旅游城市国际竞争力的高低,而海滨旅游度假区的开发经营不但需要大量的资金投入,而且还需要大量的智力与管理投入。三亚市政府自1995年"失去"亚龙湾旅游度假区开发建设的主动权后,随之失去的是对亚龙湾开发建设的关注与重视、对基本状况的了解、对未来发展态势的把握等。这一方面是由于企业主导开发建设过程中,地方政府的有效作为空间(政治利益)和经济利益(也包括"寻租机会")不断减少,因此随之而来的是地方政府主动地关注、重视亚龙湾开发建设的积极性的降低。曾长期在三亚市规划建设局工作的一位受访者就非常明确地强调了三亚市政府从亚龙湾旅游度假区(企业主导期间)获得的经济收益较低的事实:

> 但是,亚龙湾里,政府在里面的收益是非常少的。特别是在土地方面的收益。它的土地收入的量是很大的。如果按照协议来讲,政府应该也有一部分。但是实际上,政府从亚龙湾那里得到的土地收益非常之少。有时候还基本上拿不到。到现在还在扯皮。它好就好在那里之前没有冲突,九几年那时候,刚开发,农民问题还比较好处理。按照现在的问题的话,政府在里面那肯定是赔死了。所以

---

〔1〕 据中共三亚市委办公室、三亚市人民政府办公室于2011年2月16日下达的《关于转发〈海南省机构编制委员会办公室关于印发中共海南三亚亚龙湾国家旅游度假区工作委员会海南三亚亚龙湾国家旅游度假区管理委员会主要职责内设机构和人员编制规定的通知〉的通知》显示,设置中共海南三亚亚龙湾国家旅游度假区工作委员会、海南三亚亚龙湾国家旅游度假区管理委员会(以下简称工委、管委会),工委为中共三亚市委的正处级派出机构、管委会为三亚市人民政府的正处级派出机构,代表市委市政府行使亚龙湾国家旅游度假区有关职权,实行"两块牌子、一套人马"体制。此处的所谓"两块牌子、一套人马"体制是指工委和管委会的机构设置重叠、共享。但实际上,就目前机构设置而言,亚龙湾工委和管委会均仍挂靠吉阳镇党委和政府,与吉阳镇又实行"两块牌子、一套人马"体制。因此,吉阳镇党委和政府的正副首长均相应地兼任亚龙湾工委和管委会正副首长。如原三亚市吉阳镇委书记、镇人大主席张作状先生就曾兼任中共三亚市亚龙湾国家旅游度假区工作委员会书记一职;原三亚市吉阳镇委副书记、镇长季端荣先生就曾兼任海南三亚亚龙湾国家旅游度假区管理委员会主任一职。现任吉阳镇副镇长陈曦先生兼任管委会副主任一职。

〔2〕 作者于2011年8月实地调研中发现,在吉阳镇党委和政府大楼,除了门口加挂亚龙湾工委和管委会牌匾外,在整栋大楼均难觅其他有关标识。这也从一定侧面说明,目前亚龙湾工委和管委会的运作仍然没有进入正轨。作者在亚龙湾开发股份有限公司的调研也证实了这一点。

实际上亚龙湾开发对政府的财力贡献是非常之少。那一点点财力，是非常之少。这也是政府之痛。在三亚，像西岛啊，海坡啊，政府的收益很少。……地方政府最大的财力，其实就是地价收入。但是它对我们政府的贡献实在是太少、太少了。（访谈记录：CHH015）

另一方面，在中国特定政府体制下，三亚市政府分管亚龙湾旅游度假区事务的领导频繁调动（见第九章），也会割裂地方政府对亚龙湾事务关注和情况掌握的连续性。因此，综上所述，三亚市政府对亚龙湾旅游度假区的二期开发采取全方位主导的模式，尽管可以带来诸多制度收益，但与之相随的是更大的制度费用。因此，至少在当时的情境下，三亚市政府全方位主导的开发模式并非理性选择。

② 选择引入其他企业作为主开发商。这种选择也存在巨大的制度费用。其一，三亚市政府（以三亚市国有资产管理公司的名义）是亚龙湾开发股份有限公司的第二大股东。若亚龙湾开发股份有限公司不能再继续参与亚龙湾二期的开发建设，则毫无疑问，亚龙湾开发股份有限公司的经营会逐渐陷入困境，作为第二大股东的三亚市政府的年度利润分红也将受影响。其二，不论是新入主的主开发商还是三亚市地方政府，都可能面对来自作为“既得利益集团”的亚龙湾开发股份有限公司的各种形式的“抵抗”。这种抵抗可能是直接的赔偿诉求，也可能是间接的不合作等。赔偿诉求主要源自亚龙湾开发股份有限公司在基础设施上的投入，这些投入不光有利于一期开发建设，对二期土地整理、地价提升等均具有直接的推动作用。三亚市政府与亚龙湾开发股份有限公司在一期土地出让的租金支付上的协议安排（即由亚龙湾开发股份有限公司垫付土地征地拆迁赔偿款、基础设施建设投入，土地出让租金待亚龙湾开发股份有限公司转让土地成功且获得土地款之后再行结算支付）也使得两者之间的“土地债务”往来频繁[1]。其他形式的“不合作”乃至抵抗可能来自于具有雄厚政治资本的中粮集团[2]总部，毕竟其在亚龙湾开发中投入了大量财力和精力，其作为大型央企的政治背景也会增加其谈判能力。其三，三亚市政府若选择寻找新的主开

〔1〕 2008年三亚市政府与亚龙湾开发股份有限公司签署二期开发合作协议之前，主要的任务就是土地开发地租的清算。

〔2〕 目前作为主开发商的三亚亚龙湾开发股份有限公司的股东中，除第一大股东亚龙湾开发股份(香港)有限公司是中粮集团旗下企业外，中谷集团三亚贸易有限公司、明诚投资咨询有限公司均系中粮集团旗下(控股)企业。以上三大股东的股份共计57%。

发商，也需要支付大量的市场交易型费用（信息费用、谈判费用和监督费用），也需要承担一定的开发经营风险，毕竟在三亚乃至整个海南省的开发建设历程中，尤其是在建设"国际旅游岛"政策出台前后，"制度性机会主义"在全省盛行已经是不争的事实，"脚踏实地"地用心且有足够的能力（企业家精神、资本能力、经营管理能力等）成片地开发、经营旅游度假区的企业并不多见。以下的这两段访谈记录，言简意赅地道出了上文提及的第二点和第三点缘由。

亚龙湾这个，它有一定的特殊性。第一，它那个企业，是一个比较大型的国有企业，它的好处就是，这个企业，它一开始的想法，跟政府的长远利益，还是比较吻合的。它主要不是很快地就想盈利。就是想把那个地方做好。这个是跟所选的企业，是有一定的关系的。这个企业不管是在最困难的时候，还是（其他的时候），因为他是中粮，他是我们国家最大的企业之一，它对亚龙湾，一开始还不是以大收益为前提；也跟当时候他们企业的老总的理念有一定的关系，这个也是我们比较幸运的地方。（访谈记录：CHH015）

（访谈者：当时市政府跟你们签署二期开发协议的时候，有没有可能把你们甩掉？找其他公司？）那它（指三亚市政府，作者注）不敢。因为牵涉到十几年的历史。一下子，也哪家公司也不一定就能来弄。也要有弄得起的企业来。现在土地价值在那放着呢。跟以前可不一样了。它要有一定的实力。第二，我要出去，你要给我赔偿。（访谈记录：WH016）

③ 三亚亚龙湾开发股份有限公司继续参与土地一级开发。从以上的分析可以看出，相比之下，由三亚亚龙湾开发股份有限公司继续参与土地一级开发的政府主导、企业配合模式，对三亚市政府和亚龙湾开发股份有限公司而言都是理性的选择。一方面，三亚市政府掌握了亚龙湾度假区二期开发建设的主动权，这主要体现在度假区规划、土地出让进度、招商引资上；并且获得土地溢价收益 50％的分成；这在三亚乃至海南全省的"土地成片开发"历史上都是一个较高的比例。例如[1]，在海南保亭县七仙岭温泉国家森林公园土地开发中，县政府与海航集团的土地溢价收入分成比例是 3∶7。在三亚湾

〔1〕 所举案例地的数据均来源于作者实地调研。

新城，三亚市政府与鲁能集团的土地溢价分成比例是3∶7。在三亚棕榈滩旅游度假区，这个比例是4∶6。在三亚红塘湾旅游度假区，这个比例是3.5∶6.5。此外，三亚市政府依旧能够以股东身份分享亚龙湾开发股份有限公司的年度利润分红。亚龙湾开发股份有限公司作为三亚市名列前茅的纳税大户，其每年对地方财政的税收贡献亦不能忽视[1]。

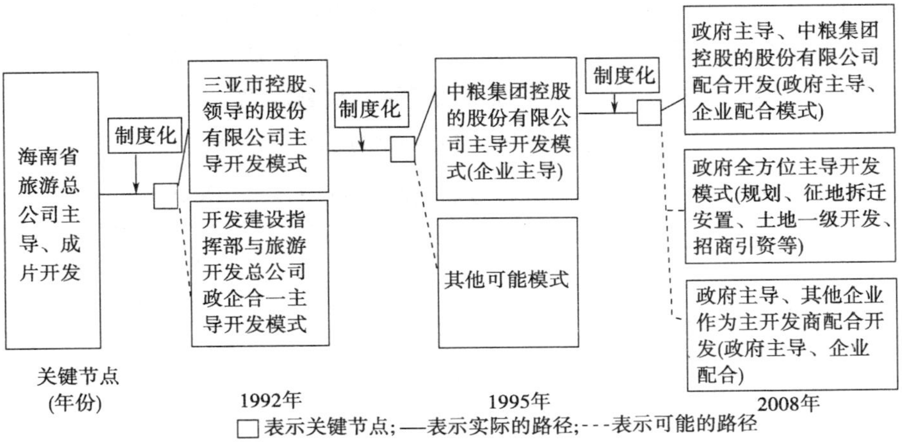


**图8-3　亚龙湾旅游度假区开发模式变迁历程及其解释框架**

另一方面，亚龙湾开发股份有限公司虽然不能继续实现对亚龙湾旅游度假区土地的一二级联动开发，但若能够继续参与土地一级开发，也算是对其投入的大量基础设施以及十多年的经营心血的一种肯定和回报。此外，作为与政府合作的开发商，在土地出让方面能够继续利用某些政治资源获得优势，从而为自主投资经营的开发项目谋得土地资源和区位优势。至少早在2003年，亚龙湾开发股份有限公司就已经开始从单一的"经营土地"转向包括土地出让、自主经营和对外投资在内的多样化经营。目前，自主经营的项目是该公司主要的投资对象（见表8-2）和收入及利润来源[2]。而亚龙湾旅游度假区二期主要是围绕一期尤其是海滨一线高端酒

〔1〕 据作者在三亚市地方税务局调查得到的数据，仅2010年1～10月，亚龙湾开发股份有限公司就给地方税收贡献了超过1.6亿元；2009年全年超过1.2亿元。

〔2〕 据亚龙湾开发股份有限公司披露数据显示，2011年（预算）景区收入将占2%；污水处理费及中水费收入将占0.6%；房屋出租收入占0.3%；游艇会收入将占0.17%；G-03地块土地收入将占17.4%；公主郡三期收入将占40.16%；龙溪29收入将占39.48%。自主经营项目收入将占亚龙湾开发股份有限公司总部收入的80%以上。

店的配套服务设施建设，因此土地价值下降以及由此而来的土地一级开发的利润下降是难以避免的。因此，在“招拍挂”全面实施的宏观政策背景下，参与土地一级开发，从而获得土地二级开发的优势，无遗是亚龙湾开发股份有限公司所能期望，也是会尽全力争取的最优制度安排。企业始终是以盈利最大化为目的。因此，在市场逻辑/商业逻辑下，亚龙湾开发股份有限公司已于 2010 年 11 月 26 日向三亚市政府提出修订《亚龙湾二期土地合作开发协议书》的申请，请求修改二期建设时间起算点、成本核算返还和利润分成期限和方式等内容，并重新签订补充协议，尝试着在“政府主导、企业配合”的模式框架下做出具体制度安排的调整。

**表 8-2　三亚亚龙湾湾开发股份有限公司 2010 年主要投资方向**

| 项目 | 2010 年投入 | 累计投入 | 备注 |
|---|---|---|---|
| 土地开发投资 | 244 | — | 亚龙湾二期开发间接费用 |
| 公主郡一期 | 3 850 | 45 823 | 已竣工交房 |
| 公主郡二期 | 5 449 | 61 650 | 已竣工交房 |
| 公主郡三期 | 9 015 | 9 685 | 已取得预售许可证 |
| 龙溪 29 | 12 466 | 15 277 | 已取得预售许可证 |
| 瑞吉酒店 | 28 019 | 34 998 | 预计 2011 年底竣工开业 |
| 行政中心项目 | 1 390 | 5 404 | 预计 2011 年底竣工 |
| 合计 | 60 433 | 172 837 | 累积投入合计不含土地开发投资 |

注：单位：万元；资料来源：《亚龙湾开发股份有限公司 2010 年年报》。据报道，瑞吉酒店以及附属的度假别墅项目已于 2011 年 12 月开业（资料来源于《三亚亚龙湾再增 3 个高端旅游项目、总投资 40 亿元》：http://lxs.cncn.com/76321-news-show-175339.html）。

## 8.3　开发模式变迁的逻辑

本书第七章详细地展示了亚龙湾旅游度假区开发模式变迁的过程。第八章的上述内容也解释了开发模式变迁的路径依赖的生成。从上文的分析和阐述中，可以发现，亚龙湾旅游度假区开发模式的历次变迁，虽然国家和社区都有“在场”，但主要涉及的主体却是地方政府和企业（尤指主开发企业三亚亚龙湾开发股份有限公司，下同）。因此，下文将主要分析地方政府和企业在开发模式变迁中的制度转型逻辑（见表 8-3）。

表 8-3 开发模式变迁的逻辑

| 阶段/事件 | 地方政府 | 企业 |
| --- | --- | --- |
| 政府主导阶段(1992～1995) | 理性化逻辑/合法性逻辑 | — |
| 企业主导阶段(1995～2008) | 理性化逻辑 | 合法性逻辑 |
| 政府主导、企业配合阶段(2008～) | 理性化逻辑/合法性逻辑 | 理性化逻辑 |

首先，三亚市地方政府在亚龙湾度假区开发模式变迁中的行动逻辑。显而易见的是，在1992年的开发模式变迁中，三亚市政府的行为同时体现出理性逻辑和合法性逻辑。理性化的逻辑主要体现在三亚市政府为争夺亚龙湾开发建设主导权以及由此而来的地方政府利益的动机上。合法性的逻辑则直接体现在其充分利用当时的《风景名胜区管理暂行条例》和《中华人民共和国城市规划法》的相关规定，并借海南全省上下积极推行股份制试点工作的契机。在1995年的第二次开发模式变迁中，地方政府遵循着理性化逻辑，在面对政治和财政双重压力之下，囿于亚龙湾开发建设的紧迫性和地方政府能力的限制，不得不做出引入中粮集团主导亚龙湾开发建设的决策。在2008年前后的第三次开发模式变迁中，地方政府能力以及相应的制度环境发生了变化，三亚市政府理论上可以选择政府主导的开发模式，即便是采取政府主导、企业配合的模式，也可以考虑引入别的大型企业。然而，双方博弈之后的均衡选择是采取了地方政府主导、原有主开发商参与配合的模式。地方政府的这种决策固然是理性的，但也充满了合法性逻辑的意味。在当时的权力关系格局下，地方政府推行政府主导(不引入外来企业参与土地一级开发)的开发模式，必然会受到种种不同形式的"抵抗"与困难。因此，继续与原主开发商合作，成为地方政府消解来自各方压力和"抵抗"，增加政府合法性的有效手段。

其次，企业在亚龙湾旅游度假区开发模式变迁中的行动逻辑。企业在开发模式变迁中的逻辑经历了合法性逻辑向理性化逻辑的转变。在1995年至2008年的企业主导开发阶段，作为主开发商的三亚亚龙湾开发股份有限公司的主要目标就是要把亚龙湾建设成国际一流的旅游度假区。这一目标，一方面体现了任何企业都具备的商业利润导向，另一方面也体现了中粮集团作为央企的政治责任。因此，在这一阶段，主开发企业遵循着合法性的逻辑，即通过在亚龙湾旅游度假区的投资与经营管理，不断提升企业主导开发的合法性。然而，在2008年，地方政府的能力、宏观制度环境都发生了变化。企业实行度假区土地一二级联动开发已然不可能，因此通过各种渠道和手段获得参与土地一级开发的机会，成为原主开发企业的理性选择。

## 8.4 本章小结

本章首先明确了亚龙湾旅游度假区开发模式变迁存在路径依赖。其次，探讨了理解制度变迁路径依赖的两种不同模式，并基于一种发展型的模式（"道路分岔口模式"）来理解亚龙湾旅游度假区开发模式的变迁。通过整合路径依赖和制度费用理论，本章提出了理解开发模式变迁路径依赖生成机制的基本命题，随后进行了实证检验。本章的分析清晰地展现了国家（中央政府）、地方政府（海南省市两级地方政府）、企业和社区等主体涉入亚龙湾国家旅游度假区开发模式变迁中的逻辑起点和行为。本章的理论解释将有助于增进我们对制度变迁路径依赖生成机制的认识；同时也加深我们对市场化进程中地方政府行为逻辑的理解并有助于推进从多重制度逻辑及其互动视角对制度变迁所做出的理论解释。

# 第九章　官员激励与开发模式实施：海棠湾与亚龙湾的比较

第五章至第八章分别对海棠湾国际休闲度假区和亚龙湾国家旅游度假区开发模式的变迁进行了较为详细的梳理和理论解释。比较两个旅游度假区开发模式转变后的推进现状，我们可以明显地发现，同样是政府主导（海棠湾休闲度假区是政府主导土地一级开发，亚龙湾国家旅游度假区是政府主导、企业参与土地一级开发），但自 2007 年之后，海棠湾的开发建设可谓如火如荼、快速推进，而自 2008 年之后，亚龙湾二期的开发建设却十分缓慢。那么，同样是具有国际水平的海滨旅游度假区（同处三亚市内，度假旅游资源条件、外部市场条件均基本一致），且都是由政府主导，为什么新的开发模式的实施会出现如此鲜明的差异呢？本章将尝试着对上述现象给予解释。

## 9.1　开发模式实施进展的鲜明对比

本书第五章已经对政府主导开发模式下海棠湾迅猛推进的开发建设进展进行了较为详细的介绍，在此不再赘述。相比之下，亚龙湾二期自 2008 年之后的开发建设进展却十分缓慢。主要经验证据如下。首先，从亚龙湾开发股份有限公司的角度来看。虽然在 2008 年以来的几年中，亚龙湾度假区的开发建设并未停止，尚有亚龙湾开发股份有限公司投资兴建的“公主郡”和“龙溪 29”等地产项目以及瑞吉酒店等度假酒店项目正在建设或已完工，但除这些早在 2008 年之前就利用原有一期土地开工建设的项目外，度假区二期的开发进度十分缓慢[1]。例如,亚龙湾开发股份有限公司总经理徐国荣在《2010年度总经理工作报告及2011年度工作计划》指出:"(二)针对二期开发,市政府先后召开了8次协调会,但各项工作进展缓慢……随后受政府主管领导调整及村委会换届选举等影响暂停……亚龙湾二期土地开发由于诸多因素的影响,自签订合作开发协议以来一直走走停停"。

亚龙湾开发股份有限公司的一位受访者也指出:

> 现在一期开发,基本完了。现在就剩下二期了。哎,现在跟市政府打交道,他们挺防范的。二期开发的协议,2009年(实际上是2008年4月15日,估计是口误,作者注)就签署了。现在都2011年了,实际上没有任何进展。(访谈记录:WH016)

其次,从地方政府官员的角度。三亚市政府官员对亚龙湾旅游度假区二期开发进度缓慢的事实也给予了证实。"现在为什么亚龙湾二期开发进展慢,主要是征地、拆迁和安置。"(访谈记录:NHG011)

## 9.2 现有解释及其问题

那么,是什么因素导致了亚龙湾度假区二期开发模式实施与开发建设进展缓慢的现状呢?也就是说,应该如何解释海棠湾和亚龙湾两个旅游度假区开发模式实施的显著差异呢?

在转型经济研究领域,罗兰德(Roland,2000)曾以私有化为例列举了制度变迁的各种约束,包括财政约束、政治约束、信息约束、行政管理约束(监管约束)和现金约束等。这些解释能否对上述问题进行回答呢?张建君(2005)曾指出,财政约束、信息约束和行政管理约束均不能令人满意地解释苏南地区和温州地区在乡镇企业改制中的不同实践,其中的根本原因在于权力关系的差异。那么,行政管理约束、政治约束、信息约束等能解释亚龙湾和海棠湾

---

[1] 其实正如前文已经指出过的,自2002年"招拍挂"制度正式全面实施以来,亚龙湾开发股份有限公司就已经开始积极地与政府协商、洽谈二期开发事宜。早在2005年,三亚亚龙湾开发股份有限公司就已经获得三亚市授予的独家开发权,但是具体的合作方式尚未签署协议。如《三亚亚龙湾开发股份有限公司2005年年度报告》就指出:"二是亚龙湾二期开发建设模式框架已经形成,确认我司独家享有亚龙湾二期开发权"。

两个旅游度假区开发模式实施进展的显著差异吗？

作者在三亚市进行实地调研中，问及这两个旅游度假区在新的开发模式下的开发建设进展及其差异时，行政管理约束和政治约束均被地方政府官员和企业受访者提及。当然，他们使用的是一套他们更加熟悉和习惯的话语，并非本研究使用的行政管理约束和政治约束。然而，正如下文将要指出的，行政管理约束和政治约束并不能令人满意地解释亚龙湾和海棠湾两个旅游度假区开发模式实施进展的差异显著。因而，必须寻找其他的可能解释。

### 9.2.1 行政管理约束

所谓行政管理约束是指三亚市政府部门在亚龙湾旅游度假区二期和海棠湾度假区开发中面临着征地拆迁和安置赔偿方面的困难。例如，三亚市发改委的官员就曾指出：

> 现在为什么亚龙湾二期开发进展慢，主要是征地、拆迁和安置。现在为什么征地、拆迁难呢，不仅是我们三亚，全国都是这样。主要有两个问题：第一，国家规定征地拆迁要开听证会，要公示，都有一系列的规定。现在各个城市的征地拆迁的补偿标准是不一致的，但是普遍比较低的，现在我们三亚这几年把征地拆迁的标准提得很高，但是整个来说跟市场行为(还是有差距)，老百姓会说，你拿我的地的时候是十万一亩，你出让是两三百万一亩。现在不是有规定嘛，征地拆迁之前，要做市场评估，如果你真的是城市这一块，很多项目，比如旧城改造，真的按照市场评估价的话，恐怕真的很难做，没有企业进来做，没有利润空间了。(访谈记录：NHG011)

海棠湾管委会的官员也给出了大致相同的解释：

> 它(指亚龙湾一期，作者注)的好处就是它那里开发的比较早，没有介入这么复杂的关系，当时农民工作也相对好做一点。……它好就好在那里之前没有冲突，九几年那时候，刚开发，农民问题还比较好处理。按照现在的问题的话，政府在里面那肯定是赔死了。(访谈记录：CHH015)

同样，亚龙湾开发股份有限公司的受访者也指出了二期开发所面临的征地拆迁的难题：

为啥呢？现在最大的问题是，第一是征地拆迁，现在征地拆迁跟十几年前的征地拆迁可不一样了。十几年前征地拆迁，哪有现在这样，那么多农民，那么精明。现在一说征地拆迁，一夜之间十多棵树，就变成五十多棵树了。（访谈者：现在二期里面还有村庄吗？）有。（访谈者：以前的六盘村呢？）六盘村是位于我们现在盖的地方（一期）。你还没征完啊，人家还有别的地的呀。土地也是有限的呀，你不可能一次征拆就全部弄完了。你用多少，你征多少嘛。（访谈记录：WH016）

除了征地拆迁过程中受到村民的阻挠和抵抗之外，村民安置问题也是影响亚龙湾旅游度假区二期开发土地储备进展的原因：

目前，影响亚龙湾二期开发的最大的问题就是征地拆迁安置，征地拆迁安置目前最大的问题就是安置点的选址定不下来。我估计这个安置区的选址，亚龙湾公司会有办法解决。但是，目前有些不确定的东西，是没办法下结论的。现在亚龙湾的问题就是，我连安置点都还没办法落实，根本就搬迁不了，所以会不会在征地拆迁的过程中再遇到其他的全国的共性的问题就不得而知。但是征地拆迁必须是政府主导的，所以不管是一期的企业主导开发还是二期的政府主导开发，其实征地拆迁都是没办法避开的。（访谈记录：NHG011）

那么，安置点的选择究竟遇到了什么困难呢？亚龙湾开发股份有限公司披露的信息给予了回答，指出部队原因和政府相关人员工作变动导致征地、拆迁与安置补偿工作方案至今未能确定。

经过积极跟进和协调，市规委会2009年6月6日会议明确同意将田独村南侧、榆林一期安置区北侧大约370亩土地作为亚龙湾二期项目安置区的启动用地，但由于部队迟迟不愿拿出该地块，所以无法进行进一步的工作，尚需要市政府协调……安置区选址已初步确定，但由于部队原因和政府相关人员工作变动，导致征拆安置补偿工作方案至今未能确定，下一步的工作尚需要市政府出面协调（资料来源：《三亚亚龙湾开发股份有限公司2009年年度报告》）。

跟你讲啊，分管我们这块的副市长，都换了好几个了。他主管土地方面的，换来换去，换来换去的。你刚跟这个（副市长）谈好，这个（副市长）就走了。然后交给另外一个人。又得跟另外一个人重新谈。光常务副市长就不知道换了多少人了。（访谈记录：WH016）

从以上的访谈和资料可以发现，在地方官员及亚龙湾开发股份有限公司看来，征地、拆迁与安置工作的困难影响了亚龙湾旅游度假区二期开发亦即“政府主导、企业配合”模式的推进。毫无疑问，以上的解释是有经验证据的，因而也确实可以部分地解释亚龙湾二期开发建设进展缓慢的事实。但令作者疑惑的是，在面临着更大的征地、拆迁和安置压力的海棠湾（详见第五章案例介绍），为什么三亚市政府却能够以惊人的速度（所谓的“海棠湾速度”）推进该区内的征地拆迁和安置工作呢？这不得不令人产生疑惑。因此，行政管理约束并不能完全解释两个旅游度假区开发建设进展的显著差异。

### 9.2.2 政治约束（权力关系）

这里的政治约束，主要是指权力关系（张建君，2005）。在社会科学研究领域，权力（*power*）是一个十分重要但又难以准确定义的概念。不同的学科，诸如哲学、政治学、社会学、管理学及上述学科的交叉研究领域均有不同程度地涉及权力的研究。在国内，翁时秀（2008；2011）曾对权力的研究及其发展脉络进行过详细的梳理，本研究不再赘述。由于本研究涉及政府、企业、社区等组织，且主要关注各利益主体互动关系意义上的度假区开发模式，因此本研究主要采用组织研究/组织社会学研究中的权力概念。权力被界定为“对能够影响他人目标的资源的控制”（*Power is defined as the control over resources that can affect the other's goals*）（Raven & French，1958；Emerson，1962）。在后续的组织研究中，这样一种界定权力的资源依赖观，在普费福和萨拉斯克（Pfeffer & Salancik，1978/2003）的经典著作《组织的外部控制：一个资源依赖视角》（*The External Control of Organizations：A Resource Dependence Perspective*）以及以他们为主要代表的资源依赖理论（*Resource Dependence Theory*）中得到了完美的阐述和运用。资源依赖理论认为，权力源自对资源的控制和让对方产生依赖的能力。由于受制于权力的人或组织需要掌握权力的人或组织的知识、能力以及其他的资源，因此，控制资源的一方能够对需求资源的一方制造依赖，从而产生权力（关系）。一般情况下，资源的重要程度、稀缺程度和是否存在可替代性的方案，是决定依赖程度，也就是权力关系的主要因素。这里的权力关系主要是指两种：其一是指政府（官员）与开发企业之间的权力关系，亦即政治精英与经济精英之间的权力关系；其二是指政府（官员）与度假区所在地社区居民之间的权力关系，亦即国家与社会的权力关系或曰政府与人民之间的权力关系。由于在两个旅游度假区中，政府与社区居民之间的关系都始终处于冲突或几近冲突、信任缺失的状态，因此，下文对权力关系的探讨将主要集中于政治精英与经济精英之间的权力关系上。那么，在亚龙湾和海棠湾分别形成了什么样的权力关系呢？这些权力关系是否存在本质上的差异，因而导致了开发建设进展的不同呢？

首先，在亚龙湾旅游度假区，由于1995年至2008年的一期开发中是采取企业主导的开发模式，亚龙湾开发股份有限公司作为主开发商“垄断”了区内的土地一级开发与招商引资，作为利益主体的地方政府自然也不愿意完全放弃对于区内开发建设事务的介入，因此双方进入介入与反介入、互相博弈的状态。作为互动博弈的主体，亚龙湾开发股份有限公司拥有区内的最稀缺的资源——国有土地使用权，以及资金、人力资本等。很显然，当时的三亚市政府所拥有的、亚龙湾开发股份有限公司急需的资源并不多。因此，在这样一种资源所有格局中，权力关系明显地向主开发商——亚龙湾开发股份有限公司倾斜。在亚龙湾二期的开发建设中，随着三亚市政府在财政汲取能力、调控能力、人力资本等能力方面的提升，以及度假区土地一级开发权的回归，这种权力关系发生了明显的变化。正如亚龙湾开发股份有限公司和海棠湾管委会的受访者指出的：

> 现在进展非常慢，你得取决于别人的时候，你得等他呀。现在是取决于政府的时候。（访谈记录：WH016）
>
> 在亚龙湾，其实我们也有一个相对的好处，那就是当初签协议的时候，并不是把所有的地都给他，而是只给了一部分。目前亚龙湾的二期的话，目前还是在政府手里。（访谈记录：CHH015）

其次，在海棠湾的开发历史上也出现过政治精英与经济精英互相博弈的权力关系。在2007年之前，海棠湾尚处大企业分片参与土地一级开发的阶段，三亚市政府面对七家主开发商，在分别与之协商并居中协调七家企业中，政府的自主性和主导权严重丧失。在确定了政府主导的开发模式之后，三亚市政府牢牢地将土地开发权、招商引资工作掌握在手中，因而政治精英与经济精英之间的权力关系发生了明显的变化：由三亚市政府主导土地一级开发和招商引资（引入二级开发企业来进行具体运营项目的开发建设）工作。因此，诚如时任三亚市委书记江泽林说的："无论是在控制基础设施的开发建设成本还是在土地的招、拍、挂环节选择建设项目企业都能牢牢掌握主动权"〔1〕。

因此，基本上可以肯定的是，在上述两个旅游度假区确定了政府主导（不论是政府全方位主导还是政府主导、企业参与）的开发模式之后，政府与企业之间的权力关系并不存在本质上的差异，都是政府牢牢地掌握了度假区内最为重要的资源——土地，并由此掌握了开发建设的主动权。因此，政治约束（权力关系）也并不能够完全解释两个旅游度假区开发建设进展的显著差异。

那么，到底是什么因素决定了三亚市政府在上述两个旅游度假区（在新的开发模式下）开发建设的推进和成效上的差异呢？基于实地调查，作者更加倾向于相信，地方政府主导两个度假区开发的积极性的差异才是其中的关键和根本原因，而积极性的差异则正是源自地方政府官员所受激励的差异。

## 9.3 官员激励作为根本原因

亚龙湾旅游度假区二期开发亦即"政府主导、企业配合"模式的推进缓慢之根本原因在于官员激励的不足所导致的政府重视程度较低和积极性的缺失。以下几个方面很明显地反映出了政府在推进亚龙湾旅游度假区二期开发上相对较低的重视程度和积极性。其一，以2011年为例。亚龙湾二期开发仅位列三亚市2011年重点推进项目之列〔2〕，尚未进入重点推进项目之列。与亚龙湾二期开发一起位列重点推进项目之列的还有：基础设施项目、市政设施项目如南山货运港、污水处理工程等，旅游度假项目如三亚黎陶文

〔1〕 资料来源：《建设国际旅游岛全省各地出实招——市县委书记座谈会发言摘登》见：海南省人民政府网站(www.hainan.gov.cn)。

〔2〕 具体参见《关于加快推进三亚市2011年项目建设的通知》及其附件，见：三亚市政府官网(http://www.sanya.gov.cn/)。

化游览区、三亚湾红树林度假会展酒店、三亚棕榈泉国际度假村、三美湾度假酒店、三亚槟榔河旅游商业街等。纳入三亚市2011年重大推进项目之列的旅游度假项目有海棠湾基础设施项目、海棠湾开发建设项目、三亚市创意产业园基础设施及项目开发、亚龙湾区域度假酒店(一期范围内的亚龙湾瑞吉度假酒店、三亚华宇度假酒店及洲际滨海大酒店)。其二,项目分管领导在三亚市党委和政府(包括政府、人大等国家机关)中的排序,也反映出了地方政府对项目的重视程度。比如,海棠湾休闲度假区基础设施建设和具体的开发建设项目建设,作为海南省的重大项目和三亚市的"一号工程",是由海南省副省长、三亚市委书记担任组长,市委副书记、市长王勇和市委常委岳进担任副组长。而亚龙湾二期开发项目的责任人则是一位尚未进入常委的副市长。其三,政府工作报告是反映地方政府对过去一年的总结以及未来一年的工作安排的重要文献,政府官方网站也是了解政府信息的重要渠道。表9-1展现了以上两个渠道中亚龙湾和海棠湾的"出镜率",这也从一个侧面反映出两个区域的开发建设在政府工作中的受重视程度。

**表9-1 海棠湾和亚龙湾在三亚市政府工作报告及官网中出现频率**

| | 政府工作报告中提及次数 | | | | | | | 官网中出现次数 |
|---|---|---|---|---|---|---|---|---|
| | 2005 | 2006 | 2007 | 2008 | 2009 | 2010 | 2011 | 检索时间:2011年11月29日18:08 |
| 海棠湾 | 4 | 不详 | 7 | 11 | 11 | 10 | 9 | 481 |
| 亚龙湾 | 4 | 不详 | 3 | 5 | 3 | 3 | 8 | 137 |

注:资料来源于三亚市政府官网,作者检索、整理。

当然,作者无意去评论这种安排和现状的好坏,作为学术研究也不应该加以评论,列举以上资料仅为描述事实。但客观上,这种安排确实给亚龙湾二期开发带来了一些不利的影响:

跟你讲啊,分管我们这块的副市长,都换了好几个了。他主管土地方面的,换来换去,换来换去的。你刚跟这个(副市长)谈好,这个(副市长)就走了。然后交给另外一个人。又得跟另外一个人重新谈。光常务副市长就不知道换了多少人了……这个是完全有可能的。所以就看我们怎么去催促政府了。总不可能不管了。那我们作为企业,怎么生存。所以,像你说的那种情况(访谈者:有没有一种可能，就是说，在二期，政府主导以后，它不跟你玩了?)，百分之百是存在的。在中国任何一个地方，不管任何企业，不管能力多强，怎么也不可能去把政府怎么样了。除非你个人私人关系很好。一般情况下，是不可能的。(访谈记录：WH016)

那么究竟是什么导致了三亚市政府对亚龙湾二期开发建设相对而言的积极性不足呢？对此，激励理论可以给予较好的解释。经济学尤其是新制度经济学、社会学尤其是组织社会学，对激励问题给予过长期的关注。经济学家拉齐尔(Lazear，1995)甚至这样说过，“经济学的核心问题就是激励问题”。最通俗地讲，激励问题就是如何调动人们的积极性的问题。因此，积极性不足的原因是激励不足或者是激励扭曲。那么，哪些方面的激励不足，或是激励扭曲，导致了三亚市政府对亚龙湾二期开发建设相对而言的积极性不足呢？

**表 9-2 行政管理约束、政治约束和官员激励：海棠湾和亚龙湾的异同**

| | 海 棠 湾 | 亚 龙 湾 |
|---|---|---|
| 行政管理约束 | 政府强势推进的征地拆迁和安置补偿，在 2007 年至 2009 年间曾引发社区居民的抗争。但 2010 年之后，鲜有村民“闹事”的报道 | 二期土地开发需要征用六盘村、博后村集体用地，且现有六盘村安置区也需拆迁；目前尚未落实二期安置区选址；且时常有村民“闹事”，阻碍一期用地上的项目施工建设 |
| 政治约束(权力关系) | 政府主导开发模式下，度假区开发建设主动权牢牢掌握在政府手中；政府与社区居民之间的关系始终处于冲突或几近冲突、信任缺失的状态 | 政府主导、企业配合的开发模式下，虽然亚龙湾开发股份有限公司能够参与部分土地一级开发，但度假区开发建设主动权牢牢掌握在政府手中；政府与社区居民之间的关系处于冲突或几近冲突、信任缺失的状态 |
| 官员激励 | 较高的财政激励、政治晋升激励 | 较低的财政激励、政治晋升激励 |

作者认为，至少有以下两个方面。其一，财政激励不足是其中重要的原因。第四章已经提及，在分税制的体制下，全国财政收入的总额超过 50%集中在中央，不足 50%分布在全国各省市。因此，分税制改革，整体上而言其实是恶化了地方财政，尤其是地级和县级财政。对此，周飞舟(2006)进行过很好的论述。财政约束，已经成为诸多欠发达地区政府部门的主要约束之一。在分税制后的财政约束下，由于三亚市地方政府主要的财政收入来源是与土地相关的开发活动(表 6-1)，因此，缓解财政约束的

主要突破口依然是各种形式的土地开发。在亚龙湾二期开发协议中，虽然三亚市政府能够分享到土地溢价收入的50%，但实际上，土地开发的收入潜力有限。一方面是因为土地溢价的空间不大，主要原因有：其一，二期开发本身的资源属性和定位导致土地价值会相对下降；其二，之前为整个区域而进行的大量的基础设施投入使得二期开发的土地成本居高不下，土地开发的利润率下降。另一方面，土地开发范围受限。亚龙湾二期总面积在9 000亩以上，但真正可用于开发建设的面积不足4 000亩。

以上观点，得到了亚龙湾开发股份有限公司和三亚市发改委的受访者的证实。

> 二期开发，肯定不如一期开发强。一期开发，主要都是滨海的地。二期开发，主要是围绕一级开发做一些配套。第一是说配套，其他也只能做一些房地产项目、度假别墅和高尔夫球场、商业街。就是围绕着一期的滨海，做一些配套、功能的完善。公主郡不在滨海，在山上呢。也就是说，利用自己的地，做一些开发。不像以前呢，把地全部出让给别人。这完全是企业自主在开发。（访谈记录：WH016）
>
> 因为你亚龙湾除了二期的大概还有四千亩地，跟海棠湾比较起来，那基本上……而且亚龙湾基本上定型了，应该这么说。二期四千亩做完之后，亚龙湾也就基本上成熟了。二线也有一些酒店。你想总共才四千亩的地，还要做一些基础设施。你海棠湾不一样，海棠湾的规划面积差不多一百多平方公里，每平方公里算一千五百亩……。（访谈记录：ZFH010）

2010年，亚龙湾二期通过“招拍挂”出让的一块商业用地（在控规中标号为C－10地块；面积为7.212 5公顷，合计108亩）的价格（仅有一家竞买人报价，因此按底价93万/亩成交；2010年海棠湾国有建设用地出让价格，可参见第五章表5－1）以及当时拍卖会相对冷清的场景，也证实了上述观点。对此，作者认同海南大学王毅武教授的看法[1]，“与其说拍卖遇冷，还不如说是因

---

〔1〕 摘录自《三亚亚龙湾地块93万元/亩成交后续》，见：《南岛晚报》(http://house.hinews.cn/page_pb.php? xuh=21171)。

为该地块'甜度'不够——开发利润空间有限”。“如果利润空间不大，地产商也不会轻易涉足三亚土地市场”。王毅武教授认为，尽管这宗地位于亚龙湾，但可能因限制条件和发展前景不被其他地产企业看好，持观望态度是可以理解的。据了解，该宗土地属于亚龙湾二期新控规范围，与亚龙湾铂尔曼酒店毗邻，土地用途为商业服务用地。

其二，除了财政激励不足之外，作者认为政治激励不足也是其中重要的原因。第四章也已经提及，地方政府（官员）的行为是遵循科层制的逻辑（周雪光、艾云，2010），兼具“谋利型政权经营者”和“代理型政权经营者”的双重角色。因此，政治晋升激励也就成了政府官员的主要激励之一。而在现行的政治体制和晋升制度下，下一级政府官员的作为空间和努力，会向上级政府容易观察到、容易考核的领域倾斜，诸如前文提及的地方财政收入、GDP、招商引资等。如前文所述，亚龙湾二期只是三亚市政府界定的重点项目，而相比之下，海棠湾则是海南省重点支持的项目、三亚市的“一号工程”。此外，海棠湾是由三亚市政府全方位主导开发，地方政府在其中倾注了大量心血；亚龙湾二期虽然也是政府主导但主开发商在其中也扮演了重要角色，且亚龙湾已经成为业界熟知的企业主导的成功典范。因此，毫无疑问，相比之下，三亚市政府会将更多的努力向以海棠湾为代表的政府全方位主导的成片开发区域（如创意产业园区等）倾斜。以下的访谈记录很好地佐证了以上论述。

（海棠湾）现在启动的是海滨一线的地，就算启动完了，还有大量的地。另外，发展的阶段也不一样，因为下一步三亚的发展，省里面也重视海棠湾，列入省重点的，省里面书记和省长也是高度关注；这也是海南省范围内开发面积最大的了。（访谈记录：ZFH010）

两种情况，第一：就像现在这样，它不动，它现在有海棠湾这样的，有事情做……（访谈记录：WH016）

## 9.4　本章小结

虽然行政管理约束、政治约束可以部分地解释两地在新的开发模式下开发建设进展的差异，但其中根本原因是地方政府在两个旅游度假区开发建设中面临着不同的激励。三亚市政府在两个旅游度假区开发建设中所面临的不同的激励，解释了即便是同样面临行政管理约束/监管约束（征地拆迁和安置难题）和政治约束，哪个度假区的开发建设被提上议事日程并强势推进，哪个度假区的开发建设被“束之高阁”。亚龙湾二期开发建设进展缓慢与海棠湾开发建设快速推进的现实不是偶然，而是转型期地方政府在科层制逻辑下的必然选择。

# 第十章 结论与讨论

本研究致力于回答“多重制度逻辑视角下，旅游度假区开发模式变迁是如何可能的”这一问题。本研究首先对周雪光等(Zhou，2000；周雪光、艾云，2010)提出的“多重制度逻辑”分析框架进行了拓展。然后，在此基础上，以三亚市海棠湾和亚龙湾两个旅游度假区的开发模式变迁为例，对这一问题进行了回答。本章的主要目的是总结研究结论、研究贡献和存在的局限。其中，结论部分主要阐述经本研究拓展之后的“多重制度逻辑”(制度变迁的多重逻辑)分析框架，并按具体的研究子问题，来总结本研究的主要发现。

## 10.1 研究结论

### 10.1.1 “多重制度逻辑”分析框架

制度变迁涉及多重逻辑，这是本研究的基本立足点。本研究在周雪光、艾云(2010)提出的具有方法论意义的理论框架——“多重制度逻辑”或曰“制度变迁的多重逻辑”——的基础上，结合本研究所要回答的研究问题，进行了拓展，增加了企业作为制度逻辑主体及其所遵循的逻辑，并具体讨论了国家(中央政府)、地方政府、企业和社区居民等主体在旅游度假区开发模式变迁场域中的微观行动逻辑。具体而言是：(1) 国家的逻辑意味着：有关旅游度假区开发的国家政策受制于不同政府部门之间多重不一的目标和利益之间的互动、竞争和妥协，因而总是在互相矛盾、冲突与达成一致中变动不居。(2) 科层制的逻辑意味着：地方政府介入旅游度假区开发建设的态度、行为和方式，一方面取决于其在政治晋升锦标赛中受到的激励，另一方面也受到自身能力和合法性的约束。(3) 企业的逻辑意味着：企业参与旅游度假区开发建设的态度、行为和方式，一方面受制于其在市场逻辑/商业逻辑约束下的利润导向，另一方面也受制于其与政府之间的权力关系。(4) 乡村的逻辑意味着：随着时间的推进、外部环境的变化，乡村社区维护权利的意识会更加强化；维护权利的行动和方式也会发生相应的变化。在上述“制度变迁的多重逻辑”分析框架的指引下，本书第四章至第九章分别对提出的研究问题进行了回答。各研究问题的回答本身就阐述并验证了“制度变迁的多重逻辑”分析框架的分析概念和理论思路。

### 10.1.2 多重制度逻辑视角下的旅游度假区开发模式变迁何以可能

(1) 作为一种制度安排的旅游度假区的开发模式经历了什么样的变迁？开发模式的变迁带来了什么样的政治、社会与经济后果？

本研究选择海棠湾国际休闲度假区和亚龙湾国家旅游度假区作为案例地。研究发现：① 海棠湾国际休闲度假区的开发模式经历了由政府主导、企业配合模式向政府主导模式的转变。在新的开发模式下，三亚市政府强势推进度假区土地一级开发（征地、拆迁、补偿、安置以及基础设施建设）；面对政府的强势推进，社区居民采取的是“疯狂抢建”和“聚众闹事”等行为。在度假区土地二级开发中，政府与企业的互动体现出“自由裁量模式”的特征。这主要体现在招商引资与土地出让中存在“量身定制”的可能性、海棠湾管委会为进驻企业提供“贴心服务”。② 亚龙湾国家旅游度假区开发模式经历了政府主导模式、企业主导模式到政府主导、企业配合模式的转变。在政府主导模式下，三亚市政府与主开发商是“不分你我”的关系；主开发商（国有亚龙湾公司）与外来投资企业的关系犹如大型商场经营者与外来租户之间的关系。然而，也正是在这一阶段，政府与当地社区之间的矛盾与纠纷开始出现。在企业主导模式下，三亚市政府与主开发商（中粮集团旗下三亚亚龙湾开发股份有限公司）之间的关系转为介入与反介入的互动与博弈；而作为度假区一二级联动开发的主开发商则“既当裁判又当运动员”，与其他入驻企业的竞争抑或矛盾日渐凸显；当地社区由于自身能力所限以及政府制度安排的忽视而逐渐被边缘化，与主开发商的矛盾持续凸显。在政府主导、企业配合模式下，度假区开发的主导权向政府回归，原来的主开发商虽然在理论上与其他入驻企业一样，但仍然可以通过自身资源谋得各种竞争优势；其他二级开发商可以且开始“越过”一级开发商谋划土地开发。开发商（一级和二级开发商）、政府与当地社区之间的关系并没有发生本质的变化，冲突持续。

(2) 作为转型期中国制度变迁的主体，地方政府是如何转变旅游度假区开发模式的？也就是说，旅游度假区开发模式的变迁是如何可能的？

本研究以海棠湾国际休闲度假区开发模式变迁为例，从政府能力和合法性资源的理论视角，对这一问题进行了回答。研究发现：① 政府能力影响制度变迁的途径是双方面的。一方面，政府能力的欠缺（资源的匮乏）驱使地方政府推动旅游度假区的开发建设向政府主导模式转变，以便抓住度假区开发建设的主动权，最大化土地财政收益、提升政府能力。另一方面，政府能力的提升，尤其是源自于土地财政和土地开发专项贷款的财政汲取能力的提升，不但增加了地方政府的调控能力，也明显地改善了地方政府的自主性，从而使得旅游度假区的开发建设向政府主导模式的转变成为可能。② 合法性资源影响制度变迁的过程也是从两条途径展开的。一方面，制度扩散的合法性机制驱使地方政府推动旅游度假区的开发建设向政府主导模式转变。另一方面，合法性资源的拓展，也促成了政府主导开发模式的确立和不断推进。

（3）旅游度假区开发模式变迁的路径依赖是如何生成的？

本研究以亚龙湾旅游度假区的开发模式变迁为例，整合路径依赖理论和制度费用理论，对这一问题进行了回答。研究指出：① 亚龙湾旅游度假区开发模式的变迁存在路径依赖。② 旅游度假区开发模式变迁的路径依赖，更加适合用“道路分岔口”模式来解释。③ 本研究通过整合路径依赖理论和制度费用理论，提出旅游度假区开发模式变迁路径依赖生成的基本命题并进行了检验，即：在关键性节点上，对开发模式选择及变迁具有影响力的行动主体（各级政府、企业、社区居民等）面临着诸多选择。制度费用的存在从两个方面约束/结构化了潜在的选项：一方面开发模式的选择必须考虑到放弃之前制度安排的机会成本；另一方面必须考虑到选择新的制度安排的潜在新增成本。第三，制度遗产、利益集团讨价还价能力等均不同程度地、不同方向地影响了制度费用和制度收益。

（4）旅游度假区开发模式实施进展的显著差异，是如何产生的？

本研究通过比较海棠湾国际休闲度假区和亚龙湾国家旅游度假区新的开发模式实施的进展，发现开发模式的推进存在显著的差异。三亚市地方政府及当地企业提及的原因（行政管理约束、政治约束）可以部分地解释两个旅游度假区开发模式实施进展的差异，但其中根本原因是地方政府在两个旅游度假区开发建设中面临着不同的激励。三亚市政府在两个旅游度假区开发建设中所面临的不同的激励，解释了即便是同样面临行政管理约束/监管约束（征地拆迁和安置难题）和政治约束（政治精英与经济精英之间的权力关系），哪个度假区的开发建设被提上议事日程并强势推进，哪个度假区的开发建设被“束之高阁”。亚龙湾二期在新的模式下开发建设进展缓慢的现实，不是偶然,而是转型期中国地方政府基于科层制逻辑的必然选择。

## 10.2 研究贡献

瓦格内、鲍格(Wagner & Berger,1985)曾指出理论发展的五种方式。这五种方式因而也是评判研究的理论贡献的五条标准。其一,理论深化(*theory elaboration*)。一种新的理论使得原有的理论更加大众化或更加具体。新的理论与原理论在结构上类似;它强调了一个类似的社会学问题或者被应用于经验观察的相似基础。然而,新的理论比起原理论来更全面、精确、严谨或者有更多的经验支撑。因此,新的理论比原理论更具预测能力和解释能力。其二,理论拓展/繁衍(*theory proliferation*)。考虑这样一种情况:来自于一种理论中的思想、观点,被用于产生一个新的理论,且其适用于一种新的社会学问题。同样,这一新理论与原理论在结构上类似;然而,这两个理论在解释上不会存在冲突,原因在于适用的领域不相同。在新的研究领域中,新的理论会比原理论更具解释力和预测能力。但在原有研究领域新的理论解释力更弱。这就是一种观念、理念和观点的拓展和跨界传播,也就是我们所经常提及的理论"借用"、借鉴。其三,理论竞争(*theory competition*)。理论竞争是指这样的一种情况:在某一个具体的研究领域,针对某一现象,新的理论与原有理论显然是竞争性的、替代性的且都宣称对方是错的,新的理论自认为或者宣传比原有理论更加有解释力;原有理论没办法解释新理论所关注的现象。新理论一般而言在结构上区别于原有理论。因此,在同一问题之上,新旧理论的解释是有冲突的。试图提出一套全新的解释工具的新理论,是试图取代原有理论的。其四,理论变异(*theory variation*)。理论变异是理论发展的一种特殊方式,是指这样的一种情况:在某一个具体的研究领域,针对某一现象,新的理论与原有理论在结构和解释的具体领域上差异不大,但差别可能在于两种理论整合了稍有差异的工作机制。区别于理论深化,理论变异是指没有哪种理论能比另外一种解释更多或更加适合;两种理论几乎都能获得大致一样的经验数据支持。因此,"门外汉"一般难以察觉理论变异。其五,理论整合(*theory integration*)。理论整合也是理论发展的一种特殊方式,是指这样的一种情况:在某一个具体的研究领域,针对某一现象,一种新的理论可能是在原有理论的基础上提出的。新的理论可能是整合了原有两个理论的因素(原有理论各能部分地解释某些现象,但均不完全),

而不是简单地累加和组合，因此其解释能力和预测能力是原有单个理论所不能及的。

周雪光(2003)也从学术史的角度对研究进行了类型上的划分，并评价了每种研究的贡献。第一种类型是开创性的理论研究。这类型的研究通常是提出了一个崭新的问题，或一个新的研究角度，或者是一个新的解释逻辑。第二种研究的主要贡献体现在研究方法上，诸如研究设计或者研究的操作化、变量的测量。如美国社会学界关于社会分层与流动的几次重大发展都与研究方法相关。第三种研究主要是对原有理论的进一步阐发、发展和完善，因为最早提出的开创性研究理论可能比较粗糙、可操作性差，后续的研究工作对其理论逻辑做了进一步的阐发，在操作性上加以推进，从而推动这一思路或者框架的研究继续发展下去。第四种类型是指有些学术研究致力于不同流派或者理论解释之间的对比和融合。第五种研究是指在资料积累和实证研究上加深我们对某种现象的理解，在对某种理论的解释力度和范围的认识上有所推进。

依照以上学者关于研究类型与研究贡献的阐释和界分，本研究在以下三个方面作出了贡献。

本研究的第一个贡献在于对周雪光、艾云(2010)提出的具有方法论意义的理论框架——"多重制度逻辑"或"制度变迁的多重逻辑"进行了拓展，增加了企业作为制度逻辑主体及其所遵循的市场逻辑、商业逻辑等，并具体讨论了国家(中央政府)、地方政府、企业和社区居民等主体在旅游度假区开发模式变迁中的微观行动逻辑。这属于瓦格内、鲍格(Wagner & Berger，1985)所界定的理论拓展(*theory proliferation*)，也正是周雪光(2003)界定的第三种研究类型：后续的研究工作对原有理论逻辑或分析框架做进一步的阐发，从而推动这一思路或者框架的研究继续发展下去。"制度变迁的多重逻辑"分析框架的提出主要是基于周雪光、艾云(2010)对中国农村地区选举制度变迁的经验观察，而农村地区选举制度的变迁与旅游度假区开发模式变迁，显然涉及不同逻辑主体，且各主体及其逻辑所具备的微观意义也存在显著差别。这一理论框架被借用于解释旅游度假区开发模式变迁，需要进行拓展和修正，以便更具解释力。因此，本研究也推进了从"制度变迁的多重逻辑"分析框架对中国制度变迁所进行的解释。

本研究的第二个贡献在于丰富和推进了转型期中国制度变迁的案例研究。如本书第一章和第二章所指出的，中国"国中之国"客观现实的存在以及与之伴随的“文化堕距”，告诫社会科学研究者尤其是关注转型期中国制度变迁的学者，我们亟需更多的基于不同区域和背景的经验研究与理论提升。海南作为中国改革开放的“试验田”，在过去的20多年中发生了诸多影响深远的制度变迁，但现有的社会科学研究并未给予足够的理论关注和解释。旅游度假区开发模式变迁是理解海南制度变迁的一面“镜子”。本研究对旅游度假区开发模式变迁的分析与解释可以透视海南省经济社会各领域的制度变迁，从而推进我们对转型期中国制度变迁的理解。具体的贡献如下：

首先，本研究发现，三亚市政府推动海棠湾开发模式变迁的动机是为了抓住度假区开发建设的主动权，而抓住度假区开发建设之主动权的背后则是日趋激烈的财政约束(政府能力约束)。然而，这种抓住度假区开发建设主动权的行为明显地受制于地方政府能力与合法性资源。这一点，虽然在曹正汉、史晋川(2009)的分析中稍有提及，但不够系统。因此，本研究是对该理论解释的一种拓展、补充和深化，从而实现了理论拓展和深化的目的。例如，1995年，面临着经济与政治双重压力的三亚市政府，在地方政府能力匮乏、海南全省大力推进股份制企业改革和快速推进市场化改革的情况下，不得不放弃亚龙湾旅游度假区开发建设的主动权，引入中粮集团主导度假区土地一级开发。同样地，2007年前后，三亚市政府“收回”海棠湾开发建设主导权，也得益于地方政府与土地相关的财政收入的提升和由此而来的地方政府自主性的提升，以及合法性资源的开拓。

其次，之前有关政府能力(组织资源)与制度变迁的研究，要么认为组织资源的匮乏(政府能力)驱动组织采纳新的制度安排(Sherer & Lee，2002)，要么认为政府能力(财政汲取能力和党派竞争)能够促成新制度安排的采纳(Zhou，1993)。本研究发现，在转型期中国，地方政府一方面囿于政府能力欠缺(资源的匮乏)，因而有动力推动旅游度假区的开发建设向政府主导模式转变，以便抓住度假区开发建设的主动权，最大化土地财政收益和提升政府能力。另一方面，政府能力的提升，尤其是源自于土地财政和土地开发专项贷款的财政汲取能力的提升，不但增加了地方政府的调控能力，也明显地改善了地方政府的自主性，从而使得旅游度假区的开发建设向政府主导模式的转变成为可能。这是对政府能力如何影响制度变迁的理论的一种深化。

第三，在制度扩散、特定制度安排的演化与发展方面，学界关于合法性(合法性资源)影响制度变迁的途径也存在多种结论。不少学者认为，合法性是作为一种限制或强制力量存在的。合法性一方面可能限制特定组织采纳某种制度安排的选择(DiMaggio & Powell,1983;Tolbert & Zucker,1983)。另一方面,合法性的问题,也可能迫使组织采纳新的制度安排来消解合法性资源匮乏的境况/合法性危机(王宁,2007;王利平、葛建华,2009)。也有不少学者认为,合法性资源的优势(声誉、地位)使得组织能够优先采纳某种新的制度安排,从而使得制度的扩散成为可能(Sherer & Lee,2002);或者是,合法性资源的拓展使得某种特定的制度的演化与发展得以实现(冯仕政,2007)。本研究发现,合法性资源影响制度变迁的过程也是从两条途径展开的。一方面,制度扩散的合法性机制驱使地方政府推动旅游度假区的开发建设向政府主导模式转变。另一方面,合法性资源的拓展,也促成了政府主导开发模式的确立和不断推进。上述研究发现,也是对合法性(合法性资源)如何影响制度变迁的理论的一种深化。

第四,本研究采纳一种发展的路径依赖观("道路分岔口"模式),整合路径依赖和制度费用理论,提出了理解开发模式变迁路径依赖的生成机制的基本命题:在关键性节点上,对开发模式选择及变迁具有影响力的行动主体(各级政府、企业、社区居民等)面临着诸多选择。制度费用的存在从两个方面约束/结构化了潜在的选项:一方面使得开发模式的选择必须考虑到放弃之前制度安排的机会成本;另一方面必须考虑到选择新的制度安排的潜在新增成本。随后,本研究对这一理论命题进行了实证检验。因此,从理论发展的角度来看,理论的整合及其检验亦是一种对原有制度变迁路径依赖理论的拓展与深化。

第五,在解释亚龙湾旅游度假区(二期)和海棠湾休闲度假区对比鲜明的开发模式推进进展时,本研究首先列举了转型经济学理论中的解释(行政管理约束和政治约束)并分析了这些解释存在的问题,然后指出地方政府在两个旅游度假区中所受激励(财政激励和政治激励)的差异,才是其中根本的原因。这一研究发现,是对原有理论的一种补充,使得我们能够更好地理解为什么不同旅游度假区的开发模式的实施会存在显著差异。

上述五个方面的发现,有利于我们在一定程度上打开旅游度假区开发模式变迁的"黑箱",从而也增进我们对海南乃至转型期中国制度变迁的解释。

本研究的第三个贡献在于丰富和推进了国内旅游度假区的研究。长期以来,国内旅游学界关于旅游度假区的研究大多集中在度假区开发规划、发展战略等实践与应用导向的领域。除刘俊(2010;2011),刘俊、保继刚(2008)等学者对亚龙湾旅游度假区、北海银滩旅游度假区的开发模式进行过较为深入的个案研究外，目前尚无关于旅游度假区开发模式选择及变迁的解释性研究。旅游度假区开发模式变迁，犹如其他经济制度一样，都是嵌入在特定的社会、政治和文化结构之中。那么，摆在社会科学研究者面前的问题是，我们如何来理解、解释这些林林总总的制度变迁呢？因此，本研究以亚龙湾、海棠湾这两个典型的旅游度假区为例，对开发模式变迁所做出的分析和解释，可以加深我们对旅游度假区开发模式选择和开发模式变迁的理解，也丰富和推进了国内旅游度假区的理论研究。

## 10.3 研究局限与后续研究展望

限于研究可进入性以及作者本人的理论储备与驾驭能力，本研究还存在一些局限，亟待在今后的研究中加以关注。首先，尽管在第三章就指出了所选案例地具有较强的典型性，但不可避免的是，任何一个案例地都不可能详尽旅游度假区开发模式变迁所具备的所有面向。本研究所选择的旅游度假区均位于三亚市境内且都是海滨旅游度假区。虽然这一方面可以控制诸如气候条件、度假区形态规划、地方政府能力、经济社会条件等因素，从而可以使得某些对比更加具有可信度和逻辑性，但本研究所选择的案例地的开发模式变迁的动力、逻辑主体及其互动机制是否不同于其他地区的旅游度假区、其他类型的旅游度假区（山地旅游度假区、温泉旅游度假区），需要在今后的研究中加以论证。今后的研究完全可以选择国内其他不同区域（例如西部地区）、不同类型的旅游度假区（例如温泉旅游度假区），进行有关开发模式变迁的研究，支持抑或证伪本研究的结论。

其次，限于研究可进入性，尽管作者已经在导师和其他友人的帮助下解决了部分可进入性难题，但遗憾的是，依然有一些计划访谈的对象作者没有访谈到，一些对本研究较为重要的资料未能获得。这些都在一定程度上影响了研究的解释力。例如，关于2007年初三亚市委、市政府是如何征得省委、省政府的支持从而决定转变海棠湾休闲度假区开发模式的，本研究除了获得这一决策前后相关资料外，对这一决策的过程尚缺少深入了解，因而也制约了我们对政府行为背后的动机与决策影响因素的洞察。一种理想的情况是，能够以政府部门或公司实习生/挂职人员的身份，入驻这些旅游度假区以进行长时间的近距离参与观察并获得相关资料，从而更加深入了解政府部门、企业、社区等主体在旅游度假区开发建设/开发模式变迁中的运作逻辑及其互动机制。

# 参 考 文 献

## 一、中文文献

[1] A. J. 维尔；聂小荣，等，译. 休闲与旅游研究方法(第3版). 北京：中国人民大学出版社，2008.

[2] [美]白苏珊；郎友兴，方小平，译. 乡村中国的权力与财富：制度变迁的政治经济学. 杭州：浙江人民出版社，2009.

[3] 保继刚，孙九霞. 雨崩村社区旅游：社区参与方式及其增权意义. 旅游论坛，2008(4)：58-65.

[4] 边燕杰，卢汉龙，孙立平. 市场转型与社会分层——美国社会学者分析中国. 北京：三联书店，2002.

[5] 波兰尼；冯刚，刘阳，译. 大转型：我们时代的政治与经济起源. 南京：江苏人民出版社，2007.

[6] 曹正汉. 中国上下分治的治理体制及其稳定机制. 社会学研究，2011(1)：1-40.

[7] 曹正汉. 从借红帽子到建立党委——温州民营大企业的成长道路及组织结构之演变. 中国制度变迁的案例研究，2006(浙江卷)：81-140.

[8] 曹正汉，史晋川. 中国地方政府应对市场化改革的策略：抓住经济发展的主动权——理论假说与案例研究. 社会学研究，2009(4)：1-27.

[9] 曹正汉. 弱者的产权是如何形成的？——中国被征地农民的"安置要求权"向"土地开发权"演变的原因. 中国制度变迁的案例研究，2011(土地卷)：17-61.

[10] 陈飙，杨桂华. 梅里雪山雨崩村旅游社区参与的组织形式与分配制度. 思想战线，2008(3)：127-128.

[11] 陈钢华，保继刚. 国外中国旅游研究进展：学术贡献视角的述评. 旅游学刊，2011(2)：28-35.

[12] 陈钢华，黄远水. 城市旅游地游客重游动机实证研究——以厦门市为例. 旅游科学，2010(1)：78-85.

［13］陈国权.论政府能力的有限性与政府机构改革.求索，1999(4)：41－44.

［14］陈抗，Hillman A. L.，顾清扬.财政集权与地方政府行为变化——从援助之手到攫取之手.经济学(季刊)，2002(4)：111－130.

［15］陈那波.海外关于中国市场转型论争十五年文献述评.社会学研究，2006(5)：188－212.

［16］陈那波.国家、市场和农民生活机遇——广东三镇的经验对比.社会学研究，2009(6)：37－64.

［17］陈那波.国家、市场与农民生活机遇：来自中国广东农村的经验.北京：中央编译出版社，2010.

［18］陈映芳.城市开发的正当性危机与合理性空间.社会学研究，2008(3)：29－55.

［19］陈志永，杨桂华.民族贫困地区旅游资源富集区社区主导旅游发展模式的路径选择——以云南梅里雪山雨崩藏族社区为个案研究.黑龙江民族丛刊，2009(2)：52－63.

［20］陈志永，费广玉.国家风景名胜区旅游资源管理体制变迁实证分析——以红枫湖为例.贵州师范学院学报，2011(9)：33－38.

［21］代姗姗.欠发达地区投资带动性旅游发展模式的演化路径与影响——以海南为例.中山大学博士学位论文，2011.

［22］道格拉斯·C·诺思.制度、制度变迁与经济绩效.上海：格致出版社、上海三联书店、上海人民出版社，2008.

［23］道格拉斯·C·诺思.理解经济变迁过程.北京：中国人民大学出版社，2008.

［24］［美］埃里克·弗鲁博顿，［德］鲁道夫·芮切特；姜建强，罗长远，译.新制度经济学：一个交易费用分析范式.上海：上海人民出版社，2006.

［25］风笑天.社会学研究方法.北京：中国人民大学出版社，2001.

［26］冯仕政.国家、市场与制度变迁——1981—2000年南街村的集体化与政治化.社会学研究，2007(2)：24－59.

［27］傅晓.中国城市土地制度变迁的社会学研究：以建国以来上海市土地制度变迁为例［硕士学位论文］.华东师范大学，2006.

［28］盖尔·詹宁斯；谢彦君，等，主译.旅游研究方法.北京：旅游教育出版社，2007.

［29］高春亮，毛丰付，余晖.激励机制、财政负担与中国医疗保障制度演变——基于建国后医疗制度相关文件的解读.管理世界，2009(4)：66－74.

［30］耿曙.理论如何与个案对话：评陈志柔的中国研究近著.台湾社会学，2005(10)：171－176.

［31］顾松年.从苏南模式的创新演进到新苏南模式的孕育成型.现代经济探讨，2005(4)：3－6.

［32］郭华.利益相关者视角下乡村旅游社区制度变迁路径的选择——以江西省婺源县为例.江西农业大学学报(社会科学版)，2011(2)：116－123.

[33] 郭鲁芳. 县域旅游经济制度变迁的实证分析——以杭州地区二县市(淳安县、临安市)为例. 旅游学刊,2004(2): 22 - 25.

[34] 哈贝马斯. 交往与社会进化. 重庆: 重庆出版社,1989.

[35] 何显明. 市场化进程中的地方政府行为逻辑. 北京: 人民出版社,2008.

[36] 胡彬. 对苏温地区发展模式“趋同”现象的经济学解释——制度学习的视角. 财经研究,2008(6): 16 - 29.

[37] 黄江明,李亮,王伟. 案例研究:从好的故事到好的理论——中国企业管理案例与理论构建研究论坛(2010)综述. 管理世界,2011(2): 118 - 126.

[38] 黄少安,刘海英. 制度变迁的强制性与诱致性——兼对新制度经济学和林毅夫先生所做区分评析. 经济学动态,1996(4): 58 - 61.

[39] 黄少安. 制度变迁主体角色转换假说及其对中国制度变革的解释——兼评杨瑞龙的“中间扩散型假说”和“三阶段论”. 经济研究,1999(1): 68 - 74.

[40] 黄少安. 关于制度变迁的三个假说及其验证. 中国社会科学,2000(4): 37 - 49.

[41] 黄少卿,余晖. 民间商会的集体行动机制——温州烟具协会应对欧盟打火机反倾销诉讼的案例分析. 中国制度变迁的案例研究,2006(浙江卷): 560 - 582.

[42] 黄亚生. “中国模式”到底有多独特? 北京:中信出版社,2011.

[43] 江静,陈柳. 地方政府竞争与经济发展模式趋同:基于苏南和温州的分析. 制度经济学研究,2009(1): 64 - 82.

[44] 江曙霞,等. 改革开放中的地方政府: 厦门变迁 30 年标本考察. 上海: 格致出版社、上海人民出版社,2008.

[45] 金太军,袁建军. 政府与企业的交换模式及其演变规律——观察腐败深层机制的微观视角. 中国社会科学,2011(1): 102 - 118.

[46] 金祥荣. 准需求诱致型的制度变迁方式. 浙江社会科学,1999(3): 29 - 31.

[47] 金祥荣,朱希伟. “温州模式”变迁与创新——兼对若干转型理论假说的检验. 经济理论与经济管理,2001(8): 70 - 75.

[48] 靳文敏,罗秋菊. 城市会展业资金类政策传播研究——以广州、深圳、东莞为例. 旅游学刊,2012(1): 101 - 110.

[49] [美]赖特 · 米尔斯;陈强,张永强,译. 社会学的想象力. 上海: 上海三联书店,2001.

[50] 李煜. 制度变迁与教育不平等的产生机制——中国城市子女的教育获得(1966—2003). 中国社会科学,2006(4): 97 - 109.

[51] 梁若冰. 财政分权下的晋升激励、部门利益与土地违法. 经济学(季刊),2010(1): 283 - 306.

[52] 梁玉成. 渐进转型与激进转型在初职进入和代内流动上的不同模式——市场转型分析模型应用于中国转型研究的修订. 社会学研究,2006(4): 34 - 58.

[53] 梁玉成. 市场转型过程中的国家与市场——一项基于劳动力退休年龄的考察. 中国社会科学，2007(5)：129－142.

[54] [澳]琳达·维斯，约翰·M·霍布森；黄兆辉，廖志强，译. 国家与经济发展. 长春：吉林出版集团有限责任公司，2009.

[55] 林国明. 到国家主义之路：路径依赖与全民健保组织体制的形成. 台湾社会学，2003(5)：1－71.

[56] 林文斌. 制度变迁：动态机制的观点——以台湾"中央银行"制度的变迁(1949—1961)为例. 人文及社会科学集刊(台湾)，2004(9)：389－433.

[57] 林毅夫. 关于制度变迁的经济学理论：诱致性变迁与强制性变迁. 见：财产权利与制度变迁(中译本). 上海：上海三联书店，1994.

[58] 林毅夫，刘志强. 中国的财政分权与经济增长. 北京大学学报(哲学社会科学版)，2000(4)：5－17.

[59] 林毅夫. 经济发展与转型. 北京：北京大学出版社，2008.

[60] 林宗弘，吴晓刚. 中国的制度变迁、阶级结构转型和收入不平等：1978—2005. 社会，2010(6)：1－40.

[61] 刘国良. 苏南模式与温州模式、珠江模式的比较. 浙江经济，2006(18)：36－37.

[62] 刘和旺. 诺思制度变迁的路径依赖理论新发展. 经济评论，2006(2)：64－68.

[63] 刘俊. 我国海滨旅游度假区发展历程与影响因素研究[博士学位论文]. 中山大学，2006.

[64] 刘俊. 中国旅游度假区治理结构及变迁. 旅游科学，2007(4)：59－61.

[65] 刘俊，保继刚. 三亚亚龙湾度假区开发管理模式研究及启示. 旅游学刊，2008(1)：13－18.

[66] 刘俊. 海滨旅游度假区发展模式比较研究——三亚亚龙湾和北海银滩度假区案例. 人文地理，2010(4)：115－119.

[67] 刘俊. 旅游度假区治理结构优化的理论解释. 旅游论坛，2011(2)：1－6.

[68] 刘世军. 现代化过程中的政府能力. 理论学习月刊，1999：33－37.

[69] 刘守英，蒋省三. 土地融资与财政和金融风险——来自东部一个发达地区的个案. 中国土地科学，2005(5)：3－9.

[70] 刘相军，杨桂华. 传统文化视角下的社区参与旅游收益分配制度变迁机理研究——以梅里雪山雨崩藏族村为例. 旅游论坛，2009(3)：366－369.

[71] 刘玉照，田青. 新制度是如何落实的？——作为制度变迁新机制的"通变". 社会学研究，2009(4)：133－156.

[72] 龙志勇. 城市旅游度假区规划设计探索——以广州大夫山旅游度假区为例. 规划师，2006：36－38.

[73] 鲁兵. 海南特区发展史论. 海口：海南出版社、南方出版社，2008.

［74］陆林，葛敬炳，苏静．基于制度变迁的浙江省民营资本旅游投资行为研究．旅游学刊，2008(5)：33－37.

［75］罗伯特·K·殷著，周海涛主译．案例研究：设计与方法(第3版)．重庆：重庆大学出版社，2004.

［76］罗纳德·科斯著，盛洪、陈郁译校．企业、市场与法律．上海：格致出版社、上海三联书店、上海人民出版社，2009.

［77］马宝成．政治合法性研究．北京：中国社会出版社，2003.

［78］［德］马克斯·韦伯著，阎克文译．经济与社会(第1卷)．上海：上海人民出版社，2010.

［79］毛基业，李晓燕．理论在案例研究中的作用——中国企业管理案例论坛(2009)综述与范文分析．管理世界，2010(2)：106－113.

［80］彭玉生．社会科学中的因果分析．社会学研究，2011(3)：1－32.

［81］齐晓瑾，蔡澍，傅春晖．从征地过程看村干部的行动逻辑：以华东、华中三个村庄的征地事件为例．社会，2006(2)：115－135.

［82］［美］青木昌彦著，周黎安译．比较制度分析．上海：上海远东出版社，2001.

［83］折晓叶，陈婴婴．项目制的分级运作机制和治理逻辑——对"项目进村"案例的社会学分析．中国社会科学，2011(4)：126－148.

［84］史晋川，朱康对．温州模式研究：回顾与展望．浙江社会科学，2002(3)：5－17.

［85］史晋川，金祥荣，赵伟，罗卫东．制度变迁与经济发展：温州模式研究(修订版)．杭州：浙江大学出版社，2004.

［86］沈荣华．关于转变政府职能的若干思考．政治学研究，1999(4)：54－60.

［87］盛洪，陈郁．译者的话．in：罗纳德·科斯著，盛洪、陈郁译校．企业、市场与法律．上海：格致出版社、上海三联书店、上海人民出版社，2009.

［88］［美］斯梅尔瑟．经济社会学．北京：华夏出版社，1989.

［89］陶然，陆曦，苏福兵等．地区竞争格局演变下的中国转轨：财政激励和发展模式反思．经济研究，2009(7)：21－33.

［90］田世政，杨桂华．国家公园旅游管理制度变迁实证研究——以云南香格里拉普达措国家公园为例．广西民族大学学报(哲学社会科学版)，2009(4)：52－57.

［91］［美］威廉·奥格本．社会变迁：关于文化和先天的本质．杭州：浙江人民出版社，1997.265－272.

［92］王海洲．合法性的争夺．南京：凤凰出版传媒集团、江苏人民出版社，2008.

［93］王葎．合法性：现代语境中的价值叙事．哲学研究，2007(11)：69－74.

［94］王宁．代表性还是典型性？——个案的属性与个案研究方法的逻辑基础．社会学研究，2002(5)：123－125.

［95］王宁．消费制度、劳动激励与合法性资源——围绕城镇职工消费生活与劳动动

机的制度安排及转型逻辑. 社会学研究，2007(3)：74 - 98.

[96] 王宁. 个案研究中的样本属性与外推逻辑. 公共行政评论，2008(3)：44 - 54.

[97] 王宁. 从苦行者社会到消费者社会：中国城市消费制度、劳动激励与主体结构转型. 北京：社会科学文献出版社，2009a.

[98] 王宁. 中国何以未能走向消费型社会——低成本发展战略与现代化进程中的转型困境. 社会，2009b(2)：63 - 73.

[99] 王汝辉，幸岭. 少数民族村寨旅游开发模式变迁:来自新制度经济学的阐释——以四川理县桃坪羌寨为例. 云南师范大学学报(哲学社会科学版)，2009(3)：128 - 133.

[100] 魏敏. 我国滨海旅游度假区的开发及保护研究. 中国社会科学院研究生院学报，2010(3)：78 - 83.

[101] 翁时秀. 权力关系对古村落社区旅游发展的影响研究——以楠溪江古村落群为例. 中山大学硕士学位论文，2008.

[102] 翁时秀. 权力关系对古村镇旅游地的社会影响研究——以乌镇和楠溪江芙蓉村为例. 博士学位论文，中山大学，2011.

[103] 吴建南，马亮，杨宇谦. 中国地方政府创新的动因、特征与绩效——基于"中国地方政府创新奖"的多案例文本分析. 管理世界，2007(8)：43 - 51.

[104] 吴介民. 中国研究专题导论——"中国模式"或多重复杂的制度形构. 台湾社会学，2009(18)：1 - 3.

[105] 吴敬琏. 路径依赖与中国改革——对诺斯教授演讲的评论. 改革，1995(3)：57 - 59.

[106] 吴群，李永乐. 财政分权、地方政府竞争与土地财政. 财贸经济，2010(7)：51 - 59.

[107] 吴一平. 财政分权、腐败与治理. 经济学(季刊)，2008(3)：1045 - 1060.

[108] 西摩·马丁·李普塞特. 政治人：政治的社会基础. 上海：上海人民出版社，2011.

[109] 许成钢. 政治集权下的地方经济分权与中国改革. 比较，2010(36)：7 - 22.

[110] 徐红罡，吴悦芳，彭丽娟. 古村落旅游地游线固化的路径依赖——世界遗产地西递、宏村实证分析. 地理研究，2010(7)：1324 - 1334.

[111] 徐进，赵鼎新. 政府能力和万历年间的民变发展. 社会学研究，2007(1)：1 - 22.

[112] 燕继荣. 政治学十五讲. 北京:北京大学出版社，2004.

[113] 杨春宇. 中国旅游业管理制度变迁机制及多元动态博弈模型构建研究. 旅游学刊，2011(6)：12 - 20.

[114] 杨瑞龙. 论我国制度变迁方式与制度选择目标的冲突及其协调. 经济研究，1994(5)：40 - 49.

[115] 杨瑞龙. 我国制度变迁方式转换的三阶段论——兼论地方政府的制度创新行

为. 经济研究，1998(1)：5 - 12.

[116] 杨瑞龙，杨其静. 阶梯式的渐进制度变迁模型——再论地方政府在我国制度变迁中的作用. 经济研究，2000(3)：24 - 31.

[117] 杨善华，苏红. 从"代理型政权经营者"到"谋利型政权经营者"——向市场经济转型背景下的乡镇政权. 社会学研究，2002(1)：17 - 24.

[118] 姚洋. 意识形态演变和制度变迁：以中国国有企业改制为例. 江海学刊，2008(5)：78 - 86.

[119] 余凤龙，陆林. 制度变迁下的中国区域旅游发展与差异研究. 人文地理，2010(3)：124 - 127.

[120] 郁建兴，高翔. 地方发展型政府的行为逻辑及制度基础. 中国社会科学，2012(5)：95 - 112.

[121] 张丙宣. 科层制、利益博弈与政府行为：以杭州市J镇为个案的研究. 杭州：浙江大学出版社，2011.

[122] 张朝枝，徐红罡. 中国世界自然遗产资源管理体制变迁——武陵源案例研究. 管理世界，2007(8)：52 - 57.

[123] 张成福. 当代西方政府再造的核心理念：企业型政府. 中国改革，1998(9)：53 - 54.

[124] 张钢，徐贤春. 地方政府能力的评价与规划——以浙江省11个城市为例. 政治学研究，2005(2)：96 - 107.

[125] 张弘远. 中国大陆嫁接式市场化改革：地方政府角色与企业行为. 中国大陆研究(台湾)，2001(1)：35 - 68.

[126] 张建君. 政府权力、精英关系和乡镇企业改制——比较苏南和温州的不同实践. 社会学研究，2005(5)：92 - 124.

[127] 张建君. 发展模式和经济平等——苏南和温州的比较. 管理世界，2006(8)：36 - 46.

[128] 张静. 基层政权——乡村制度诸问题. 杭州：浙江人民出版社，2000.

[129] 张军，周黎安(主编). 为增长而竞争：中国增长的政治经济学. 上海：上海人民出版社，2010.

[130] 张世贤. 公共政策析论. 台北：五南图书出版公司，1986.

[131] 张五常. 中国的经济制度(神州大地增订版). 北京：中信出版社，2008.

[132] 张维迎. 市场的逻辑. 上海：世纪出版集团、上海人民出版社，2010.

[133] 张骁鸣. 旅游与没有"历史"的村民：基于雨崩村研究的反思. 旅游学刊，2011(3)：62 - 69.

[134] 张晏，龚六堂. 分税制改革、财政分权与中国经济增长. 经济学(季刊)，2005(4)：75 - 108.

[135] 周飞舟. 分税制十年:制度及其影响. 中国社会科学,2006(6): 100 - 115.

[136] 周飞舟. 生财有道:土地开发和转让中的政府和农民. 社会学研究,2007(1): 49 -82.

[137] 周飞舟. 锦标赛体制. 社会学研究,2009(3): 54 - 77.

[138] 周黎安. 转型中的地方政府: 官员激励与治理. 上海: 格致出版社、上海人民出版社,2008.

[139] 周雪光. 西方社会学关于中国组织与制度变迁研究状况述评. 社会学研究,1999(4): 28 - 45.

[140] 周雪光. 组织社会学十讲. 北京: 社会科学文献出版社,2003.

[141] 周雪光. 基层政府间的"共谋现象"——一个政府行为的制度逻辑. 社会学研究,2008(6): 1 - 21.

[142] 周雪光. 一叶知秋:从一个乡镇的村庄选举看中国社会的制度变迁. 社会,2009(3): 1 - 23.

[143] 周雪光,赵伟. 英文文献中的中国组织现象研究. 社会学研究,2009(6): 145 -186.

[144] 周雪光,艾云. 多重逻辑下的制度变迁:一个分析框架. 中国社会科学,2010(4): 132 - 150.

[145] 中国社会科学院课题组. "温州模式"的转型与发展——"以民引外,民外合璧"战略研究. 中国工业经济,2006(6): 51 - 59.

[146] 左冰,保继刚. 制度增权:社区参与旅游发展之土地权利变革. 旅游学刊,2012(2): 23 - 31.

## 二、英文文献

[1] AGARWAL S. Relational Spatiality and Resort Restructuring. Annals of Tourism Research,2012,39(1): 134 - 154.

[2] AKAMA J S, KIETI D M. Measuring Tourist Satisfaction with Kenya's Wildlife Safari: A Case Study of Tsavo West National Park. Tourism Management,2003,24(1): 73 - 81.

[3] ANDRIOTIS K. Hosts, Guests and Politics: Coastal Resorts Morphological Change. Annals of Tourism Research,2006,33(4): 1079 - 1098.

[4] ARROW K J. Explaining the Growth of Output. Science, 1969, 164(3880): 699 -700.

[5] ARTHUR W B. Competing Technologies, Increasing Returns and Lock-in by Historical Events. The Economic Journal, 1989(99): 116 - 131.

[6] BAUM R, SHEVCHENKO A. The "State of the State"(pp. 333 - 360). in: The Paradox of China's Post-Mao Reforms, edited by Merle G. & Roderick M. Cambridge, MA: Harvard University Press.

[7] BRAMWELL B, COX V. Stage and Path Dependence Approaches to the Evolution of a National Park Tourism Partnership. Journal of Sustainable Tourism, 2009, 17 (2): 191 - 206.

[8] BRODSGAARD K E. Hainan-State, Society and Business in a Chinese Province. London: Routledge, 2009.

[9] CAO Y, NEE V G. Comment: Controversies and Evidence in the Market Transition Debate. American Journal of Sociology, 2000, 105(4): 1175 - 1189.

[10] COLE S. A Logistic Tourism Model: Resort Cycles, Globalization, and Chaos. Annals of Tourism Research, 2009, 36(4): 689 - 714.

[11] DIMAGGIO P J, POWELL W W. The Iron Cage Revisited: Institutional Isomorphism and Collective Rationality in Organizational Fields. American Sociological Review, 1983, 48(2): 147 - 160.

[12] EASTERLY W. The Elusive Quest for Growth: Economists' Adventures and Misadventures. US: The MIT Press, 2005.

[13] EBBINGHAUS B. Can Path Dependence Explain Institutional Change? Two Approaches Applied to Welfare State Reform. in: The Evolution of Path Dependence, edited by Magnusson L & Ottosson J., UK: Edward Elgar Publishing Limited. pp. 191 -218.

[14] EISENHARDT K M. Building Theories From Case Study Research. The Academy of Management Review, 1989, 14(4): 532 - 550.

[15] EISENHARDT K M. Better Stories and Better Constructs: The Case for Rigor and Comparative Logic. The Academy of Management Review, 1991, 16(3): 620 - 627.

[16] EISENHARDT K M, MARTIN J A. Dynamic Capabilities: What are they? Strategic Management Journal, 2000, 21(10/11): 1105 - 1121.

[17] EMERSON R M. Power-Dependence Relations. American Sociological Review, 1962, 27(1): 31 - 41.

[18] GILL A M, WILLIAMS P W. Rethinking Resort Growth: Understanding Evolving Governance Strategies in Whistler, British Columbia. Journal of Sustainable Tourism, 2011, 19 (4 - 5): 629 - 648.

[19] GRANOVETTER M. Economic Action and Social Structure: The Problem of Embeddedness. American Journal of Sociology, 1985, 91(3): 481 - 510.

[20] HALL C M. A Typology of Governance and Its Implications for Tourism Policy

Analysis. Journal of Sustainable Tourism, 2011,19(4－5): 437－457.

[21] HOLMSTROM B, MILGROM P. Multitask Principal-Agent Analyses: Incentive Contracts, Asset Ownership, and Job Design. Journal of Law, Economics, & Organization,1991,7: 24－52.

[22] KIM T, SHIN D, OH Het al. Inside the Iron Cage: Organizational Political Dynamics and Institutional Changes in Presidential Selection Systems in Korean Universities, 1985－2002. Administrative Science Quarterly,2007,52(2): 286－323.

[23] LAZEAR E P, ROSEN S. Rank-Order Tournaments as Optimum Labor Contracts. Journal of Political Economy,1981,89(5): 841－864.

[24] LAZEAR E P. Personnel Economics. Cambridge, MA: MIT Press, 1995.

[25] LIN N. Local market socialism: Local Corporatism in Action in Rural China. Theory and Society, 1995(24): 301－354.

[26] LIN Y. Between Politics and Markets: Firms, Competition, and Institutional Change in Post—Mao China. New York: Cambridge University Press,2004.

[27] LOGAN J R, BIAN Y. Inequalities in Access to Community Resources in a Chinese City. Social Forces,1993,72(2): 555－576.

[28] MANN M. The Sources of Social Power: A History of Power from the Beginning to A. D. 1760. Cambridge, England: Cambridge University Press, 1986.

[29] MILGROM, ROBERTS. Economics, Organizations and Management, Prentice—Hall,1992.

[30] MONTINOLA G, QIAN Y, WEINGAST B R. Federalism, Chinese Style: The Political Basis for Economic Success in China. World Politics,1995,48(1): 50－81.

[31] NEE V. A Theory of Market Transition: From Redistribution to Markets in State Socialism. American Sociological Review,1989,54(5): 663－681.

[32] NEE V. The Emergence of a Market Society: Changing Mechanisms of Stratification in China. American Journal of Sociology,1996,101(4): 908－949.

[33] NEE V, SIJIN S. Institutional Change and Economic Growth in China: The View From the Villages. The Journal of Asian Studies,1990,49(1): 3－25.

[34] NEE V, MATTHEWS R. Market Transition and Societal Transformation in Reforming State Socialism. Annual Review of Sociology,1996,22: 401－435.

[35] NORTH D C. Institutions, Institutional Change and Economic Performance. Cambridge University Press, 1990.

[36] OI J C. Fiscal Reform and the Economic Foundations of Local State Corporatism in China. World Politics, 1992(1): 99－126.

[37] PAPATHEODOROU A. Exploring the Evolution of Tourism Resorts. Annals

of Tourism Research, 2004, 31(1): 219 - 237.

[38] PARISH W L, MICHELSON E. Politics and Markets: Dual Transformations. American Journal of Sociology, 1996, 101(4): 1042 - 1059.

[39] PETER H, TAYLOR R C R. Political Science and Three New Institutionalism. Political Studies, 1996, 44(2): 936 - 957.

[40] PFEFFER J, SALANCIK G R. The External Control of Organizations: A Resource Dependence Perspective. CA: Stanford University Press, 2003.

[41] PIERRE J. Legitimacy, Institutional Change, and the Politics of Public Administration in Sweden. International Political Science Review/Revue internationale de science politique, 1993, 14(4): 387 - 401.

[42] PIERSON, P. Increasing Returns, Path Dependence, and the Study of Politics. American Political Science Review, 2000, 94(2): 251 - 267.

[43] QIAN Y, WEINGAST B R. Federalism as a Commitment to Preserving Market Incentives. The Journal of Economic Perspectives, 1997, 11(4): 83 - 92.

[44] REAY T, HININGS C R. Managing the Rivalry of Competing Institutional Logics. Organization Studies, 2009, 30: 629 - 652.

[45] ROLAND G. Transition and Economics: Politics, Markets, and Firms. Cambridge, MA: MIT Press, 2000.

[46] SCOTT W R, RUEF M, P. MENDEL J., CARONNA C A. Institutional Change and Healthcare Organizations: From Professional Dominance to Managed Care. Chicago: University of Chicago Press, 2000.

[47] SHERER P D, LEE K. Institutional Change in Large Law Firms: A Resource Dependency and Institutional Perspective. The Academy of Management Journal, 2002, 45(1): 102 - 119.

[48] SHIRK S. The Political Logic of Economic Reform in China, Berkeley: University of California Press, 1993.

[49] SOFIELD T. LI S. Tourism Governance and Sustainable National Development in China: A Macro-level Synthesis. Journal of Sustainable Tourism, 2001, 19(4 - 5): 501 - 534.

[50] THELEN K. Historical Institutionalism in Comparative Politics. Annual Review of Political Science, 1999(2): 369 - 404.

[51] TOLBERT P S, ZUCKER L G. Institutional Sources of Change in the Formal Structure of Organizations: The Diffusion of Civil Service Reform, 1880—1935. Administrative Science Quarterly, 1983, 28(1): 22 - 39.

[52] WAGNER D G, BERGER J. Do Sociological Theories Grow? American Journal

of Sociology,1985,90(4): 697 - 728.

[53] WALDER A G. Local Governments as Industrial Firms: An Organizational Analysis of China's Transitional Economy. American Journal of Sociology, 1995(2): 263 - 301.

[54] WHITING S H. Power and Wealth in Rural China-The Political Economy of Institutional Change, UK: Cambridge University Press, 2000.

[55] WILLIAMSON O E. Markets and Hierarchies. New York: Free Press, 1975.

[56] WILLIAMSON O E. Transaction-Cost Economics: The Governance of Contractual Relations. Journal of Law and Economics,1979,22(2): 233 - 261.

[57] WILLIAMSON O E. The Economic Institutions of Capitalism, New York: Free Press, 1985.

[58] XIAO H,SMITH S L J. Case Studies in Tourism Research-A State-of-the-art Analysis. Tourism Management, 2006, 27(4), 738 - 749.

[59] YAN Q Y, ZHANG H Q. The Determinants of the 1999 and 2007 Chinese Golden Holiday System: A Content Analysis of Official Documentation. Tourism Management,2010,31(6): 881 - 890.

[60] ZHANG T, ZOU H. Fiscal Decentralization, Public Spending, and Economic Growth in China. Journal of Public Economics,1998(67): 221 - 240.

[61] ZHANG J. Marketization and Democracy in China. Ph. D Dissertation, University of California at Berkeley, 2003.

[62] ZHOU X. Occupational Power, State Capacities, and the Diffusion of Licensing in the American States: 1890 to 1950. American Sociological Review, 1993, 58 (4): 536 - 552.

[63] ZHOU X. Economic Transformation and Income Inequality in Urban China: Evidence From Panel Data. American Journal of Sociology,2000,105(4): 1135 - 1174.

[64] ZHOU X. The Institutional Logic of Collusion among Local Governments in China. Modern China,2010,36(1): 47 - 78.

[65] ZHOU X. The State and Life Chances in Urban China: Redistribution and Stratification, 1949—1994. New York: Cambridge University Press,2004.

# 附录：部分访谈大纲

## 1.1 三亚市规划局受访者

1. 您认为，在三亚市建市20多年以来的发展历程中，有哪些方面的制度或者说政策的出台、(制度)政策的变化，影响最为深远？为什么呢？这些政策(制度)变迁的影响主要是体现在哪些方面？

2. 您如何看待目前中央政府和三亚市地方政府的关系？中央政府(国家领导人、中央政府各部门领导人等)、海南省政府，在三亚市发展历程中各自发挥了什么角色？能否谈下您的看法？

3. 您是否认同"旅游业是三亚市经济社会发展的主导"、或者"旅游业在三亚经济社会发展中发挥了主导(主要的、支柱性的、导向性的)的影响"这样一种说法？但是，实际的情况却是，三亚市发展历程中，曾经屡屡偏离了"国际性热带滨海风景旅游城市"这一定位(房地产对城市的贡献和影响屡屡超过旅游业)，然后每次城市规划修编又重新提及、重视(例如，2008年版的总规、国际旅游岛建设等)？您是否认同这种说法？

4. 您觉得，为什么会出现这种现象呢？这种现象背后深层次的原因(制度原因)是什么？

5. 为什么在三亚湾新城开发中(2003年开始)，鲁能集团能够独立进行土地一级市场开发，且获得土地溢价收入的70%？而在亚龙湾二期开发(2008正式签订协议)中，却是政府与企业合作进行土地一级市场开发(改变了以往亚龙湾公司主导进行土地一级市场开发的模式)，土地溢价收益"五五分成"？在海棠湾，却采取政府主导土地一级市场开发的模式？

6. 在规划开发海棠湾时，三亚市委市政府是否有考虑过引进外来企业参与土地一级市场开发？如果引入外来企业参与土地一级开发，情况会是怎么样？

## 1.2 三亚亚龙湾开发股份有限公司

1. 目前，成立亚龙湾工委、亚龙湾管委会之后，亚龙湾旅游度假区的开发模式有没有发生变化？对亚龙湾开发股份有限公司是否有产生影响？如果有，主要体现在哪些方面？

2. 亚龙湾股份有限公司目前掌握（能够转让或者自行进行二级开发）的土地的地块和面积如何？这些土地的来源方式、获得年份的情况？哪些是通过 2002 年之前的协议出让方式，哪些是通过 2002 年 7 月 1 号之后“招拍挂”方式？

3. 在中粮集团（香港鹏利集团）入主亚龙湾开发股份有限公司之前（1995 年），亚龙湾旅游度假区的土地开发模式是一种具有“土地代销性质”的土地整体协议出让、转让模式（亚龙湾一期 6 100 亩）。（1）中粮集团 1995 年入主亚龙湾开发股份有限公司后，这种土地开发模式是否得到了延续？还是发生了改变，发生了什么样的改变？（2）2002 年，《招标拍卖挂牌出让国有土地使用权规定》正式施行后，亚龙湾开发股份有限公司，还能继续之前的“生地”转“熟地”后转让的盈利模式吗？或者说，2002 年“招拍挂”之后，到亚龙湾的二期开发前，亚龙湾旅游度假区的土地一级市场开发和二级市场开发是什么情况？

4. 在亚龙湾的二期开发中（2008 年正式签订二期开发合作协议）：

（1）在亚龙湾的二期开发之前，三亚市政府是否有考虑过政府主导土地一级市场开发？或者即便是采取政企合作开发的模式，有没有考虑过引入其他的投资主体？（2）为什么没有延续之前的亚龙湾开发股份有限公司主导土地一级市场开发的“五统一”模式，而是采取了公司与政府合作进行一级土地开发，公司获取土地“招拍挂”土地增值收益的 50％的“五五分成”的模式？（3）为什么是“五五分成”而不是其他的比例？鲁能集团在三亚湾新城在土地一级开发中是获取了 70％的土地增值收益。这种模式是不是和鲁能三亚湾新城的开发模式类似？（4）这种新的土地一级市场开发模式出现的背景是什么？为什么三亚市政府会选择这样一种模式？亚龙湾开发股份有限公司当时的态度如何？（5）这种模式的转变，对亚龙湾开发股份有限公司和亚龙湾旅游度假区会产生以及产生了什么影响？（6）亚龙湾二期的 6 000 亩土地目前的开发建设进展如何？

5. 目前公司的主营业务主要是(1) 自营项目：公主郡度假地产、蝴蝶谷、中心广场以及瑞吉尔酒店等？(2) 二期开发中土地开发的溢价分成情况？

6. 在自成立国家旅游度假区以来近20年的发展历程中，中央政府(国家领导人、中央政府各部门领导人等)、海南省政府以及三亚市政府，在亚龙湾各自发挥了什么角色？能否谈下您的看法？

## 1.3　三亚市亚龙湾工委、亚龙湾管委会受访者

1. 为什么三亚市市委、市政府会重新设立了亚龙湾工委、亚龙湾管委会？设立的背景和原因是？目前亚龙湾工委、亚龙湾管委会的主要职责是？

2. 在中粮集团(香港鹏利集团)入主亚龙湾开发股份有限公司之前(1995年)，亚龙湾旅游度假区的土地开发模式是一种具有“土地代销性质”的土地出让、转让模式。中粮集团1995年入主亚龙湾开发股份有限公司后，这种土地开发模式是否得到了延续？还是发生了改变，发生了什么样的改变？2002年，《招标拍卖挂牌出让国有土地使用权规定》正式施行后，亚龙湾开发股份有限公司，还能继续之前的“生地”转“熟地”的盈利模式吗？

3. 在亚龙湾的二期开发中：(1) 为什么三亚市委市政府会继续选择亚龙湾开发股份有限公司(中粮集团控股)，而没有考虑选择其他的公司？为什么没有考虑像海棠湾那样，采取政府主导土地一级市场开发的模式？(2) 目前亚龙湾二期开发的进展如何？为什么会出现进展缓慢的状况？(3) 为什么没有延续之前的亚龙湾开发股份有限公司主导土地一级市场开发的“五统一”模式，而是采取了亚龙湾公司与政府合作进行一级土地开发，公司获取土地“招拍挂”出让收益的50%的“五五分成”的模式？(4) 为什么是“五五分成”而不是其他的比例？鲁能三亚湾新城在土地一级开发中，三亚湾新城开发有限公司是获取了70%的土地增值收益。(5) 这种新的土地开发模式的背景是什么？为什么三亚市政府会选择这样一种模式？这种模式的转变，对亚龙湾旅游度假区会产生/生产了什么影响？(或者说有什么样的好处？)

4. 在亚龙湾自成立以来近20年的发展历程中，中央政府(国家领导人、中央政府各部门领导人等)、海南省政府以及三亚市政府，各自发挥了什么角色？能否介绍一下？

5. 能否提供与整个亚龙湾发展历程相关的材料。我希望对亚龙湾的发展历程,进行一个梳理。

## 1.4 三亚市发展与改革委员会受访者

1. 您认为,在三亚市建市 20 多年以来的发展历程中,有哪些方面的制度或者说政策的出台、(制度)政策的变化,影响最为深远?为什么呢?

2. 这些政策(制度)变迁的影响主要是体现在哪些方面?您是否认同"旅游业是三亚市经济社会发展的主导"、或者"旅游业在三亚经济社会发展中发挥了主导(主要的、支柱性的、导向性的)的影响"这样一种说法?

3. 您如何看待目前中央政府和三亚市地方政府的关系?中央政府(国家领导人、中央政府各部门领导人等)、海南省政府,在三亚市发展历程中各自发挥了什么角色?能否谈下您的看法?

4. 为什么在三亚湾新城开发中(2003 年开始),鲁能集团能够独立进行土地一级市场开发,且获得土地溢价收入的 70%?而在亚龙湾二期开发(2008 正式签订协议)中,却是政府与企业合作进行土地一级市场开发(改变了以往亚龙湾公司主导进行土地一级市场开发的模式),土地溢价收益"五五分成"?在海棠湾,却采取政府主导土地一级市场开发的模式?

5. 在规划开发海棠湾时,三亚市委市政府是否有考虑过引进外来企业参与土地一级市场开发?如果引入外来企业参与土地一级开发,情况会是怎么样?

6. 目前亚龙湾二期的开发建设进展如何?造成这种状况的主要原因何在?

## 1.5 海棠湾工(镇)委、管委会受访者

1. 您认为,在三亚市建市 20 多年以来的发展历程中,有哪些方面的制度或者说政策的出台、(制度)政策的变化,影响最为深远?为什么呢?这些政策(制度)变迁的影响主要是体现在哪些方面?

2. "三亚市海棠湾开发建设有限公司"与"亚龙湾股份开发有限公司"的本质区别是什么?"三亚市海棠湾开发建设有限公司"与海棠湾管理委员会是什么关系?国有土地使用权出让过程中,海棠湾开发建设有限公司在土地

使用权的出让方面承担什么样的角色？海棠湾开发建设有限公司的盈利空间主要体现在哪些地方？

3. 为什么三亚市委市政府会选择政府介入土地一级开发的模式，取代之前的企业介入土地一级市场开发的（亚龙湾开发股份有限公司）模式？如何评价这两种模式的优劣？尤其是在土地利用效率、民生、政府财政收入等方面？亚龙湾二期目前开发建设的进展如何？主要原因是什么？

4. 三亚市委市政府选择政府介入土地一级开发的模式，是一种突然的决策吗？这一决策出台的前后背景是什么？能否简要地介绍下海棠湾开发建设的历程，尤其是具有划阶段意义的事件？

5. 为什么在2007年初三亚市政府决定海棠湾采取政府主导模式之后，在2008年决定亚龙湾二期采取政府主导、企业配合（继续允许企业参与土地一级开发）的模式？

6. 目前正在建设的解放军301医院的性质、定位、土地来源、资金来源以及经营模式？

## 1.6 海南省旅游发展委员会受访者

1. 您认为，在三亚市建市20多年以来的发展历程中，有哪些方面的制度或者说政策的出台、制度或者说政策的变化，影响最为深远？为什么呢？这些政策（制度）变迁的影响主要是体现在哪些方面？

2. 在三亚市建市20多年以来的发展历程中，中央政府（国家领导人、中央政府各部门领导人等）、海南省政府，各自发挥了什么角色？能否介绍一下？

3. 您是否认同“旅游业是三亚市经济社会发展的主导”、或者“旅游业在三亚经济社会发展中发挥了主导（主要的、支柱性的、导向性的）的影响”这样一种说法？

4. 但是，实际的情况却是，三亚市发展历程中，曾经屡屡偏离了“国际性热带滨海风景旅游城市”这一定位（房地产对城市的贡献和影响屡屡超过旅游业），然后每次城市规划修编又重新提及、重视（例如，2008年版的总规、国际旅游岛建设等）？您是否认同这种说法？

5. 您觉得，为什么会出现这种现象呢？这种现象背后深层次的原因（制度原因）是什么？

6. 我的研究除了试图关注上述问题外，还试图关注滨海度假区土地一级市场开发模式的变迁。亚龙湾的一期是企业主导一级市场开发(6000多亩)，而2008年之后的二期，采用的是政府和企业合作，“五五分成”分享土地溢价收入，为什么？为什么海棠湾，采用政府主导一级市场开发的模式？这种模式究竟有什么优势(建设速度、民生、经济利益)？劣势？为什么政府会采取此种模式？

7. 您觉得，目前三亚的发展现状，以及三亚市的发展历程中，还有哪些有意义的问题/现象值得关注？

# 后　记

本书所展现的研究始于并主要源于我的博士论文。2013 年，我获得国家旅游局规划项目（重点项目）资助，对相关领域进行了后续研究，并完成了本书。在过去的 5 年中，前 3 年是我学术生涯最宝贵的求学经历，后 2 年则是职业生涯的开始和起步。

从事旅游管理及相关学科研究的学者，也许都有过这样的困惑与迷茫：旅游管理或者说整个旅游学科自身本来是没有太多的理论基础的，尤其是与成熟的传统社会科学，诸如社会学、人类学、政治学、经济学和心理学比较起来。那么，旅游管理/旅游学科的研究者们如何才能在对旅游现象的研究中建立起理论发展的意识和行动呢？无可避免地，我们要借用原有成熟学科的理论，从较早介入的地理学、经济学和管理学，到新近热门的社会学、人类学和政治学等。但是我们却不是也不能简单地套用这些理论。从理论发展或曰学术史的角度来看，任何一个理论的提出或者一个学派的建立，都是基于特定的研究对象的（例如，组织社会学的新制度主义学派最早就将学术目光和研究对象聚集在组织的趋同上），从而也不可能穷尽所有的现象。例如，产品生命周期理论在营销学中已经广为接受，但是当时的产品主要是指实物意义上的商品或者一般服务，而没有涉及旅游产品/旅游服务以及这些旅游产品/旅游服务的集聚地——旅游目的地。因此，旅游地生命周期理论的提出与后续的不断发展，无疑是拓展了原有生命周期理论的解释力度和范围，这本身就是学术史上的理论贡献，这也就是瓦格内和鲍格（Wagner & Berger，1985）所说的理论深化、理论拓展/繁衍。社会科学的理论总是在新旧解释之间的更替中不断演进。我想，作为一名在高校从事旅游研究与教学的老师，只有始终坚持研究的终极目标是理论解释的信念，不断地汲取成熟学科的理论资源，扎根于旅游业发展与运行的诸多现象，开展理论的深化、拓展与整合，才有可能推进社会科学对旅游现象的理解和解释，才能一步一步地增进旅游学科的理论发展进程。因此，尽管我学力未逮，但出于对学术研究的追求，在我博士学位论文和后续的研究中，我将目光投向了传统社会科学（社会学、经济学和政治学）关注较多的制度变迁研究领域，选题是关于旅游度假区开发模式变迁这一主流制度变迁研究中关注不够的领域；所选案例地是中国制度变迁研究中常被忽视的、有“中国改革试验田”之称的海南省。

我从本科、硕士到博士都是旅游管理专业。经过多年的学习和实践，对旅游现象的了解自然不是最大的困难。最大的困难来自于研究方向的转变、研究方法的实践以及多学科理论的掌握和驾驭。整个研究的开展和完成，从最初的选题、到实地调研，再到写作成文，无疑是相当焦灼，甚至是极度煎熬的。我必须硬着头皮去学习政治学、社会学以及跨学科的组织研究中与制度变迁相关的文献。在实地调研中，必须冒着酷暑坐“摩的”穿梭在三亚的大街小巷，奔走在三亚市各政府部门和案例研究地之间；必须为了一次简短的访谈甚至一次不到一分钟的谈话来回坐车几小时往返于案例地和住处之间。好几次我都想放弃，但是我坚持了下来，因为我认定我的努力总是会有回报的；我不希望将来因为我曾经的不努力而后悔。幸运的是，我住在三亚湾城市段的家庭旅馆中，不到两分钟就可以走到海边；每天傍晚我都可以赤脚漫步在三亚湾的沙滩上，看着熙熙攘攘的人群，望着远处的晚霞，总结一天的调研成果，反思每一天的成败，思考着下一步的安排。更为幸运的是，我得到了许多人的帮助，使我的调查和研究最终能够顺利完成。在此一一表示诚挚的感谢。

首先要感谢导师保继刚教授。最早接触到保老师的大名，是我在华侨大学读本科时的《旅游地理学》课程上。那本《旅游地理学》至今我还保存着，历经了考研和考博，翻阅了无数次，密密麻麻地写满了各种笔记。在中山大学旅游发展与规划研究中心学习的 3 年，保老师言传身教，让我深深地体会到了何谓“大师”、何谓“大爱”；保老师的学术造诣和人格魅力令我心悦诚服。研究中心优越的学习和研究条件，也让我深深地体会到了何谓“大楼”。我博士论文的调研工作，包括可进入性难题的解决和调研经费，3 年求学期间的生活和找工作，以及到东南大学工作后，都得到了保老师的大力支持和帮助。衷心感谢保老师！

感谢孙九霞教授。不论是在课堂上、在调研中，还是在日常的学术活动中，孙老师的温和与知性，细致但不失宏观把握，都令我由衷佩服。在过去的几年中，孙老师给我学习和生活上很大帮助与关怀！感谢张朝枝教授，他幽默风趣，但学问非常严谨。在参加他带领的调研中，我经常为他对旅游业界的熟悉所折服；在阅读论文时，则经常感叹于他的理论洞见。在博士论文开题、预答辩和答辩时，张老师提供了不少建设性的意见。感谢徐红罡教授。她的系统思维、对国内外旅游学术研究的敏锐和贡献始终是我学习的榜样。在《旅游系统分析》课程和我博士论文开题、预答辩和答辩以及中心诸多的学术活动中，常常得到徐老师的指导。感谢彭青教授。彭老师是一位和蔼可亲、深得广大学生喜爱的良师，在中大学习的3年，我经常得到彭老师的指导与关怀。感谢罗秋菊教授。她是我在中大求学期间和毕业后工作期间的良师益友，她对我的研究帮助很多。感谢陈志钢老师。他是早我5届毕业的师兄，幽默风趣，对旅游规划和学术研究有独到、深刻的见解，令我受益匪浅。

感谢李郇教授、刘云刚教授、徐颂军教授、戴光全教授、左冰博士、张骁鸣博士、李军博士！他们在博士论文开题、预答辩和答辩中以及在外出调研中，给了我许多建设性的意见和帮助，让我的论文和研究得以不断完善。感谢赖胜英老师！博士在读期间和毕业后，赖老师帮我解决了学习、调研和工作中的很多困难。感谢旅游学院的谭艳花老师！谭老师和蔼、热心，做事认真负责。

感谢研究中心的各位师兄师姐、师弟师妹们，正是有了你们，我在中心的三年才如此充满欢乐，也使得我在中心的三年充满了美好的回忆！感谢翁时秀博士，他是大我一届的师兄，虽然我很少称呼他为师兄，但在我内心的深处，他一直都是一位乐于助人、为人率直、学富五车的大师兄！翁时秀博士的为人处世之道，一直是我学习的榜样。感谢翁时秀博士对我的鼓励、帮助与指导！感谢李鹏师兄、朱峰师姐、项怡娴师姐、孟威师兄、李晓莉师姐、叶圣涛师兄、林清清师姐、丁绍莲师姐、王亚娟师姐，他们诸位在我刚入学时即对我关爱有加、引导有方，他们的鼓励与帮助，让我铭记于心。感谢曾丽、罗芬和梁增贤，这三位与我同门同届，大家在一起互相关照，共同成长。感谢尹寿兵、陆依依、苏静、靳文敏、罗佳琦、史甜甜、陈宵、范晓君、张机、齐兰兰、代姗姗等同窗好友。

感谢我硕士期间的导师——华侨大学旅游学院黄远水教授！黄老师是引我进入旅游学习与研究之门的恩师。在本科和硕士期间，承蒙黄老师的提点与培养，我开始对旅游研究以及更广泛意义上的社会科学研究产生了深厚的兴趣。考博期间、读博三年和毕业后，黄老师都一直关心和鼓励我。

感谢中国旅游研究院的宋子千博士、香港理工大学的肖洪根博士、天津财经大学的李正欢博士和澳大利亚南澳大学的黄松山博士。他们既是良师又是益友。我非常敬重他们并感谢他们对我的言传身教、关心与帮助。

感谢在三亚市调研期间对我提供帮助的人们！感谢当时在海南省旅游委员会任职的刘纬华博士。感谢时任海口市发展与改革委员会书记的龙卫东先生，时任三亚市副市长的李柏青先生，时任市发展与改革委员会主任的邓忠先生（现三亚市副市长）、副主任张福豪先生，海棠湾管委会副主任韦迪伟先生，海棠湾管委会国土规划建设局局长陈汉华总规划师，市规划局的常成云总规划师，亚龙湾工委/管委会原书记张作壮先生、现任副书记陈曦先生，三亚亚龙湾开发股份有限公司办公室主任吴浩先生，市旅游局（三亚市旅游产业发展委员会）副局长唐嗣铣先生、办公室主任吴少峰先生，以及其他部门的何耸、徐艳、赵溢文、黄娟、申品芬、李笃雅、黎洁、刘彬、伍永春、高富宅等。他们为我在三亚市的调研提供了诸多便利，包括介绍受访者、接受访谈和提供资料等。谢谢你们！我的好朋友、三亚市本地人周建功和他的父亲，为我在三亚市调研期间的生活与调研也提供了大力支持和协助，谢谢你们！

感谢东南大学人文学院樊和平院长、王珏书记、许敏博士，旅游学系主任贾鸿雁博士、徐菲菲博士，东南大学出版社刘庆楚编审。他们在我专著的资助申请、编辑出版上给予了大力支持和帮助。特别感谢贾鸿雁博士对我的科研和教学给予的大力支持和帮助，使得我很快地融入到旅游学系、人文学院和东南大学的科研与教学环境中。

感谢我的母亲、姐姐和哥哥长期以来对我学业的支持。对于我的学业，他们从来都是尊重和支持。感谢我的妻子黄美丹。她是我本科的同学，我们相识相知已近十年。正是因为她，我的生活才变得更加有意义，才有了继续前进的动力！

**陈钢华**

**2014 年 7 月于南京**